| 알기 쉬운 기업법 이야기 |

기업 산책

| 알기 쉬운 기업법 이야기 |

기업 산책

ⓒ 한상영, 2019

초판 1쇄 발행 2019년 3월 21일

지은이	한상영
펴낸이	이기봉
편집	좋은땅 편집팀
펴낸곳	도서출판 좋은땅
주소	경기도 고양시 덕양구 통일로 140 B동 442호(동산동, 삼송테크노밸리)
전화	02)374-8616~7
팩스	02)374-8614
이메일	so20s@naver.com
홈페이지	www.g-world.co.kr

ISBN   979-11-6435-119-0 (13360)

이 도서의 국립중앙도서관 출판예정도서목록(CIP)은 서지정보유통지원시스템 홈페이지(http://seoji.nl.go.kr)와 국가자료공동목록시스템(http://www.nl.go.kr/kolisnet)에서 이용하실 수 있습니다. (CIP제어번호 : CIP2019008774)

| 알기 쉬운 기업법 이야기 |

기업 산책

CORPORATE LAW

한상영 변호사

좋은땅

감사의 글

이 책이 나오기까지는 가족의 격려가 큰 힘이 되었습니다. 변호사 업무에 바쁘다는 핑계로 타성에 젖어 있던 나에게 아내 선미와 두 딸(드림, 예림)은 책을 써 보라는 동기를 불어넣어 주었습니다. 어느 날 아내와 저녁 산책 중 책을 쓰기 위해 강의를 해 보면 어떨까 하는 아이디어를 아내가 내놓았습니다. 아내의 적극적인 추천에 힘입어 기업과 금융증권 강좌 클래스를 만들어서 강의를 하기 시작했습니다. 그때 강의했던 내용들이 이 책의 기본적인 골격을 이루고 있습니다. 그렇게 해서 기업과 금융증권에 관한 두 권의 책을 내기 위해 원고 작성에 착수했습니다. 하지만 변호사 업무가 바빠지면서 중도에 포기하고 싶은 마음이 들었습니다. 그때마다 아내는 현재보다 미래에 초점을 두면 좋겠다며 계속해서 아낌없는 격려와 전폭적인 지지를 해 주었습니다. 대학생이던 작은딸 예림은 아빠의 강의를 수강하면서 여러 문제점을 지적해 주어 책을 쓸 수 있는 큰 틀을 잡을 수 있게 하였습니다. 방학 동안에는 아빠의 업무를 요모조모 세심하게 보조해 주면서 아빠로 하여금 업무로 인한 부담감을 많이 덜게 하였고, 꾸준히 글을 쓸 수 있도록 성심껏 지원해 주었습니다.

그런데 정식으로 책을 펴내는 작업은 생각만큼 간단하지 않았습니다. 깊은 내용이 담겨져 있는 전문 학술서도 아닌데, 신경 써야 할 부분이 한두 가지가 아니었습니다. 책 출간에 고군분투하는 아빠를 위해 원고 교정을 도와주던 큰딸 드림은 단순한 교정뿐만 아니라 책 전체에 걸쳐, 본문 내용이 이상하거나 논리적인 모순이 있는 것까지도 세심하게 발견하고 지적하여 주며 함께 토론을 벌였습니다. 특히 변호사로서 법률 문장인 판결문이나 소장, 준비서면에 익숙한 나의 문체에 대하여 큰딸은 일반인이 쉽게 이해할 수 있는 문체로 바꾸어 주기까지 하여, 이 책이 제대로 출간되는 데 결정적인 역할을 해 주었습니다. 젊은 딸에게 혹독한(?) 감수를 받은 셈입니다. 어찌 보면 이 책은 우리 가족 모두의 '가내수공업' 작업의 산물입니다. 아내 선미와 딸 드림, 예림에게 깊은 감사를 드립니다.

　아무쪼록 저자로서는 이 책을 통해 많은 독자들이 기업운영 전반에 대하여 체계적인 이해의 기초를 쌓게 되면 더할 나위 없는 기쁨이 될 것입니다. 작지만 가족의 사랑이 담겨져 있는 이 책으로 하나님께 모든 영광을 돌립니다.

추천사

"일하기 좋은 기업을 만들어 주는 책"
"중소기업에 도움이 되는 책"

– 김동열(중소기업연구원 원장)

기해년 벽두에 미국 출장을 다녀왔다. 뉴욕 맨해튼 한복판에 숙소가 위치해 있어서 센트럴파크와 타임스퀘어에 걸어갈 수 있었다. 하루 종일 인파가 넘실대는 뉴욕의 심장 타임스퀘어 옥외광고탑에는 삼성전자와 현대자동차의 화려한 광고가 번쩍거리고 있었다. 자랑스러웠다. 국가의 품격을 높여 주는 최전선에 기업이 서 있다. 삼성, 현대, LG, SK, 포스코 등 글로벌 브랜드파워를 갖춘 대기업들이 한국 경제의 위상을 드높이고 있다. 1945년 해방 이후, 가장 가난한 나라 중 하나였던 대한민국이 작년 말 현재 국민소득 3만 달러를 넘어서 명실상부한 선진국으로 올라선 것도 결국 국내외 경제 현장에서 땀 흘려 노력한 기업의 임직원들 덕분이다.

성공한 기업인은 존경받아야 한다. 기업이 투자를 하고, 기업이 일자리를 만들고, 기업이 신제품과 새로운 서비스를 개발하고, 해외시장을 개척하고, 그 덕분에 한국 경제가 돌아가기 때문이다. 기업에서 나오는 소득과 소비와 투자가 한국 경제의 부가가치와 GDP를 만들어 내기 때문이다.

이러한 내용들이 경제와 법률을 동시에 잘 아는 한상영 변호사의 『기업 산책』에 잘 정리되어 있다. 기업에 꼭 필요한 법률 정보와 최신 사례가 일목요연하게 갈무리되어 있다.

기업을 경영하기에 좋은 환경을 만드는 것은 행정부와 입법부, 그리고 사법부에서 일하는 모든 공무원들의 당연한 책무다. 선진국일수록 공무원은 권력이 아니고, 국민을 위해 서비스를 제공하는 공복(public servants)이다. 기업인들이 국내외의 치열한 경쟁에서 최선의 성과를 거둘 수 있도록 지원하는 일은 공복으로서의 당연한 소명이다. 다수의 국민들에게 공평하게 기회를 제공하는 포용적인 법률과 제도와 정책을 만들고 집행하는 것이야말로 번영하는 국가와 정부의 필수 조건이다. 예측할 수 있고 공정하고 투명한 '게임의 규칙'을 만들어 줘야 기업인들이 경영에만 몰두할 수 있게 된다. 그런 법이 좋은 법이다. 그래야 기업을 경영하기에 좋은 환경이 만들어진다.

그런데 갈수록 복잡해지는 국내외 경영 현장에서 이루어지는 모든 의사결정과 계약에는 법적인 검토가 필수적이다. 그로 인해 법무 관련 비용도 늘어날 수밖에 없다. 이와 관련하여 기업인들의 고민이 커지고 있다. 게다가 법무서비스를 이용할 수 있는 여력에 있어서 모든 기업들이 동일한 조건은 아니다. 특히 대기업과 중소기업 사이에는 경영 자원과 역량의 차이가 분명히 존재한다. 대기업엔 좋은 인재와 풍부한 자원이 있어서 법적 분쟁에 큰 어려움 없이 대처하고, 법률 서비스의 이용에 있어서도 큰 부담을 느끼지 않는다. 그러나 중견기업과 중소기업은 그렇지 않다. 상대적으로 인재도 부족하고 자원도 충분하지 않다. 법률 서비스에 대한 접근도 쉽지 않다.

이 책은 경제와 법률 양쪽을 두루 경험한 한상영 변호사의 역작이다. 이 책이야말로 법률 서비스에 대한 접근이 어려운 중소기업인들에게 큰 도움이 될 것이다. 기업인들에게 어떤 법률 서비스가 필요한지를 잘 아는 저자가 꼭 필요한 분야의 법률 정보와 사례를 알기 쉽게 정리해 놓았기 때문이다. 법에는 문외한인 필자조차도 이 책을 읽는 데 오랜 시간이 걸리지 않았다. 순식간에 독파할 수 있었다. 법률 서비스에 관련한 기업인들의 고민을 다소나마 덜어 줄 수 있을 것이다.

프롤로그

어떻게 하면 일반인이 기업을 체계적으로 잘 이해할 수 있도록 도움을 줄 수 있을까? 이 물음이 책을 쓰게 된 동기가 되었습니다. 기업은 자본주의 경제에서 생산을 담당하는 주체로서 중요한 역할을 수행합니다. 그런데 자본주의 경제가 고도화됨에 따라 현대의 기업도 매우 복잡다단한 모습을 띄고 있습니다. 단편적으로 접근해서는 기업의 실체를 정확히 파악하기가 쉽지 않은 이유입니다.

기업을 잘 이해할 수 있는 방법 중의 하나는 기업을 둘러싸고 있는 법을 체계적으로 이해하는 것입니다. 기업과 관련되는 법을 잘 연구하면 기업이 조직되고 운영되는 기본 원리를 정확하게 근본적으로 파악할 수 있는 장점이 있습니다. 이 책에서는 기업을 둘러싸고 있는 법이 어떤 내용으로 어떻게 전개되는지 그 과정을 설명했습니다. 학계에는 기업법이나 회사법이라는 전문 교과서가 있기는 하지만, 법률가가 아닌 일반인이 법률 전문 서적에 접근하는 것이 쉽지 않은 상황에서 일반인도 법의 시각에서 쉽게 기업운영 전반에 대한 이해를 할 수 있도록 도움을 주고자 한 것이 이 책의 목적입니다.

이 책에서는 기업이라는 산을 산책하듯이 기업 입구에서부터 정상까지 올라가면서 기업이 운영되는 법적인 원리들을 상세하게 설명하였습니다. 매장의 서두에서는 관련된 경제뉴스를 짧게 기재하여 실제 경제계에서 해당 문제가 어떻게 이슈가 되고 있는지 제시했습니다. 본문 말미에는 독자들이 실제 분쟁이 되었던 사례들을 실감 있게 알아볼 수 있도록 대법원 판례의 요지를 저자의 간단한 해설과 함께 소개하였습니다. 그리고 매장의 마지막에는 기업에 대한 체계적인 이해를 원하는 독자들의 편의를 위해 본문 내용에서 소개하거나 연관된 법령을 수록하였습니다.

제1부(기업 숲 입구)에서는 경제적 관점에서 기업이 국민경제의 순환에서 차지하는 위치와 다양한 경제이슈를 다루었습니다. 기업이 경제와는 동떨어진 곳에 있을 수 없다는 점을 상기시키기 위함입니다.

제2부(본격 산책하기)에서는 본격적으로 법적 관점에서 기업이 어떻게 운영되는지를 서술하였습니다. 기업의 법적 형태, 기업 운영자의 종류, 기업 운영자의 선출 방법, 기업운영자금 조달 방법, 기업 운영자의 형사책임 등에 대하여 상세하게 기술하였습니다.

제3부(모퉁이로 돌아가기)에서는 경제환경의 변화 속에서 기업이 분할과 합병이라는 조직 변경을 통해 환경에 적응하는 방법을 자세히 기술하였습니다. 인적분할, 물적분할, 삼각합병, 역삼각합병, 삼각주식교환 등에 대하여 설명하였습니다.

제4부(정상을 향해 올라가기)에서는 단일기업이 경쟁에서 살아남기 위해 기업그룹을 형성하는 방법에 대해 살펴보았습니다. 그 방법으로 수직적 연쇄출자, 상호출자, 순환출자에 대해 설명하였고, 투명한 기업 그룹의 전형이라 할 수 있는 지주회사 제도를 소개했습니다. 투명한 그룹 형성 방법인 포괄적 주식교환, 포괄적 주식이전에 대해서도 언급했습니다.

제5부(정상을 지키기)에서는 기업을 서로 차지하기 위해 공격하고 방어하는 내용을 기술하였습니다. 일반적인 기업 M&A와 방어전략뿐만 아니라, 부정한 방법으로 기업을 빼앗는 LBO 방식의 M&A, 그 와중에 피해를 입을 수 있는 소수주주의 보호방안, 마지막으로 쇠퇴해 가는 기업을 살리기 위한 구조조정 수단에 대하여 설명하였습니다.

복잡한 조직체인 기업을 대면하여 어떻게 접근하면 온전한 이해를 할 수 있을까 고민하는 독자에게 『기업 산책』이 기업운영의 기본원리를 체계적으로 정리할 수 있는 좋은 디딤돌이 되길 소망합니다.

목 차

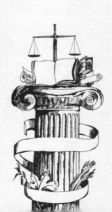

1부

기업 숲 입구에서:
기업과 경제

국민경제 속에서 기업이 차지하고 있는 위치는 어디이며,
기업을 둘러싼 경제이슈에는 무엇이 있을까?

1장

기업은 국민경제에서 어느 위치에 있을까?

– 기업과 경제순환(생산, 소비, 분배)

〔2018년 12월 16일〕 뉴스 1(출처: http://news1.kr)

현대硏, 2019년 경제성장률 2.6% → 2.5%로 하향 조정

현대경제연구원은 16일 '2019 한국 경제 수정 전망'이라는 제목의 보고서를 통해 "내년도 한국 경제성장률 전망치를 기존 2.6%에서 0.1%p 하향 조정한 2.5%로 제시한다"고 밝혔다. 연구원은 "확장세를 보이던 세계 경제의 둔화와 국내 내수 경기 하방 리스크 지속 등 경제 성장세를 제약하는 요인들의 강도가 더 커지고 있다"며 성장률 전망치를 낮춘 이유에 대해 설명했다. 연구원에 따르면 지난해 3.1%를 기록했던 **한국 경제성장률은 올해 2.6% 선으로 내려앉을 것으로 예상된다.** 연구원은 민간소비 증가율의 둔화, 저조한 건설투자와 설비투자, 수출 증가율 축소, 소비자물가 상승 폭의 소폭 확대 등의 영향으로 내년에는 성장률이 더 떨어질 것이라고 봤다.

1. 기업과 국민경제의 관계는 어떤가?

기업은 경제에서 생산의 주체로서 국민경제에 필요한 재화와 용역을 생산합니다. 기업을 제대로 이해하기 위해서는 기업이 국민경제에서 어느 위치에 있으며, 어떠한 역할을 하고 있는지 국민경제의 관점에서 생각해 볼 필요가 있습니다. 기업과 국민경제의 관계를 쉽게 이해할 수 있는 좋은 방법이 있습니다.

그 방법은 경제학 원론에 나오는 '경제순환 구조'를 이해하는 것입니다. 이 구조를 이해하면, 기업을 둘러싼 경제환경에 대한 이해와 더불어, 기업이 국민경제에서 차지하는 위치와 역할을 쉽게 파악할 수 있습니다.

먼저, 경제란 무엇인가? 표준국어대사전은 '경제'를 이렇게 정의합니다. "인간의 생활에 필요한 재화나 용역을 생산 · 분배 · 소비하는 모든 활동 또는 그것을 통하여 이루어지는 사회적 관계."
사전 정의대로 경제는 인간이 물질생활을 유지하기 위한 활동을 의미합니다. 이런 물질적인 활동에는 활동주체(경제주체)가 존재하고, 그 활동주체에 의해 일정한 흐름의 현상(순환)이 나타납니다. 다시 말해, '경제순환'이 나타나게 됩니다.

2. 국민경제의 순환은 어떻게 이루어지나?

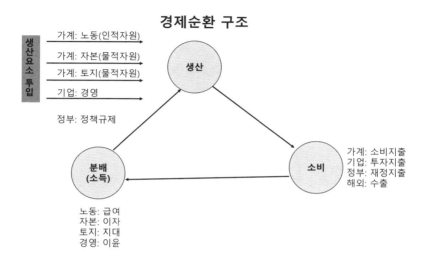

국민경제의 순환은 경제주체에 의한 생산, 소비, 분배활동을 의미합니다. 이에 대해 구체적으로 살펴봅시다.

(1) 경제주체(economic subjects)

경제활동을 하는 경제주체는 가계(household sector), 기업(corporation sector), 정부(government sector), 해외(foreign sector) 부문으로 분류할 수 있습니다.

- 가계 부문은 생산요소의 공급주체로, 생산요소인 노동, 자본, 토지를 제공합니다. 그 결과로 소득을 얻으며, 얻은 소득은 소비하

거나 저축합니다.

- 기업 부문은 생산의 주체로, 노동, 자본, 토지라는 생산요소를 투입하여 재화와 용역을 생산(production)합니다. 생산량이 투입량을 초과하면 이윤(profit)을 얻습니다.

- 정부 부문은 규율(regulation)과 정책(policy)의 주체로, 가계와 기업의 경제행위를 규율하고 정책을 수립합니다. 또한 그에 필요한 자금을 징수(세금)하거나 지출(예산)합니다.

- 해외 부문은 국외자로, 국내 부문의 과부족을 수출입을 통해 해결해 줍니다.

▷ **경제주체(economic subjects)**

가계: 생산요소공급. 소득 획득 = 소비 + 저축
기업: 이윤 = 배당 + 투자 + 사내유보
정부: 조세, 규율, 정책(taxation, regulation, policy)
해외: 수출입(international trade)

(2) 생산(production)

기업은 생산활동을 위해 생산요소를 투입합니다. 생산요소는 생산
과정에 투입된 후에도 소멸되지 않고, 다음 회차의 생산과정에 재투
입될 수 있다는 특징을 가집니다. 이러한 비소멸성은 생산요소를 원
재료(raw material)나 중간재(intermediate goods)와 구분시켜 줍니다.

물론 노동자의 노화나 자본의 마모 등으로 인한 자연스런 소멸현
상은 어쩔 수 없더라도, 이는 부차적인 문제입니다.

생산과정에 투입되는 생산요소(factors of production)는 인적 요소
(노동)와 물적 요소(토지와 자본)가 있습니다.

이 중에 노동(labor)이나 토지(land)는 원래 존재하던 요소로, 재생
산된 것이 아니라는 점에서 '본원적' 생산요소(primary sector)입니다.

그러나 자본(capital)은 생산과정에서 나온 산출물 중에서 소비되
지 않고 다시 생산과정에 투입되어 부가가치를 생산하는 요소로, '생
산된' 생산요소(produced means of production)입니다.

이렇게 생산요소가 투입되면 생산과정에서 투입된 양을 초과하는
생산량이 산출되는 경우가 있습니다. 그 초과된 생산량은 투입량에
대한 부가가치(added value)가 되며, 그 부가가치는 소득으로 분배됩
니다.

한편, 기업가의 경영행위(entrepreneurship)도 생산활동에 투입되

어 부가가치를 생산한다는 면에서 생산요소이며, 기업가는 그 대가로 이윤(profit)을 획득합니다.

▷ 생산요소

· 인적자원
노동(labor): 본원적 생산요소(primary sector)
→ 급여(wage)로 보상됨
· 물적자원
토지(land): 본원적 생산요소(primary sector)
→ 지대(rent)로 보상됨
자본(capital): 생산된 생산수단(produced means of production)
→ 이자(interest)로 보상됨
· **기업경영행위: 경영자에 의한 생산요소의 조합행위**
→ 이윤(profit)으로 보상됨

▷ 생산요소와 원재료(raw material), 중간재(intermediate goods)
   의 구별
· 소멸성 여부
· 부가가치 생산 여부

(3) 지출(consumption 또는 expenditure)

생산요소를 투입하여 생산된 결과물이 한 경제에서 모두 소비된다고 가정합시다. 가계는 소비지출로, 기업은 투자지출로, 정부는 재정지출로, 해외는 수출의 모습으로 각각 소비합니다.

가계: 소비지출(consumption)
기업: 투자지출(investment)
정부: 재정지출(government fiscal expenditure)
해외: 수출(export)

(4) 분배(distribution)

분배는 생산에 의해 얻은 소득이 누구에게 나누어지느냐의 문제입니다. 생산물이 판매(소비)되어야 생산자에게 소득이 발생하고, 그 소득을 각 경제주체에게 분배할 수 있게 됩니다. 사실상 분배와 소비는 동전의 앞뒷면과 같습니다.

생산자가 생산물을 판매하여 얻은 금액은 생산과정에 투입된 생산요소들에게 분배하며, 추가로 남는 금액은 생산자(기업가)의 몫(이윤)이 됩니다.

(5) 순환과정(circulation)

결국, '경제행위'는 각 경제주체들이 각자 맡은 역할을 하는 것입니다. 각각의 역할은 시간의 흐름에 따라 생산요소의 투입(투입단계), 산출(생산단계), 생산물의 소비(소비단계), 소득의 분배(분배단계)로 순환됩니다.

각 단계의 총액은 모두 동일합니다(국민소득 3면 등가의 원칙).

- 생산요소의 투입(input) → 생산(산출)(output) → 소비(수요, 지출)(expenditure) → 분배(distribution)

▷ 국민소득 3면 등가의 원칙(equivalence of three approaches)

1년간의 국민총생산량(생산국민소득) = 지출국민소득 = 분배국민소득

위와 같이 경제순환은 일정한 시간의 흐름상에서 나타나는 유동적인 경제활동을 의미하므로, 플로우(flow)의 개념이지(예: 회계에서의 1년간 손익계산서) 축적된 양을 나타내는 스톡(stock)의 개념은 아닙니다(예: 회계에서의 대차대조표).

기업이 매년 기업활동 결과로 대차대조표상에 자산과 부채를 축적하는 것처럼, 국가도 매년 순환과정의 결과로 자산과 부채를 축적합

니다.

- 1년간의 flow개념: 손익계산서의 개념(P/L)
- 1년간의 stock개념: 대차대조표의 개념(B/S)

3. 경제순환 과정에서 경제의 성장과 후퇴는 어떠한가?

경제순환 과정에서 특정 단계에서 특정 변수의 독립적인 증가, 감소가 있는 경우 경제규모 전체가 성장하거나 후퇴합니다. 예를 들어 생산단계에서 생산요소인 노동인구가 증가하거나 자본의 축적 또는 토지의 양이 증가하면 경제 전체 규모가 성장하고, 소비단계에서는 소비성향 자체가 증가하면 경제규모가 성장합니다.

※ 참고사항: 금융

위에서 재화와 용역이 생산, 소비, 분배의 단계별로 어떻게 순환하는지 살펴보았습니다. 이런 실물의 순환과정은 경제거래로 이루어져 있으며, 거래에는 항상 화폐의 사용이 수반되기 마련이기에, 이에 따라 금융의 흐름 현상이 나타납니다.

4. 맺음말

　기업을 제대로 이해하기 위해서는 그 전제로 기업을 둘러싼 국민경제를 먼저 살펴보는 것이 많은 도움이 됩니다. 국민경제에 대한 이해를 위한 가장 쉬운 방법으로, 경제학 원론에 나오는 경제순환 구조를 설명하였습니다. 경제순환 구조를 살펴봄으로써 기업이 국민경제에서 어느 위치에 있는지, 어떤 역할을 담당하는지 전체적인 시각에서 파악할 수 있으며, 이를 통해 후에 설명할 기업과 관련된 여러 가지 내용들을 보다 잘 이해할 수 있습니다.

〔경제 기사 해설〕
위 기사는 우리나라의 다음 해 경제성장률을 예측하면서, 경제순환과 관련된 국민소득 3면 등가설의 개념을 사용하여, 특히 지출 측면(가계의 소비지출, 기업의 투자지출, 해외수출)에 초점을 두고 경제 예측을 하고 있습니다.

2장

기업과 관련된 경제이슈(issue)에는 무엇이 있을까?

– 가계, 기업, 정부 부문별 이슈

〔2018년 8월 28일〕 뉴시스

김상조 "경제민주화 추진 과정, 국민과 적극 소통"
경제민주화 성과 국회토론회서 기조연설

김 위원장은 "경제민주화는 재벌개혁을 통한 권한과 책임이 일치하는 지배구조 구축에서 출발해, 갑을문제 해소·상생협력 등을 통해 모든 경제주체들이 일한 만큼 제대로 보상받을 수 있는 환경을 조성하는데 본질적인 의의가 있다"고 말했다. 지난 1년간 경제민주화 추진 성과로는 재벌개혁 분야의 경우 국민연금 스튜어드십 코드 도입과 금융그룹 통합감독 모범규준 시행 등을 꼽았다.

1. 기업을 이해하는 데 경제이슈가 어떤 의미가 있나?

기업은 국민경제에서 생산의 주체로서 생산활동을 담당합니다. 기업을 둘러싼 경제이슈(issue)들을 정확히 이해하면 기업을 경영할 때 객관적이고 정확한 토대 위에서 당면 문제를 해결할 수 있고, 미래에 대한 경영 계획을 보다 정확하게 세울 수 있습니다.

경제이슈는 생산, 소비, 분배라는 '경제순환 구조'라는 틀 속에서 파악하면 전체적인 시각에서 효율적으로 이해할 수 있습니다. 아래에서 그 순서를 따라 살펴보기로 합시다.

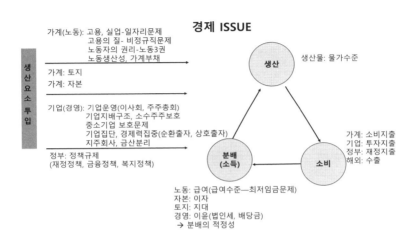

2. 경제순환 각 단계에서의 경제이슈는 어떤 것들이 있을까?

(1) 생산단계(Production)

가. 가계(household)

생산단계에서 생산요소의 공급주체인 가계 부문(household)의 이슈가 무엇인지 살펴봅시다.

가계 부문은 노동, 자본, 토지라는 생산요소를 기업에게 제공하며, 특히 노동과 관련해서 여러 가지 경제이슈가 발생합니다.

Q. 노동의 투입량과 관련해, 노동이 국민경제에서 충분히 활용되고 있는가?
(고용과 실업 문제라는 전통적인 이슈가 등장하는데, 문재인 정부에서는 이를 '일자리'라는 용어로 표현하고 있습니다.)

Q. 고용의 질과 관련해, 투입된 노동은 안정적으로 유지되는가?
(비정규직의 고용 불안정성이 문제가 됩니다.)

Q. 노동자의 사회적 관계와 관련해, 노동자 상호 간의 관계는 어떠한가?
(정규직과 비정규직의 차별 문제가 쟁점입니다.)

Q. 노동자의 사회적 관계와 관련해, 노동자와 소유자(사용자)와의 관계는 어떠한가?
(노동자의 단결권, 단체교섭권, 단체행동권 등 노동자의 법적인 권리가 쟁점이 됩니다.)

Q. 노동과 생산의 관계와 관련해, 노동의 생산에 대한 기여도는 어떠한가?
(투입된 노동단위당 생산량이라는 노동생산성 문제가 발생하며,

한 경제 내의 노동의 총량과 관련해서는 인구 감소에 따른 노동력 감소 문제가 중요한 이슈입니다.)

나. 기업(corporation)

생산단계에서 생산의 주체인 기업과 관련한 이슈를 살펴봅시다.

Q. 기업의 소유 문제는 어떠한가?
(소액주주와 대주주 간의 관계를 어떻게 설정할지의 문제가 발생하고, 대주주에 대한 견제 방법도 이슈가 됩니다.)

Q. 정당하고 합리적이며 효율적인 기업지배구조는 어떻게 성립되는가?
(지주회사 문제, 주주총회와 이사회의 의사결정구조가 쟁점입니다.)

Q. 기업 규모에서 중소기업과 대기업의 관계는 어떠한가?
(중소기업 보호가 쟁점이며, 특히 문재인 정부에서는 대기업의 납품단가 후려치기, 일감 몰아주기, 골목상권 보호, 소상공인이나 자영업자 보호가 화두입니다.)

Q. 대기업, 특히 재벌 문제는 어떠한가?
(경제력 집중과 관련해서, 순환출자, 상호출자, 출자총액제한제도, 금융자본과 산업자본의 분리 등이 쟁점입니다.)

Q. 기업의 이윤은 어떠한가?

(배당률, 적정 법인세율 등의 문제가 쟁점입니다.)

다. 정부(government)

Q. 생산단계에서 정부의 규제는 어떠한가?

(정부의 개입 정도, 재정정책, 금융정책, 복지정책 등이 쟁점입니다.)

(2) 소비단계(consumption)

소비단계에서는 가계의 소비지출, 기업의 투자지출, 정부의 재정지출, 해외의 수출입 등이 문제됩니다.

(3) 분배단계(distribution)

Q. 노동의 대가는 적정한가?

(정규직과 비정규직 간의 급여 차별, 최저임금 적정수준 설정 등이 문제가 됩니다.)

Q. 기업이윤은 적정한가?

Q. 정부의 분배나 복지정책은 충분한가?

(4) 금융영역(financial issue)

Q. 가계부채는 적정한가?
(LTV, DTI, DSR 등 소득이나 부동산 가격 대비 대출규모의 적정성 판단이 쟁점입니다.)

Q. 금리는 적정한가?

3. 소득주도성장 정책과 경제민주화는 무엇인가?

현재 문재인 정부에서는 국민경제의 성장과 발전을 위해 소득주도성장 정책과 경제민주화 정책을 큰 축으로 삼아 경제정책을 시행하고 있습니다. 기업 경영자의 기업운영과 사업계획의 수립이 효과적으로 이루어지기 위해서는 이런 정부의 정책을 잘 이해하는 것이 필요합니다.

(1) 소득주도성장

경제는 생산 → 소비 → 분배의 흐름에서 생산단계에서의 생산요소의 양이 증가할 때, 또는 생산요소의 양은 일정한데 생산성이 증가하면 성장할 수 있습니다.

그런데 문재인 정부가 시행하는 소득주도성장은 생산단계가 아닌 소비와 분배단계에서 경제의 성장을 유도하는 것입니다.

소비단계에서 가계의 소비가 위축되어 경제가 축소되고 있다는 전제하에, 가계에 대한 분배량을 확대시켜 가계의 소득을 증가시킵니다. 증대된 가계소비에 의해 생산주체는 현재보다 더 많은 생산을 하게합니다.

결국, 소득주도성장은 전통적인 생산 → 소비 → 분배로 흐르는 순환과정을 역으로 분배→ 소비 → 생산의 흐름에서 생각합니다. 소비의 축소로 경제가 축소되고 있다는 판단하에, 소비(수요)를 증대시키면 생산주체가 더 많은 생산을 하게 되어 결과적으로 경제가 성장한다고 보는 것입니다.

이런 역발상은 이론적 타당성, 실증적 효과가 어떠한지 생각해 볼 주제입니다.

(2) 경제민주화

민주주의는 국민이 주체가 되어 국가의 중요한 의사결정을 하는 정치체제입니다. 경제에서의 민주주의는 가계, 기업과 같은 민간 경제주체들이 생산, 소비, 분배의 경제행위를 함에 있어서 스스로 주체가 되는 것으로, 이때 정당한 의사결정을 하느냐가 쟁점이 됩니다.

　헌법 제119조에서도 적정한 소득분배, 시장지배와 경제력 남용 방지, 경제주체 간의 조화를 이루는 것이 경제민주화의 달성 수단이 된다고 규정하고 있습니다. 헌법의 경제민주화 개념을 다시 정리해 봅시다.

　생산단계에서는 대기업과 중소기업 간의 조화 문제와 재벌 집중 억제 등이 분배단계에서는 가계와 기업 간의 적정소득 분배 문제가, 경제주체의 경제적 의사결정의 민주화에서는 소액주주의 보호와 지배주주 견제 문제 등이 경제민주화와 관련되는 주요 쟁점사항들입니다.

4. 맺음말

　생산주체인 기업은 홀로 존재하는 것이 아니라 국민경제와의 관계 속에서 움직일 수밖에 없습니다. 국민경제와 관련해서 여러 가지 경제 이슈들이 제기되고 있습니다. 이런 경제이슈들을 국민경제의 주체 측면(가계, 기업, 정부)과 순환 측면(생산, 소비, 분배)에서 살펴보았습니다. 다양한 경제 이슈들에 대한 체계적인 이해를 통해 기업과 관련해 제기되는 다양한 쟁점들이 왜 문제가 되고, 어떻게 해결해 나가야 할 것인지에 대한 중요한 시사점을 얻을 수 있을 것입니다.

대한민국헌법 [시행 1988. 2. 25.] [헌법 제10호, 1987. 10. 29., 전부개정]

제119조

① 대한민국의 경제질서는 개인과 기업의 경제상의 자유와 창의를 존중함을 기본으로 한다.

② 국가는 균형 있는 국민경제의 성장 및 안정과 적정한 소득의 분배를 유지하고, 시장의 지배와 경제력의 남용을 방지하며, 경제주체 간의 조화를 통한 **경제의 민주화**를 위하여 경제에 관한 규제와 조정을 할 수 있다.

〔경제 기사 해설〕

경제민주화라는 개념은 헌법에서 규정하고 있지만 정치권에서는 그 정확한 의미에 대하여 논란이 많이 일어납니다. 공정거래위원장은 경제민주화의 개념을 공정거래의 시각에서 바라보면서 이를 실현하기 위한 다양한 경제정책 수단들을 열거하고 있습니다.

경제민주화와 관련된 정부의 정책이 어떠한가에 따라 기업을 둘러싼 경제환경이 바뀌고 기업경영에도 직접적인 영향을 줄 수 있으므로, 기업을 잘 이해하기 위해서는 이와 관련된 이슈(issue)도 잘 이해하고 있을 필요가 있습니다.

2부

본격 산책하기:
기업운영단계

이제 본격적으로 실제로 기업이 어떻게 운영되는지
법적 관점에서 살펴보자.
기업의 법적 형태, 기업 운영자의 종류와 선출, 기업 자금조달,
기업 운영자의 형사적 위험은 무엇인가?

3장

어떤 기업 형태를 선택할까?

– 개인 사업자, 민법상 조합, 상법상 익명조합, 상법상 합자조합, 합명회사, 합자회사, 주식회사, 유한회사, 유한책임회사

〔2018년 5월 9일〕 뉴스 1(출처: http://news1.kr)

샤넬·루이비통 등 명품업체들, 유한회사 허점 악용…
수익 '본사'로. 유한회사 전환으로 경영정보 차단 '배짱영업'…
수백억 수익에 사회공헌 '쥐꼬리'
금융위, 2020년부터 유한회사도 외부감사·공시 의무화

9일 관련업계에 따르면 샤넬코리아, 루이비통코리아, 프라다코리아, 구찌그룹코리아, 에르메스코리아 등 다수 해외브랜드들은 법인형태를 처음부터 유한회사로 설립하거나 유한회사로 전환했다. 이에 따라 실적과 배당금, 기부금 등 경영정보를 공개하지 않고 있다. 다만 금융위원회는 유한회사도 주식회사와 크게 차이가 없다고 판단해 외부감사 기준을 동일하게 적용하고 공시의무도 부과하기로 했다. 이에 따라 이들 기업들도 2020년부터 외부 감사를 받고 매출과 실적, 배당금, 기부금 등을 공개해야 한다.

1. 사업을 시작할 때 어떤 기업 형태를 선택해야 할까?

영리 목적으로 사업을 시작할 때 어떤 기업 형태를 선택할 것인가는 매우 중요한 문제입니다. 첫 단추를 잘 끼워야 큰 문제없이 사업을 잘 운영해 나갈 수 있기 때문입니다.

기업 형태에는 개인 단위로서 아직 법인 단계로 진화되지 못한 개인 사업자 형태와 조합 형태가 있고, 이어서 법인격을 갖춘 형태가 있습니다. 법인 형태의 기업도 종류에 따라 그 성격과 내용이 각각 다릅니다.

2. 개인 사업자 형태(sole proprietorship): 개인은 무한책임

개인 사업자는 개인과 구별되는 별도의 법적 인격이 없습니다. 사업을 하는 개인이 스스로 모든 권리의무의 주체 및 객체가 되며, 세무서에 개인 사업자로 등록하는 것은 단지 세무상의 편리를 위해 개인에게 사업자번호를 부여한 것일 뿐, 그것이 개인과 다른 별도의 독립된 기업체를 창설하는 것은 아닙니다. 주변에서 흔히 볼 수 있는 식당, 커피숍, 헤어살롱 등 각종 사업체는 대부분 개인 사업자 형태로 이루어지고 있으며, 사업을 하는 개인 스스로가 모든 법적인 권리·의무의 주체 및 객체가 됩니다.

만약 개인(A)이 사업을 하며 제3자(B)와 계약을 할 경우 당연히 그 계약의 당사자는 A이며, 향후 그 계약에 문제가 생길 경우 A가 모든 책임을 져야 합니다. 즉, A가 B에 대한 채무를 변제할 책임을 지고 있는 경우, A의 사업체에 있는 재산뿐만 아니라 사업과 아무 관계없는 A의 개인적인 재산으로도 무한책임을 져야 합니다(**무한책임**).

이렇게 법적인 책임을 질 때 개인 A와 사업체는 따로 구별되지 않습니다. 따라서 B가 소송을 제기할 경우 법적인 상대방(피고 적격)은 '개인 A'를 대상으로 삼아야 합니다.

3. 조합 형태(partnership): 조합원은 무한책임

(1) 상법상의 익명조합(anonymous partnership): 영업자만 무한책임

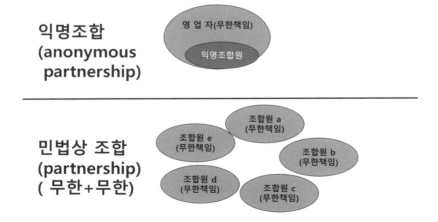

대외적으로는 1인의 개인(영업자)이 사업을 하며, 영업자가 모든 권리·의무의 주체 및 객체가 됩니다. 개인 사업체 형태와 동일합니다. 다만, 개인 사업체와 다른 부분은, 영업자에게 출자를 한 익명조합원이라는 사람이 따로 존재한다는 점입니다.

내부적으로 영업자와 출자를 한 익명조합원이 구성되어 있다고 하더라도, 대외적으로는 영업자 1인이 개인 사업체처럼 제3자와 계약을 하므로 영업자가 모든 책임을 부담해야 합니다. 영업자의 책임 재산이 부족하면 영업자는 자신의 개인소유 재산으로도 책임을 져야 합니다(**영업자는 무한책임**).

(2) 민법상의 조합(partnership): 조합원은 무한책임

민법상 조합은 조합원 상호 간의 공동 계약으로 이루어진 사업체입니다. 개인 사업자 형태는 1명의 개인으로 사업체가 이루어져 상호 간의 계약이 필요 없지만, 조합은 다수가 조합원 이름으로 모여 상호 간의 공동 계약으로 하나의 사업체를 이루는 것이므로, 개인 사업체에서 더 진화된 사업 형태입니다. 이렇게 조합 자체는 개인과 구별되는 사업 형태이지만 조합원 간의 공동 계약에 불과하여 법인격까지는 부여되지 않습니다. 따라서 조합이 제3자(B)와 거래하기 위해서는 조합원 모두가 거래의 계약 당사자가 되어야 합니다.

조합원들이 조합을 이루어 사업을 하다가 책임을 져야 할 경우 조합원들은 각자의 부담분만큼 책임집니다. 그 부담분은 조합계약에서 정한 자신의 손실부담 비율에 따릅니다. 손실부담 비율이 명확치 않을 경우 균등비율로 분담합니다. 또한 조합원 중에 무자력자가 있는 경우, 나머지 조합원들이 그 무자력자가 책임져야 할 부분을 나누어 책임집니다.

조합원은 이러한 분담비율에 대해 조합 사업체에 있는 재산만 가지고 책임을 지는 것이 아니라, 각자의 개인적인 재산으로도 책임을 져야 합니다(**무한책임**). 조합이 영리를 위해 계약을 체결한 경우(상행위), 그 계약에 대하여는 상법 제57조에 의해 조합원들 모두가 서로 연대책임을 부담하므로 주의해야 합니다.

현실 경제계에서는 이런 조합 형태의 사업체가 많이 존재합니다. 민법상 조합은 위에서 설명한 바와 같이 조합원 간의 공동 계약으로 이루어진 사업체이기에, 법률적으로 복잡한 문제가 발생하며, 조합원 간에 분쟁도 많이 발생하기도 합니다.

(3) 상법상의 합자조합(limited partnership): 무한책임조합원 + 유한
    책임조합원

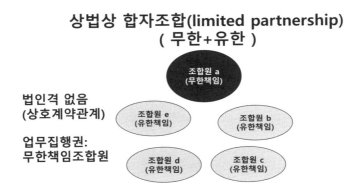

상법상 합자조합(limited partnership)
(무한+유한)

조합원 a
(무한책임)

**법인격 없음
(상호계약관계)**

조합원 e
(유한책임)

조합원 b
(유한책임)

**업무집행권:
무한책임조합원**

조합원 d
(유한책임)

조합원 c
(유한책임)

　민법상의 조합은 모두 무한책임(조합원이 조합 재산뿐만 아니라
개인 재산으로도 책임을 짐)을 지는 조합원으로 이루어져 있지만, 상
법상의 합자조합은 무한책임 조합원(general partner)과 유한책임 조
합원(limited partner)이 혼재되어 있다는 점에서 차이가 있습니다.
여기서 유한책임 조합원은 무한책임을 지지 않고 자신이 조합에 출
자한 금액을 한도로 책임을 집니다(자신이 출자한 금액을 포기하면
최대 손해가 됨).

　상법상의 합자조합도 조합이기 때문에 법인격이 없고 조합원 간
의 상호 계약으로 이루어진 공동사업체입니다. 민법상의 조합과는
달리 조합원의 지분을 제3자에게 자유롭게 양도할 수 있어 조합원의
교체가 쉽습니다.

무한책임을 지는 업무집행조합원이 유한책임을 지는 투자자를 모집하기 쉬운 사업형태이므로, 자본시장에서 펀드운용회사가 업무집행조합원을 맡는 사모펀드(private equity fund)의 법적 형태에 알맞습니다.

4. 회사 형태

(1) 합명회사(unlimited partnership company): 무한책임사원 + 무한책임사원

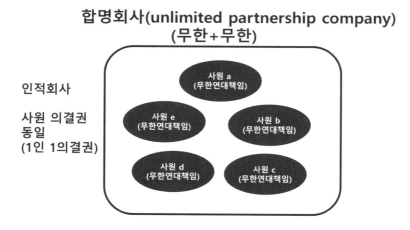

합명회사는 무한책임 사원(general partner)만으로 구성되어 있습니다. 무한책임 사원들끼리는 연대책임을 져야 합니다. 이렇게 무한

책임 사원들로만 이루어져 연대책임을 지기에 법적 책임만을 보면 민법상 조합과 비슷하나, 민법상 조합은 법인격이 없고 합명회사는 법인격이 부여되어 있어 합명회사 자체가 독자적으로 법적인 권리 의무의 당사자가 된다는 점에서 차이가 있습니다.

(2) 합자회사(limited partnership company): 무한책임 사원 + 유한 책임사원

합자회사는 무한책임 사원(general partner)과 유한책임 사원(limited partner)으로 혼합되어 있습니다. 유한 책임사원은 자신이 회사에 출자한 금액까지만 책임을 집니다. 상법상의 합자조합과 비슷합니다.

다만, 상법상의 합자조합은 조합체이기 때문에 법인격이 없는 반면, 합자회사는 법인격이 부여되어 있어 독자적으로 법적인 권리의무의 당사자가 될 수 있습니다. 합자회사에서는 무한책임 사원이 주식회사의 대표이사처럼 대외적인 대표권을 가집니다.

합자회사(limited partnership company)
(무한 +유한)

인적회사

대표권:
무한책임사원

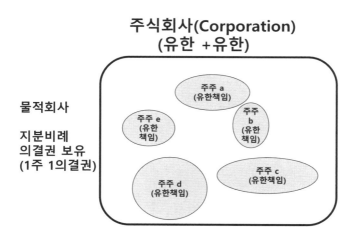

사원 a
(무한책임)

사원 e
(유한책임)

사원 b
(유한책임)

사원 d
(유한책임)

사원 c
(유한책임)

(3) 주식회사(corporation): 유한책임 주주 + 유한책임 주주

주식회사(Corporation)
(유한 +유한)

물적회사

지분비례
의결권 보유
(1주 1의결권)

주주 a
(유한책임)

주주 e
(유한
책임)

주주
b
(유한
책임)

주주 c
(유한책임)

주주 d
(유한책임)

주식회사는 자신이 출자한 금액을 한도로 유한책임을 지는 주주

(shareholder)로만 구성되어 있습니다. 출자한 지분의 양도가 자유롭고, 지분은 주식이라는 증권 형태로 구현되어 있어서 증권 거래시장에서 유통성이 매우 높습니다. 여기서 주주는 각자의 지분만큼 의결권을 갖습니다. 이는 현대 경제에서 가장 흔한 물적회사 형태입니다.

(4) 유한회사(limited corporation): 유한책임 사원 + 유한책임 사원

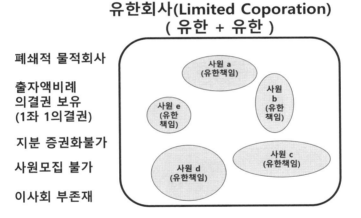

유한회사는 자신이 출자한 금액을 한도로 유한책임을 지는 사원들로만 구성되어 있으며 이 점에서 주식회사와 비슷합니다. 그러나 주식회사와 달리 지분을 증권 형태로 발행할 수 없고, 광고를 통해 사원 공개 모집을 할 수도 없어, 주식회사에 비해 규모가 작고 폐쇄적인 형태입니다.

이렇게 주식회사에 비해 여러 가지 제약이 많고 일반 대중으로부터 자

본을 모을 수 없기 때문에, 현실 경제계에서 유한회사는 많지 않습니다.

(5) 유한책임회사(limited liability company): 유한책임 사원 + 유한책
임 사원

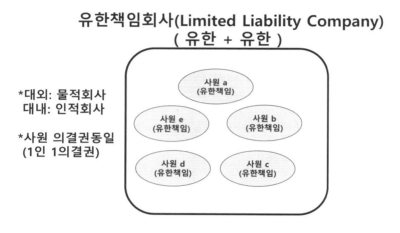

유한책임회사는 자신이 출자한 금액을 한도로 유한책임을 지는 사원들로만 구성되어 있으며, 이 점에서 주식회사나 유한회사와 비슷합니다.

주식회사나 유한회사는 물적회사로서 출자한 가액을 기준으로 지분을 갖고, 각자의 지분만큼 의결권을 얻습니다. 이에 반해, 유한책임회사는 외부적인 책임 면에서는 유한책임으로 물적회사와 비슷하지만, 내부적으로는 합명회사와 같은 인적 회사이기 때문에 지분을 기준으로 의결권을 갖지 않고 유한책임 사원 모두 동등한 의결권을 갖

습니다. 따라서 주식회사가 주주총회, 이사회, 감사와 같이 지분율만큼 의결권을 갖는 주주들과 이들을 대리하는 기관으로 조직이 구성되는 것과 달리, 유한책임회사에는 이런 조직이 없습니다.

이와 같이 유한책임회사의 유한책임 사원들은 각자 동등한 의결권을 갖고, 마치 합명회사의 무한책임 사원이나 조합의 조합원처럼 상호 간의 자유로운 사적 자치에 의해 회사를 경영할 수 있습니다.

2011년 개정 상법에 의해 처음으로 도입된 유한책임회사는 IT나 벤처와 같이, 창의적인 인적자원이 중요한 업종에서 많이 나타납니다. 대외적으로는 그 인적자원이 유한책임을 부담합니다. 하지만 내부적으로는 회사지분에 따른 의결권의 제약을 받는 주식회사나 유한회사와 달리, 합명회사나 조합과 같이 유한책임사원 각자가 동일한 의결권을 가질 수 있어 자유롭게 기업을 경영할 수 있습니다.

5. 맺음말

사업을 할 때 어떤 법적 형태를 선택해야 좋을지 많은 고민이 들 수 있습니다. 위에서는 가장 단순한 형태인 개인 사업자 형태, 중간 형태인 조합 형태, 가장 복잡한 형태인 회사 형태에 대하여 각 특징을 살펴보았습니다. 특히, 사업자나 투자자 입장에서 대외적으로 각자의 개인재산으로 무한책임을 지는지의 여부가 가장 중요한 사항이므로 이를 중심으로 설명했습니다.

회사 중에서 가장 최근에 도입된 유한책임회사 형태는 대외적으로는 투자자가 유한책임만 지는 장점을 가지면서, 대내적으로도 합명회사와 같이 투자자가 모두 동일한 의결권을 보유하며 대등한 의사결정을 할 수 있는 장점을 아울러 가지고 있습니다. 이에 향후 유한책임회사의 많은 활용이 예상됩니다.

판례

A. 개인 사업자와 법인의 구별

대법원 2001. 1. 19. 선고 97다21604 판결(매매대금)

회사가 외형상으로는 법인의 형식을 갖추고 있으나 이는 법인의 형태를 빌리고 있는 것에 지나지 아니하고 그 실질에 있어서는 완전히 그 법인격의 배후에 있는 타인의 개인기업에 불과하거나 그것이 배후자에 대한 법률 적용을 회피하기 위한 수단으로 함부로 쓰이는 경우에는, 비록 외견상으로는 회사의 행위라 할지라도 회사와 그 배후자가 별개의 인격체임을 내세워 회사에게만 그로 인한 법적 효과가 귀속됨을 주장하면서 배후자의 책임을 부정하는 것은 신의성실의 원칙에 위반되는 법인격의 남용으로 심히 정의와 형평에 반하여 허용될 수 없고, 따라서 회사는 물론 그 배후자인 타인에 대하여도 회사의 행위에 관한 책임을 물을 수 있다고 보아야 한다.

(해설)

Y: 분양업자(피고), A: 분양회사, X: 피해자(원고)

주택분양업무를 하는 개인 Y(피고)가 분양업무로 인한 책임을 피하기
위해 형식적으로 A회사를 설립해 놓고, 실제는 그 개인 Y(피고)가 A회
사를 지배하면서 A회사 재산을 개인 재산처럼 사용한 사례입니다.
대법원은 이 사례에서 A회사로부터 주택을 분양받은 피해자 X(원고)
가 A법인과의 분양계약을 해제하고 매매대금 반환을 청구할 때, A회
사가 아니라 개인 Y(피고)에게도 매매대금의 반환을 청구할 수 있다고
판시하여 피해자 X(원고)가 승소하였습니다.
즉, 원칙적으로 법인과 개인은 법적으로는 별개이기는 하지만, 개인이
자기가 져야 할 책임을 피할 목적으로 법인을 설립하여 놓고, 모든 책임
을 그 법인에게 전가시키는 것은 인정되지 않으며(즉 법인격을 남용한
것임), 그 배후에 있는 개인이 책임을 져야 한다는 특별한 사례입니다.

B. 상행위가 되는 조합채무의 연대책임에 대한 판례

대법원 2018. 4. 12. 선고 2016다39897 판결[물품대금]

조합의 채무는 조합원의 채무로서 특별한 사정이 없는 한 조합의 채권
자는 각 조합원에 대하여 지분의 비율에 따라 또는 균일하게 변제의
청구를 할 수 있을 뿐이나, **조합채무가 특히 조합원 전원을 위하여 상**

행위가 되는 행위로 인하여 부담하게 된 것이라면 상법 제57조 제1항을 적용하여 조합원들의 연대책임을 인정함이 타당하다.

(해설)

조합의 성격을 가진 영농조합법인이 영업행위(식자재 구매행위)로 인해 대외적으로 채무(물품대금 지급의무)를 부담할 때, 모든 조합원이 채무 전액에 대하여 연대책임을 져야 한다는 사례입니다.

조합원은 출자비율만큼 책임을 지는 것이 원칙이지만, 조합의 영업행위(상행위)로 인한 채무는 출자비율과 무관하게 모든 조합원이 채무 전액에 대해 연대책임을 져야 하므로 주의해야 합니다.

C. 익명조합의 법률관계

대법원 2009. 4. 23. 선고 2007도9924 판결[업무상횡령·업무방해]

상법 제78조가 규정하는 **익명조합**관계는 당사자의 일방이 상대방의 영업을 위하여 출자하고 상대방은 그 영업으로 인한 이익을 분배할 것을 약정함으로써 그 효력이 생기는 것이므로, 당사자 사이에 영업으로 인한 이익을 분배할 것이 약정되어 있지 않는 이상 그 법률관계를 **익명조합**관계라고 할 수 없다.

(해설)

X: 지게차 사업을 하는 개인(피해자), Y: 가해자(피고인)

피해자 X가 사실상 단독으로 지게차 사업을 하고 있었음에도 불구하고, 가해자 Y(피고인) 자신이 피해자 X와 익명조합관계라고 주장하면서, 대외적으로는 자신이 영업자이므로 사업장의 재산은 영업자인 가해자 Y(피고인)의 소유라고 주장하며 피해자 X에게 사업장 재산의 반환을 거부하고 있는 사례입니다.

대법원은 피해자와 가해자 간에 내부적으로 이익분배 약정이 없으므로 익명조합관계가 아니며, 따라서 가해자 Y(피고인)가 자신이 영업자라면서 사업장의 재산을 피해자 X에게 반환하는 것을 거부하는 것은 형법상 업무상 횡령죄가 성립된다고 판시하였습니다.

D. 합명회사 사원과 합자회사 무한책임 사원의 책임

대법원 2009. 5. 28. 선고 2006다65903 판결[사해행위취소]

합명회사는 실질적으로 조합적 공동기업체여서 회사의 채무는 실질적으로 각 사원의 공동채무이므로, 합명회사 사원의 책임은 회사가 채무를 부담하면 법률의 규정에 기해 당연히 발생하는 것이고, '회사의 재산으로 회사의 채무를 완제할 수 없는 때' 또는 '회사재산에 대한 강제집행이 주효하지 못한 때'에 비로소 발생하는 것은 아니며, 이는 회

사 채권자가 그와 같은 경우에 해당함을 증명하여 합명회사의 사원에게 보충적으로 책임의 이행을 청구할 수 있다는 책임이행의 요건을 정한 것으로 봄이 타당하다. 그리고 합자회사의 장에 다른 규정이 없는 사항은 합명회사에 관한 규정을 준용하므로(상법 제269조), **합자회사의 무한책임사원의 회사 채권자에 대한 책임은 합명회사의 사원의 책임과 동일하다.**

(해설)

A: 합자회사, X: 피해자(원고), B: 합자회사의 무한책임 사원, Y: B의 사돈(피고)

A합자회사는 피해자 X(원고)에게 수십억 원의 약속어음을 발행하여 약속어음금 지급채무를 부담하고 있었습니다. 그런데 갑자기 A합자회사가 부도가 나자, 그 무한책임사원인 B가 자신이 보유하고 있는 부동산을 사돈인 Y(피고)에게 이전해 버렸습니다. 피해자 X(원고)는 Y(피고)를 상대로 그 부동산의 이전행위를 취소시킬 수 있을까?
A합자회사의 무한책임 사원은 회사의 채무에 대하여 대외적으로 무한책임을 부담하는데, 그 무한책임은 회사가 대외적으로 채무를 부담하는 순간 곧바로 발생하는 것이지, 회사가 채무 변제를 다하지 못하는 때나 강제집행을 할 때에 비로소 발생하는 것이 아니라는 판시입니다.
따라서 피해자 X(원고)는 약속어음을 A합자회사로부터 수령하는 순간 A합자회사뿐만 아니라 무한책임을 부담하는 무한책임 사원 B에 대하여도 동시에 약속어음금 채권을 가지고 있는 것이고, 그 상태에서 B가 자신의 부동산을 Y(피고)에게 이전시키는 경우, 피해자 X(원고)에게는 그 이전행위를 사해행위라는 이유로 취소시킬 수 있는 채권(피보전채권이라고 함)이 이미 성립되어 있다고 인정되어 X(원고)가 승소하였습니다.

E. 합자회사 유한책임사원 지분양도

대법원 2010. 9. 30. 선고 2010다21337 판결[사원변경등기]

상법 제270조는 합자회사 정관에는 각 사원이 무한책임 사원인지 또는 유한책임 사원인지를 기재하도록 규정하고 있으므로, 정관에 기재된 합자회사 사원의 책임 변경은 정관변경의 절차에 의하여야 하고, 이를 위해서는 정관에 그 의결정족수 내지 동의정족수 등에 관하여 별도로 정하고 있다는 등의 특별한 사정이 없는 한 상법 제269조에 의하여 준용되는 상법 제204조에 따라 총 사원의 동의가 필요하다. **합자회사의 유한책임 사원이 한 지분양도가 합자회사의 정관에서 규정하고 있는 요건을 갖추지 못한 경우에는 그 지분 양도는 무효이다.**

(해설)

합자회사에서 무한책임사원은 중요한 위치에 있으므로 그 지분을 양도하기 위해서는 무한책임 사원과 유한책임 사원 모두의 전원 동의가 있어야 합니다. 반면에 유한책임 사원의 지분 양도를 위해서는 같은 지분 투자자인 유한책임 사원의 동의는 필요 없고, 무한책임 사원 전원의 동의만 필요합니다.

그렇지만 유한책임 사원의 지분 양도에 대하여 정관에 별도 규정이 있는 경우 그 규정에 따라야 하는데, 위 사례에서는 회사 정관에 유한책임 사원의 지분 양도 시 무한 및 유한 사원 전원 동의 조건이 별도로 규정되어 있었으므로, 모든 사원의 동의가 필요하였습니다. 그런데 사원 전원의 동의가 없이 유한책임 사원으로부터 지분을 양도받은 자(원고)는 그 지분 양도 행위가 무효이므로 위 합자회사의 유한책임 사원이 될 수 없고, 위 회사의 의결권도 취득할 수 없다는 판시입니다.

F. 유한회사 사원 지위 양도

대법원 1997. 6. 27. 선고 95다20140 판결[출자자명의변경절차이행]

상법 제556조 제1항의 규정 취지는 소수의 사원으로 구성되고 사원의 개성이 중시되며 사원 상호 간의 긴밀한 신뢰관계를 기초로 하는 유한회사에 있어서 사원이 그 지분을 자유롭게 양도할 수 있도록 허용하게 되면 회사에 우호적이지 않은 자가 사원이 될 수 있어 경영의 원활과 사원 상호 간의 신뢰관계를 저해하게 되는 결과 유한회사가 가지는 폐쇄성·비공개성에 반하게 되므로 이를 방지하기 위한 것이라 할 것인바, 유한회사의 지분(사원권)에 관한 명의신탁 해지의 경우에도 사원의 변경을 가져오므로 위 규정을 유추 적용하여 사원총회의 특별결의가 있어야 그 효력이 생긴다고 보는 것이 법의 취지에 비추어 상당하다고 할 것이고, 따라서 해지의 의사 표시에만 의하여 수탁된 지분이 바로 명의신탁자에게 복귀하는 것은 아니다.

갑 등은 명의신탁자의 유한회사 지분에 대한 명의수탁자들로서 명의신탁자의 명의신탁해지에 따라 그 지분을 명의신탁자에게 이전하여 줄 의무를 부담하는 자들인데도 명의신탁 사실을 부인하고 있고, 회사에는 갑 등을 제외하고는 다른 사원이 없어 명의수탁자들이 사원총회를 개최하여 특별결의를 해야 함에도 불구하고 가사 명의신탁이 인정되더라도 사원총회의 특별결의가 없는 이상 명의신탁해지의 효력이 없다고 다투면서 손해배상만이 그 근본적인 해결 방법이라고 주장하여 사원총회의 결의를 거부하고 있으며, 명의신탁자가 명의수탁자나 회사에 대하여 사원총회의 특별결의를 요구할 아무런 법적인 수단도 마련되어 있지 않은 사정 등의 특별한 사정이 있는 경우라면 실제로는 지분 양도의 동의를 위한 사원총회의 특별결의를 거치지 않았다고 하더라도 신의성실의 원칙상 사원총회의 특별결의가 있는 것으로 보아 명의신탁해지가 유효하다고 봄이 상당하다고 한 사례.

(해설)

Y: 명의수탁자(피고), A: 유한회사, X: 명의신탁자(원고)

유한회사는 공개성이 있는 주식회사와는 달리 폐쇄성 특징이므로, 사원 지분의 변경에는 사원총회의 결의가 필요합니다. 유한회사 사원이 그 지분을 제3자에게 명의신탁할 경우나 그 명의신탁을 해지할 경우에도 사원 지분의 변경이 발생하므로 사원총회결의가 필요합니다.

그런데 위 사례는 특이하게 명의수탁자 Y(피고)들이 A유한회사의 사원 전부이고, 그들이 명의신탁 해지를 위한 사원총회결의를 거부하고 있어 사원 지분이 명의신탁자 X(원고)에게 복귀하는 것이 불가능한 상황이었습니다.

이 사례에서 대법원은 민법 제2조의 신의성실의 원칙을 적용하여 실제 사원총회결의가 없음에도 불구하고 그 결의가 있는 것으로 인정함과 아울러, 사원의 지분이 명의신탁자인 X(원고)에게 복귀된 것으로 보고, Y(피고)는 X(원고)를 위해 출자자명의변경절차를 이행할 의무가 있다고 판시하여 X(원고)가 승소하였습니다.

법령

▷ 민법

제712조(조합원에 대한 채권자의 권리행사)
조합채권자는 그 채권발생 당시에 조합원의 손실부담의 비율을 알지 못한 때에는 각 조합원에게 균분하여 그 권리를 행사할 수 있다.

제713조(무자력조합원의 채무와 타 조합원의 변제책임)

조합원 중에 변제할 자력 없는 자가 있는 때에는 그 변제할 수 없는 부분은 다른 조합원이 균분하여 변제할 책임이 있다.

▷ 상법

A. 상행위의 연대책임

제57조(다수채무자간 또는 채무자와 보증인의 연대)

① 수인이 그 1인 또는 전원에게 **상행위**가 되는 행위로 인하여 채무를 부담한 때에는 **연대**하여 변제할 책임이 있다.

② 보증인이 있는 경우에 그 보증이 상행위이거나 주채무가 상행위로 인한 것인 때에는 주채무자와 보증인은 연대하여 변제할 책임이 있다.

B. 익명조합

제80조(익명조합원의 대외관계)

익명조합원은 영업자의 행위에 관하여서는 제3자에 대하여 권리나 의무가 없다.

C. 합자조합

제86조의2(의의)

합자조합은 조합의 업무집행자로서 조합의 채무에 대하여 **무한책임**을 지는 조합원과 출자가액을 한도로 하여 **유한책임**을 지는 조합원이 상호출자하여 **공동사업**을 경영할 것을 약정함으로써 그 효력이 생긴다.

D. 합명회사

제2장 합명회사

제212조(사원의 책임)

① 회사의 재산으로 회사의 채무를 완제할 수 없는 때에는 각 사원은 **연대**하여 변제할 책임이 있다.

② 회사재산에 대한 강제집행이 주효하지 못한 때에도 전항과 같다.

③ 전항의 규정은 사원이 회사에 변제의 자력이 있으며 집행이 용이한 것을 증명한 때에는 적용하지 아니한다.

E. 합자회사

제268조(회사의 조직)

합자회사는 무한책임사원과 유한책임사원으로 조직한다.

F. 유한책임회사

제3장의2 유한책임회사

제287조의7(사원의 책임)

사원의 책임은 이 법에 다른 규정이 있는 경우 외에는 그 **출자금액을
한도로** 한다.

제287조의18(준용규정)

유한책임회사의 내부관계에 관하여는 정관이나 이 법에 다른 규정이
없으면 **합명회사에 관한 규정**을 준용한다.

G.유한회사

제5장 유한회사

제553조(사원의 책임)

사원의 책임은 본법에 다른 규정이 있는 경우 외에는 그 출자금액을
한도로 한다.

제554조(사원의 지분)

각 사원은 그 출자좌수에 따라 지분을 가진다.

제555조(지분에 관한 증권)

유한회사는 사원의 지분에 관하여 **지시식 또는 무기명식의 증권을 발
행하지 못한다.**

4장

기업(주식회사)은 누가 운영할까?

– 주주, 이사회, 대표이사, 상근이사, 비상근이사, 사외이사,

감사위원 겸직이사, 노동이사, 집행임원, 감사

〔2018년 11월 6일〕 연합뉴스(출처: https://www.yna.co.kr)

법무부 "상법상 감사위원 분리선출 기준 '1명 이상'이 적절"

법무부가 국회에서 논의 중인 상법 개정안의 감사위원 분리선출 문제와 관련해 분리 선출해야 하는 대상이 반드시 감사위원 전원일 필요 없이 1명 이상이면 된다고 정부 입장을 정했다. 법무부는 설명자료에서 감사위원 분리선출 쟁점과 관련해 "감사위원 '1명 이상'을 분리 선출하도록 한 금융회사의 지배구조에 관한 법률을 참조해 (상법상 감사위원도) '1명 이상'을 분리 선출하는 것이 상당하다"고 밝혔다.

---

1. 기업의 소유자와 경영자

부동산에 소유권자가 있듯이, 경제적 조직체인 기업(여기서는 현대 경제에서 가장 보편적인 회사 형태인 주식회사)에도 소유권자가 있습니다. 부동산의 소유권자가 소유 부동산을 처분할 수 있는 최고 결정권을 가지고 있는 것처럼, 기업의 소유자도 기업운영에 대한 최고의 의사결정권을 가지고 있습니다. 과연 누가 기업의 소유자일까?

기업이 성립하는 데 필요한 자금을 제공한 자는 채권자와 주주가 있습니다. 채권자는 자신이 기업에 빌려준 돈의 변제기가 돌아오면 기업으로부터 빌려준 자금을 회수하고, 그 이후부터는 기업과 무관한 존재가 됩니다.

반면, 주주는 기업에 변제기가 없는 종자돈(자본)을 제공합니다. 따라서 기업이 청산되지 않고 계속 존속하는 한, 주주는 자본을 회수할 수 없습니다. 물론, 처음에 자본을 제공했던 주주가 주주의 지위를 다른 사람에게 양도하여 자본을 회수하기는 하지만, 기업의 입장에서는 주주의 지위만 바뀌는 것뿐, 최초의 자본이 기업으로부터 대외적으로 유출되는 것은 아니므로 기업이 변제하는 것은 아닙니다.

따라서 기업이 존속하는 한, 변제를 받지 않는 조건으로 기업에 자본을 제공한 주주가 기업의 진정한 소유자라고 할 수 있습니다. 부동산 소유자가 부동산을 처분할 수 있는 것처럼 기업의 소유자인 주주도 기업을 쪼개거나(분할) 다른 기업에 합치는(합병) 등 기업 자체를 처분할 권능이 있습니다.

이렇게 기업의 소유자인 주주는 주주총회를 열어서 기업 자체를 처분하는 결정을 하는 등 기업운영에 대한 최고의 의사결정을 합니다.

그런데 비록 기업의 소유자는 주주이지만, 그가 매번 주주총회를 열어 기업의 일상적인 운영을 직접 수행하는 것은 효율성이 떨어지므로 주주는 중요한 의사결정만 하고 결정된 내용에 대한 실제 집행은 다른 사람에게 위임합니다. 즉, 경영자에게 위임합니다. 여기서 흔히 말하는 소유와 경영의 분리 현상이 일어납니다.

그렇다면 기업경영은 누가 하는 것일까?

2. 기업의 경영자는 누구일까?

(1) 이사회와 대표이사

기업의 소유자인 주주로부터 기업경영을 위임을 받은 기업 경영자에는 누가 있을까?

흔히 말하는 기업 CEO가 기업을 대표하며 기업경영을 책임지고 있지만, 기업 CEO보다 상위의 기관으로서 이사회가 있습니다. 주주총회에서 주주들이 자신들의 위임을 받아 기업을 경영할 사람을 선출하는데, 이들을 이사라고 부릅니다(실질적인 위임주체는 주주이지만, 이사는 이사로서의 근로계약을 기업과 체결하므로 법률적인 위임주체는 주주가 아니라 기업 자체입니다).

주주총회에서 기업 소유자들에 의해 선출된 이사들이 모여서 이사회를 구성하고, 그 이사회에서 회의를 거쳐 기업운영에 대한 중요한 의사결정을 합니다. 대표이사인 기업 CEO는 이사회 구성원의 하나로서 이사들을 대표하여(대표이사) 이사회에서 결정된 사항을 실제 집행하는 역할을 담당합니다.

그렇지만 기업경영을 책임지고 있는 이사도 시대적 상황의 변화에 따라 다양한 모습으로 존재합니다.

(2) 상근이사, 비상근이사

기업에 일상적으로 근무하면서(상근) 업무를 수행하는 이사를 기업 실무에서는 '상근이사'라고 합니다. 상법상의 용어로는 '사내이사'입니다. 기업에서의 직책에 따라 상무이사, 전무이사, 부사장, 사장으로 각각 칭해지는데, 모두 '상근이사'입니다.

물론, 주주총회가 이사 선임권을 가지고 있으므로, 이사 직책을 가지고 있더라도 주주총회에서 선임되지 않으면 법적으로는 이사가 아닙니다.

기업에서 일상적으로 근무하지 않은 이사는 '비상근이사'라고 합니다. 그중 상법에서 정한 일정한 자격요건을 갖춘 비상근이사는 '사외이사'로, 그러한 자격요건을 갖추지 못한 비상근이사는 '그 밖에 상무에 종사하지 않은 이사'라고 합니다.

한편, 이사들 중 정식으로 법인등기부에 이사로 등재된 자를 '등기이사'라고 하며, 등재되지 않은 자를 '비등기이사'라고 합니다. 대외적으로 이사로서의 법적인 책임을 지기 위해서는 법인등기부에 이사로 등기되어 있어야 합니다.

(3) 사외이사

가. 도입 배경

기업에서 일상적으로 근무하지 않은 비상근이사 가운데 상법에서 정한 일정한 자격을 갖춘 비상근이사가 있는데, 이들을 '사외이사(outside director)'라고 합니다.

우리나라는 1997년 IMF 위기를 계기로 사외이사 제도를 도입했습니다. 당시 우리나라 기업에 이사회가 있기는 하였으나, 이사회의 구성원인 이사들이 지배주주나 기업 CEO의 눈치를 보면서 기업운영에 대한 올바른 의사결정을 하지 못한 탓에 우리나라 기업위기와 경제위기가 초래되었다는 인식이 있었습니다. 이에 대표이사나 업무집행 이사들을 제대로 감시할 수 있는 사외이사 제도를 도입하였습니다.

나. 사외이사의 문제점

사외이사는 현재도 그 성패에 대해 많은 논란이 되고 있습니다. 상법에서는 기업과 관련하여 사외이사로의 감시기능을 제대로 할 수 없는 자를 사외이사 결격요건으로 정하고 있습니다. 하지만 사외이사는 사내이사와는 달리 비상근이사이기 때문에 기업 내부에 대한 정보와 지식에 한계가 있어서 제대로 감시기능을 수행하지 못하는 문제가 있습니다.

또한 기업과 직접적인 연관성이 없는 자 중에서 사외이사를 선임하지만 사외이사도 이사이기에 주주총회에서 선임되므로, 결국 주주총회를 지배하는 지배주주와 그를 따르는 기업 CEO의 입김에서 자유로울 수 없다는 문제점이 내포되어 있습니다.

실제 우리나라 기업의 사외이사 운영 실태를 보면 사외이사들이 이사회에 성실하게 참석하는 경우가 드물며, 설사 참석하더라도 지배주주나 기업 CEO의 눈치를 보지 않고 적극적으로 반대 의견을 개진하는 경우는 많지 않습니다. 이에 사외이사의 효용론은 계속해서 문제가 제기되고 있습니다.

다. 사외이사의 선임

기업이 사외이사를 몇 명 두어야 하느냐는 법으로 정해져 있습니다. 자본금 10억 원 이상인 기업은 이사회를 최소 3명 이상의 이사로 구성하여야 하는데, 상장기업은 이사총수의 4분의 1 이상을 사외이사로 채워야 합니다. 특히 자산총액 2조 원 이상의 상장기업은 2분의 1을 초과하여 사외이사로 채우되, 적어도 사외이사가 3명 이상은 되도록 강제하고 있습니다(상법 제542조의8).

이와 같이 상장기업의 경우 사외이사의 선임 비율이 높으므로, 상장기업에서는 아예 이사회를 작게 구성하여 사외이사의 법적인 구성 비율은 맞추면서 사외이사의 절대적인 수를 적게 하려고 합니다.

현재 자산규모 2조 원 이상의 대규모 상장기업의 경우에는 사외이사후보 추천위원회를 의무적으로 설치해 그 기구에서 사외이사를 추천하여야 하며, 기타 기업의 경우에는 사외이사후보 추천위원회의 설치가 임의적입니다.

(4) 노동이사

가. 개념

이사는 주주총회에서 선임되므로, 당연히 이사는 기업의 소유주인 주주들의 이익을 위해 업무를 수행합니다.

기업(여기서는 주식회사)은 자본의 결합체로서 주주들이 소유자이기는 하지만, 실제 기업조직은 주주 이외에도 인적 조직으로서 근로자들이 큰 비중을 차지하고 있습니다. 근로자들은 주주총회, 이사회, 대표이사 등이 정한 의사결정을 실제로 수행하는 역할을 담당하고 있습니다.

주주나 경영자는 아니지만 근로자들도 기업의 인적 조직을 구성하므로 이들 또한 기업 경영에 참여할 사회적 필요성이 높아지고 있습니다. 이에 근로자들이 자신들이 추천하는 자를 이사회에 진출시키려는 요구를 하고 있는데, 이렇게 근로자를 대표하여 이사회의 구성원이 되는 이사를 '노동이사'라고 합니다.

나. 도입 필요성

현재 우리나라 법에서는 주주총회에서 이사를 선임하도록 되어 있으므로 '노동이사'가 제도화되어 있지는 않습니다.

현행 상법하에서는 주주가 아닌 근로자들이 이사 선임에 관한 주주총회 안건을 직접 제안할 수 없기 때문에 노동이사가 선임될 가능성은 전혀 없습니다. 이런 상황에서 서울시는 2016년도에 서울시 조례를 개정하여 일부 서울시 산하기관에 '노동이사'를 도입하였으나, 일반 기업은 주주총회에 관한 상법 규정이 적용되기 때문에 '노동이사' 도입이 불가능한 실정이며, 도입하기 위해서는 상법을 개정해야 합니다.

이에 문재인 정부는 경제민주화의 일환으로 '노동이사'의 도입을 적극 추진하고 있습니다.

현재 노동이사에 대해 "근로자가 추천한 이사이기에 기업의 소유자인 주주의 소유권이나 경영자의 경영권을 침해하는 것이다"와 "기업은 근로자들의 인적 조직으로 구성된 것이므로 근로자들에게도 노동이사로서 기업경영에 참여하게 하는 것이 기업운영상 당연하다"의 두 가지 논점이 대립되고 있습니다. 그 두 가지의 대립되는 논점을 어떻게 해결할 것인가에 따라 노동이사제의 운명이 달려 있습니다.

(5) 감사위원

가. 도입 배경

기업의 이사 중에는 감사위원의 지위를 겸한 이사(감사위원 겸직이사)가 있습니다. 기업의 이사회는 그 아래에 여러 개의 내부 위원회를 구성할 수 있는데, 감사위원회가 그중의 하나입니다. 감사위원회는 기업에서 감사를 두지 않고자 할 경우 설치되는 기관입니다.

감사위원회는 1998년 IMF 경제위기 때 기존의 감사제도가 지배주주나 기업 CEO의 전횡을 방지하는 데 무력하여 경제위기의 한 원인이 되었다는 진단하에, IMF 권고로 기존의 감사제도를 대신하여 새롭게 시행된 제도입니다.

이 제도에 따르면, 기업이 감사위원회를 이사회 내에 설치하는 경우는 감사를 둘 수 없습니다(상법 제415조의2). 감사위원회 설치 여부는 기업의 자유이지만, 자산총액이 2조 원 이상인 상장기업의 경우에는 감사 대신에 감사위원회를 의무적으로 두어야 합니다(감사위원회 강제설치회사).

이렇게 이사회 내부에 감사위원회가 설치될 때 그 감사위원회의 위원은 이사 중에서 선임되므로, 감사위원을 겸한 이사와 그렇지 않은 일반이사로 구분할 수 있습니다.

나. 감사위원 겸직이사 선임 절차

그렇다면 여기서 감사위원이 되는 이사(감사위원 겸직이사)는 어떻게 선임되는지 알아봅시다.

비상장기업 또는 상장기업이라 하더라도 자산총액이 1천억 원 미만 기업인 경우에는 이사회에서 감사위원을 선임하며(상법 제415조의2), 자산총액 1천억 이상인 상장기업인 경우에는 주주총회에서 선임합니다. 이 가운데 자산규모 2조 이상인 경우에는 감사위원회 설치가 강제사항입니다(상법 제542조의12 제1항).

물론 이사회에서 감사위원을 선임한다고 하더라도 이사 중에서 선임되는 것이므로 이사 아닌 자가 감사위원이 될 수는 없습니다. 한편, 감사위원인 이사는 '사외이사인 감사위원'과 그렇지 않은 '일반 감사위원'이 있습니다.

다. 대규모 기업의 감사위원 겸직이사 선임 절차

Ⓐ 일괄선출 방식(2단계 결의방식)

자산총액 2조 원 이상인 대규모 상장기업이 주주총회에서 감사위원이 되는 이사(감사위원 겸직이사)를 선임하는 절차는 2단계 결의방식인 '일괄선출' 방식에 의하도록 되어 있습니다(상법 제542조의12 제2항).

일괄선출 방식은 먼저 1단계로 주주총회에서 일반이사를 선임하는 결의를 합니다. 일반이사 선임결의의 1단계 결의가 끝나면, 선임된 이사 중에서 감사위원이 되는 이사(감사위원 겸직이사)를 뽑는 2단계 결의를 합니다.

이렇게 감사위원 후보가 될 이사를 포함하여 1단계에서 미리 전체 일반이사를 일괄하여 선출하므로 '일괄선출' 방식이라고 합니다(물론 1단계에서 감사위원이 확정되는 것은 아니지만, 2단계에서 감사위원으로 선출될 자격을 갖춘 후보는 1단계에서 미리 정해지는 셈입니다).

선임된 전체 일반이사 중에서 감사위원 겸직이사를 뽑는 2단계 결의에서는, 주주 간의 형평성을 위해 주주 1인당 아무리 지분이 높더라도 최대 3%까지만 의결권이 인정됩니다(대주주 의결권 제한). 특히 '사외이사가 아닌 일반 감사위원'을 선임할 때, 최대주주는 자신뿐만 아니라 자신과 관련이 있는 특수관계인의 지분까지 모두 합해서 최대 3%까지만 의결권을 인정하여, 감사위원 겸직이사 선출 시에 주주 간의 형평성을 높이고자 합니다(상법 제542조의12 제3항).

Ⓑ 분리선출 방식(1단계 결의방식)

앞서 언급한 대로, 현재는 자산총액 2조 원 이상인 대규모 상장기업은 주주총회에서 감사위원 겸직이사를 선임할 때 2단계 결의를 거치도록 되어 있지만(일괄선출방식), 과거에는 위 상법규정이 없어서 일부 기업에서는 감사위원 겸직이사를 선출할 때 단 1회의 결의로 일반이사와 감사위원 겸직이사를 분리 선출하였습니다.

이렇게 단 1회의 결의 시에 처음부터 일반이사와 감사위원 겸직이사를 구분하여 선출하는 방식을 '분리선출' 방식이라고 합니다.

('분리선출' 방식은 단 1회의 결의 시에 감사위원 겸직이사가 확정적으로 선출된다는 점에서, 1단계에서는 잠정적인 감사위원 후보만 정해지는 '일괄선출' 방식과 차이가 있습니다.)

Ⓒ 분리선출과 일괄선출 방식의 비교

(a) 대주주의 영향력 관련

분리선출 방식은 단 1회 결의로 일반이사와 감사위원 겸직이사를 분리해서 동시에 선출해야 하며, 그 1회 결의에서 감사위원 겸직이사

선출 시 대주주의 의결권 제한규정(3%)이 적용됩니다.

반면, 일괄선출 방식(2단계 결의방식)은 1단계에서는 대주주의 의결권 제한규정의 제한 없이 총 이사(일반이사와 감사위원 후보이사)를 일단 모두 선출해 놓고, 이후 2단계에서 감사위원 겸직이사를 확정적으로 선출할 때 비로소 대주주의 의결권 제한규정(3%)이 적용됩니다. 이는 1단계에서 이미 대주주의 입김을 받는 감사위원 후보이사가 선출될 수 있고, 이를 방지할 수 없다는 단점을 가지고 있습니다.

따라서 분리선출 방식이 상대적으로 일괄선출 방식보다 대주주의 입김을 받는 감사위원 겸직이사가 선출되는 경우가 적습니다.

(b) 집중투표제 관련

분리선출 방식은 단 1회 결의로 일반이사와 감사위원 겸직이사를 동시에 선출해야 하는데, 여기서 집중투표제를 실시할 경우 소수주주들은 1회 결의 시에 자신들의 표를 일반이사와 감사위원 겸직이사 중 누구에게 집중할 것인지를 결정해야 합니다. 즉, 소수주주가 일반이사에 집중하여 투표하면, 그만큼 소수주주가 감사위원 겸직이사를 선출할 가능성이 줄어듭니다.

그러나 일괄선출 방식은 1단계 결의 시에는 확정적인 감사위원이 아닌 일반이사를 선임하므로, 비록 집중투표를 실시하더라도 소수주주는 감사위원 선출 여부에 대하여 신경 쓸 필요가 없습니다. 2단계 결의 시에 비로소 감사위원 겸직이사를 선출하므로, 소수주주는 2단계에서 자신이 원하는 감사위원 겸직이사의 선출에 표를 집중할 수 있는 장점이 있습니다.

자산규모 2조 이상의 대규모 상장 기업인 경우, 일괄선출 방식이 적용되어 2단계 결의에서 대주주의 의결권이 3% 이내로 제한되므로, 소수주주는 2단계에서 집중투표에 의해 그만큼 자신이 원하는 감사위원을 선출할 가능성이 높아집니다.

과거에는 일부 기업이 소수주주의 집중투표를 이용한 감사위원 선출권을 무력화시키기 위해 일괄선출방식인 2단계 결의를 하지 않고, 분리선출 방식(1단계 결의방식)으로 주주총회를 운영해서 소수주주의 반발을 사기도 했습니다. 현재는 일괄선출 방식에 의해 2단계로 구분하여, 감사위원은 2단계에서 별도로 선출결의를 하므로 그런 갈등은 없어졌습니다.

그러나 현재 문재인 정부와 여당은 감사위원 겸직이사에 대한 대주주의 영향력 배제(대주주의 의결권 3% 내 제한)에 더 초점을 두어, 비록 집중투표제의 효과가 반감되는 문제가 있기는 하지만 1단계에서 일반이사와 감사위원 겸직이사를 분리해서 확정적으로 선출하는 '분리선출' 방식 쪽으로 상법을 개정하려고 노력하고 있습니다.

(6) 집행임원

　기업 실무에서는 정식 주주총회에서 이사로 선임된 적이 없지만 전무, 부사장 등의 명칭을 사용하며 정식 이사와 동등한 책임과 권한을 행사하는 사람이 있습니다.

　2011년 상법에서는 집행임원 제도를 도입하여, 위와 같이 정식 이사는 아니지만 정식 이사처럼 회사의 업무를 집행하는 사람을 '집행임원'으로 선임하여 대표이사를 대신할 수 있도록 하였습니다(상법 제408조의2).

　집행임원은 이사회에서 선임하는데, 반드시 주주총회에서 선임된 이사 중에서 집행임원이 될 필요는 없기 때문에 정식 이사가 아닐 수 있습니다.

　기업이 집행임원을 선임하는 것은 자유이지만, 만약 집행임원을 선임하면 집행임원이 대표이사를 대신하기에 별도로 대표이사는 선임할 수 없습니다. 집행임원은 기존의 대표이사와 크게 차별되는 점이 없기에, 기업 실무에서 집행임원을 선임하는 경우는 거의 없습니다.

(7) 감사

　감사는 기업의 경영을 감시하는 자로서, 주주총회에서 선임되기 때문에 이사나 이사회로부터 독립적인 기관입니다(상법 제409조).

　감사업무를 수행하는 기관인 감사위원회는 이사회 내의 하부위원회로 설치되므로 이사회의 감독을 받지만, 감사는 이사회와는 별개의 기관이라는 점에서 감사위원회보다 독립성이 더 강하다고 볼 수 있습니다.

3. 맺음말

국민경제에서 생산주체인 기업(주식회사)은 누가 운영하는 것일까?

논의의 중점은 기업의 소유자인 주주와 그로부터 위임을 받은 이사 간의 위임관계가 기업을 합리적이고 타당하게 운영할 수 있는 올바른 관계로 설정되어 있는지 여부입니다.

기업에 대한 법적인 처분권을 갖는 소유자는 주주입니다. 하지만 기업은 국가의 법적인 보장을 받으며 설립 및 운영되는 사회적 조직체이기도 하므로 국가적, 공공적 요소가 포함되어 있고, 더구나 기업에는 주주 이외에도 인적 조직으로 근로자라는 중요한 구성요소가 있습니다. 따라서 온전히 주주의 입장에서만 기업을 운영할 수는 없습니다. 주주의 이익을 보장하면서도 기업의 공공성과 사회성을 어떻게 잘 조화시키느냐에 따라 국민경제의 발전과 성장이 좌우될 것입니다.

A. 사외이사

대법원 2014. 12. 24. 선고 2013다76253 판결[손해배상(기)]

그러나 주식회사의 이사는 선량한 관리자의 주의로써 대표이사 및 다른 이사들의 업무집행을 전반적으로 감시하고 특히 재무제표의 승인 등 이사회에 상정된 안건에 관하여는 이사회의 일원으로서 의결권을 행사함으로써 대표이사 등의 업무집행을 감시·감독할 지위에 있으며, **이는 사외이사라고 하여 달리 볼 것이 아니다.**

(해설)

A: 기업, X: 주주(원고), Y: 사외이사(피고)

A기업이 사업보고서의 중요사항을 허위 기재하여 손해를 본 주주 X(원고)가 A기업의 사외이사 Y(피고)를 상대로 손해배상을 청구한 사례입니다.

사외이사도 일반 이사와 마찬가지로 이사로서 이사회에 상정된 안건에 대하여 이사회에 출석하여 의결권을 행사하며 A기업의 경영활동을 감독할 의무가 있고, 이를 태만히 한 경우 손해배상책임을 부담한다는 판례입니다.

B. 감사위원회

대법원 2017. 11. 23. 선고 2017다251694 판결[손해배상(기)]

주식회사의 **감사위원회는 이사**의 직무집행을 감사하고, **이사**가 법령 또는 정관에 위반한 행위를 하거나 그러한 행위를 할 염려가 있다고 인정한 때에는 이사회에 이를 보고하여야 하며, **이사**가 법령 또는 정관에 위반한 행위를 하여 이로 인하여 회사에 회복할 수 없는 손해가 생길 염려가 있는 경우에는 그 행위에 대한 유지청구를 하는 등의 의무가 있다(상법 제415조의2 제7항, 제412조 제1항, 제391조의2, 제402조). **감사위원회의 위원은** 상법상 위와 같은 의무 또는 기타 법령이나 정관에서 정한 의무를 선량한 관리자의 주의의무를 다하여 이행하여야 하고, 고의·과실로 선량한 관리자의 주의의무를 위반하여 그 임무를 해태한 때에는 그로 인하여 회사가 입은 손해를 배상할 책임이 있다(상법 제415조의2 제7항, 제414조 제1항, 제382조 제2항).

(해설)

A: 상호저축은행, X: 예금보험공사(원고), Y: 상호저축은행의 감사위원 이사(피고)

A상호저축은행이 충분한 담보도 확보하지 않고 어느 기업에 불법 부당한 대출을 하여 A상호저축은행에 손해가 발생한 사안에서, A상호저축은행이 파산된 후 그 파산관재인이 된 예금보험공사 X(원고)가 A상호저축은행의 감사위원이었던 Y(피고)를 상대로 임무 해태를 원인으로 한 손해배상을 청구한 사례입니다.

감사위원이 되는 이사는 일반 이사의 직무를 감사하고 이사회에 보고할 의무가 있으며 이를 게을리하여 회사에 손해를 끼칠 경우 손해배상 책임을 부담한다는 판례입니다.

C. 감사

대법원 2017. 3. 23. 선고 2016다251215 전원합의체 판결[이사및감사지위확인]

이사·감사의 지위가 주주총회의 선임결의와 별도로 대표이사와 사이에 임용계약이 체결되어야만 비로소 인정된다고 보는 것은, 이사·감사의 선임을 주주총회의 전속적 권한으로 규정하여 주주들의 단체적 의사결정 사항으로 정한 상법의 취지에 배치된다. 또한 상법상 대표이사는 회사를 대표하며, 회사의 영업에 관한 재판상 또는 재판 외의 모든 행위를 할 권한이 있으나(제389조 제3항, 제209조 제1항), 이사·감사의 선임이 여기에 속하지 아니함은 법문상 분명하다. **그러므로 이사·감사의 지위는 주주총회의 선임결의가 있고 선임된 사람의 동의가 있으면 취득된다고 보는 것이 옳다.**

상법상 이사는 이사회의 구성원으로서 회사의 업무집행에 관한 의사 결정에 참여할 권한을 가진다(제393조 제1항). 상법은 회사와 이사의 관계에 민법의 위임에 관한 규정을 준용하고(제382조 제2항), 이사에 대하여 법령과 정관의 규정에 따라 회사를 위하여 그 직무를 충실하게 수행하여야 할 의무를 부과하는 한편(제382조의3), 이사의 보수는 정관에 그 액을 정하지 아니한 때에는 주주총회의 결의로 이를 정한다고 규정하고 있는데(제388조), 위 각 규정의 내용 및 취지에 비추어 보아 **도 이사의 지위는 단체법적 성질을 가지는 것으로서 이사로 선임된 사람과 대표이사 사이에 체결되는 계약에 기초한 것은 아니다.** 또한 주주총회에서 새로운 이사를 선임하는 결의는 주주들이 경영진을 교체하는 의미를 가지는 경우가 종종 있는데, 이사선임결의에도 불구하고 퇴임하는 대표이사가 임용계약의 청약을 하지 아니한 이상 이사로서의 지위를 취득하지 못한다고 보게 되면 주주로서는 효과적인 구제책이 없다는 문제점이 있다.

한편 감사는 이사의 직무의 집행을 감사하는 주식회사의 필요적 상설 기관이며(제412조 제1항), 회사와 감사의 관계에 대해서는 이사에 관한 상법 규정이 다수 준용된다(제415조, 제382조 제2항, 제388조). 이사의 선임과 달리 특히 감사의 선임에 대하여 상법은 제409조 제2항에서 "의결권 없는 주식을 제외한 발행주식총수의 100분의 3을 초과하는 수의 주식을 가진 주주는 그 초과하는 주식에 관하여는 의결권을 행사하지 못한다."라고 규정하고 있다. 따라서 감사선임결의에도 불구하고 대표이사가 임용계약의 청약을 하지 아니하여 감사로서의 지위를 취득하지 못한다고 하면 위 조항에서 감사 선임에 관하여 대주주의 의결권을 제한한 취지가 몰각되어 부당하다. 이사의 직무집행에 대한 감사를 임무로 하는 감사의 취임 여부를 감사의 대상인 대표이사에게 맡기는 것이 단체법의 성격에 비추어 보아도 적절하지 아니함은 말할 것도 없다.

결론적으로, **주주총회에서 이사나 감사를 선임하는 경우, 선임결의와 피선임자의 승낙만 있으면, 피선임자는 대표이사와 별도의 임용계약을 체결하였는지와 관계없이 이사나 감사의 지위를 취득한다.**

(해설)

Y: 주식회사(피고), X 1: 이사(원고 1), X 2: 감사(원고 2)

Y주식회사(피고)가 주주총회에서 X 1(원고 1)을 이사로, X 2(원고 2)를 감사로 선임하는 결의를 하였고, 이후 X 1, X 2(원고 1, 2)가 Y주식회사(피고)에게 이사, 감사 임용계약을 체결하자고 요구하였으나, 어떤 이유에서인지 Y주식회사(피고)가 이를 거절하여 X 1, X 2(원고 1, 2)가 Y주식회사(피고)를 상대로 이사·감사 지위 확인소송을 제기한 사례입니다.

주식회사에서 이사, 감사 선임은 상법상 주주총회 결의사항으로서 단체법적 성질을 가지므로 이사, 감사의 지위는 주주총회 결의 시에 곧바로 인정되는 것이지, 이와 별도로 Y주식회사(피고)의 승낙이나 임용계약이 필요한 것이 아니라고 판시하여 X 1, X 2(원고 1, 2)가 승소하였습니다.

▷ 상법

A. 사외이사

제542조의8(사외이사의 선임)

① **상장회사는** 자산 규모 등을 고려하여 대통령령으로 정하는 경우를 제외하고는 **이사 총수의 4분의 1 이상을 사외이사로 하여야 한다.** 다만, 자산 규모 등을 고려하여 대통령령으로 정하는 상장회사의 사외이사는 3명 이상으로 하되, 이사 총수의 과반수가 되도록 하여야 한다.

② 상장회사의 사외이사는 제382조제3항 각 호뿐만 아니라 다음 각 호의 어느 하나에 해당되지 아니하여야 하며, 이에 해당하게 된 경우에는 그 직을 상실한다.

B. 감사위원회

제415조의2(감사위원회)

① 회사는 정관이 정한 바에 따라 감사에 갈음하여 제393조의2의 규정에 의한 위원회로서 감사위원회를 설치할 수 있다. **감사위원회를 설치한 경우에는 감사를 둘 수 없다.**

② 감사위원회는 제393조의2제3항에도 불구하고 3명 이상의 이사로

구성한다. 다만, 사외이사가 위원의 3분의2 이상이어야 한다.

③ 감사위원회의 위원의 해임에 관한 이사회의 결의는 이사 총수의 3분의 2 이상의 결의로 하여야 한다.

C. 상장회사 특례

제13절 상장회사에 대한 특례〈신설 2009. 1. 30.〉

542조의11(감사위원회)

① 자산 규모 등을 고려하여 대통령령으로 정하는 상장회사는 **감사위원회를 설치하여야 한다.**

② 제1항의 상장회사의 감사위원회는 **제415조의2제2항의 요건 및 다음 각 호의 요건을 모두 갖추어야 한다.**

   1. 위원 중 1명 이상은 대통령령으로 정하는 회계 또는 재무 전문가일 것

   2. 감사위원회의 대표는 사외이사일 것

제542조의12(감사위원회의 구성 등)

① 제542조의11제1항의 상장회사의 경우 제393조의2에도 불구하고 **감사위원회 위원을 선임하거나 해임하는 권한은 주주총회에 있다.**

② 제542조의11제1항의 상장회사는 **주주총회에서 이사를 선임한 후 선임된 이사 중에서 감사위원회 위원을 선임하여야 한다.**

③ 최대주주, 최대주주의 특수관계인, 그 밖에 대통령령으로 정하는 자가 소유하는 상장회사의 의결권 있는 주식의 합계가 그 회사의 의결권 없는 주식을 제외한 발행주식총수의 100분의 3을 초과하는 경우 그 주

주는 그 초과하는 주식에 관하여 **감사 또는 사외이사가 아닌 감사위원회위원을 선임하거나 해임할 때에는 의결권을 행사하지 못한다.** 다만, 정관에서 이보다 낮은 주식 보유비율을 정할 수 있다.

④ 대통령령으로 정하는 상장회사의 의결권 없는 주식을 제외한 발행주식총수의 100분의 3을 초과하는 수의 주식을 가진 주주는 그 초과하는 주식에 관하여 **사외이사인 감사위원회위원을 선임할 때에 의결권을 행사하지 못한다.** 다만, 정관에서 이보다 낮은 주식 보유비율을 정할 수 있다.

D. 집행임원

408조의2(집행임원 설치회사, 집행임원과 회사의 관계)

① 회사는 집행임원을 둘 수 있다. **이 경우 집행임원을 둔 회사(이하 "집행임원 설치회사"라 한다)는 대표이사를 두지 못한다.**

② 집행임원 설치회사와 집행임원의 관계는 「민법」 중 위임에 관한 규정을 준용한다.

E. 감사

제409조(선임)

① **감사는 주주총회에서 선임한다.**

② 의결권 없는 주식을 제외한 발행주식의 총수의 100분의 3을 초과하는 수의 주식을 가진 주주는 그 초과하는 주식에 관하여 제1항의 감사

의 선임에 있어서는 의결권을 행사하지 못한다.

③ 회사는 정관으로 제2항의 비율보다 낮은 비율을 정할 수 있다.

④ 제1항, 제296조제1항 및 제312조에도 불구하고 자본금의 총액이 10억 원 미만인 회사의 경우에는 감사를 선임하지 아니할 수 있다.

5장

기업 운영자를 어떻게 선출할까?
- 집중투표제

1. 기업에서 이사 선임의 중요성

경제에서 생산의 주체로서 중요한 역할을 담당하는 기업이 어떻게 운영되는지, 특히 이사가 어떻게 선임되는지를 살펴보기로 합시다.

기업운영에서 중요한 의사결정은 대부분 이사회에서 이루어지며, 그 이사회에서 결정된 사항은 대표이사와 같은 집행기관이 실행합니다. 이렇게 기업에서 중요한 기능을 담당하는 이사회는 복수의 이사들로 구성되므로, 결국 주주총회의 결의로 어느 편의 이사들을 더 많이 선임하여 이사회에 진출시키는지가 매우 중요한 문제가 됩니다.

주주들은 주식의 분산 소유로 인해 수많은 주주 그룹들로 이루어지며, 이는 주식 소유 비중이 높은 대주주 그룹과 상대적으로 적은 수의 주식을 소유한 소수주주 그룹으로 나눌 수 있습니다. 대주주와 소수주주 그룹 간에는 자신이 추천하는 이사를 이사회에 진출시켜 자신의 그룹에게 유리한 의사결정을 내리길 기대하여 항상 치열한 싸움을 하기 마련입니다.

이 싸움의 규칙을 어떻게 정해야 과연 공정성과 합리성을 갖추고 있다고 볼 수 있을까?

집중투표제는 주주 그룹 간의 이런 치열한 경쟁이 공정성과 합리성을 구비할 수 있게 탄생한 제도입니다.

이사 선임에 있어서 대주주와 소수주주 간의 치열한 싸움은 마치 고대 이스라엘 역사에서 소년 다윗과 거인 골리앗 간의 유명한 싸움에 비견됩니다.

2. 골리앗과 다윗의 전투

기원전 약 1,000년 전에 있었던 거인 골리앗과 소년 다윗의 싸움은 너무나 유명한 이야기입니다. 현재 팔레스타인의 조상인 골리앗과 이스라엘의 조상인 다윗과의 싸움에서, 골리앗의 신체조건이 너무 크고 우월하여 체구가 작은 다윗은 골리앗을 도저히 이길 수 없었습니다.

덩치가 작은 다윗이 거인 골리앗과 일대일로 싸우면 백전백패일 수밖에 없는 상황입니다. 매 싸움마다 골리앗이 특출한 신체조건을 이용하여 쉽게 다윗을 제압할 수 있기 때문입니다. 이런 싸움 방식을 '일대일 싸움' 방식이라고 표현합시다. 실제로 역사에서 골리앗은 이스라엘과의 싸움에서 이 방식을 이스라엘 측에 조건으로 내걸기도 했습니다.

그런데 이제 다윗이 골리앗에게 다음과 같은 방식으로 싸우자고 제안하면 어떨까?

"팔레스타인 군대에서 골리앗과 동일한 신체조건을 가진 3명이 나서고(편의상 '골리앗 3명'), 이스라엘에서는 다윗과 신체조건이 동일한 3명이 나선다(편의상 '다윗 3명'). 그리고 한꺼번에 6명이 동시에 싸운다. 여기서 만약 다윗 측이 골리앗 측을 1명이라도 물리치면 이번 전쟁은 이스라엘이 이기는 것으로 하자."

과연 다윗 3명이 골리앗 3명 중에 1명이라도 쓰러뜨릴 수 있을까?

이렇게 하면 됩니다. 다윗 3명이 골리앗 3명과 각각 일대일로 싸우지 않고, 다윗 3명이 힘을 합쳐 골리앗 3명 중 어느 1명만을 상대하고, 나머지 2명의 골리앗과의 싸움은 포기하는 것입니다.

결과적으로 적어도 3명의 골리앗 중 1명에 대해서는 다윗이 승리할 수있게 됩니다. 이런 싸움방식은 '집중싸움' 방식이라고 표현할 수 있습니다.

'집중싸움' 방식을 현대사회의 기업운영에 적용하면 어떻게 될까?

3. 집중투표제를 이용한 이사 선임방식

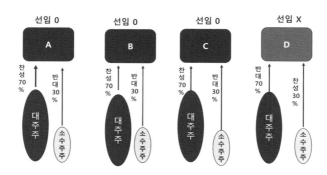

주주는 보유한 주식수를 기준으로 많은 금액을 투자한 대주주와 적은 금액을 투자한 소수주주로 나눌 수 있습니다. 즉, 대주주는 주식보유 비율에서 많은 지분을 가지고 있고, 소수주주는 적은 지분을 가지고 있습니다.

편의상 어느 기업이 발행한 주식총수가 100개이고, 그중에 대주주는 70개, 소수주주는 30개의 주식을 가지고 있다고 가정합시다(즉, 지분율이 70% 대 30%입니다). 이제 기업에서 이사를 선임할 때, 대주주는 70%의 주식을 가진 주주로서 과반수가 넘기 때문에 '일대일 싸움' 방식으로 소수주주와 싸우면, 골리앗 같은 대주주가 다윗 같은 소수주주를 언제나 이기게 되어 있습니다. 즉, 이사를 몇 명을 선임하든지 대주주는 매번 70%의 비율로 투표하기 때문에, 항상 30%의 비율로 투표한 소수주주를 언제나 제압하여 자신이 원하는 이사를 선임할 수 있습니다. 일종의 승자독식 방식입니다(the winner take-all). 또는 단순다수결 방식이라고 합니다.

그러나 집중투표제 방식은 이러한 승자독식의 문제를 해결해 줍니다. 다윗이 골리앗과의 싸움에서 제안했던 '집중싸움' 방식을 이사 선임 결의에 적용해 봅시다.

즉, 이제는 이사 선임 결의를 할 때 각 이사 후보마다 대주주와 소수주주가 1 대 1 표 대결을 하지 않고, 이사 후보 전부를 한꺼번에 투표 대상으로 삼고 이사 선임 결의를 단 1회만 하도록 합니다. 좀 더 자세히 보도록 합시다.

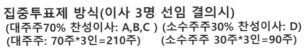

집중투표제 방식(이사 3명 선임 결의시)
(대주주70% 찬성이사: A,B,C) (소수주주30% 찬성이사: D)
(대주주: 70주*3인=210주)   (소수주주 30주*3인=90주)

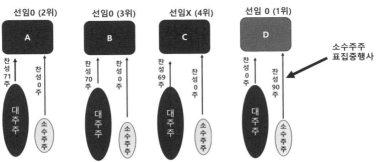

(소수주주 추천이사 D: 반드시 선임) (대주주 추천 이사 A, B, C 중 1명은 반드시 탈락)

집중투표 방식으로 결의할 시, 선임될 이사의 수가 3명이라고 가정하면 상법에서는 주주에게 선임될 이사의 수(3명)를 곱하여 투표수(의결권)를 부여합니다(상법 제382조의2). 단순다수결의 방식인 '일대일 방식'으로 하면 3명의 이사 선임을 위해 대주주와 소수주주가 일대일 대결을 3회 해야 하므로, 집중투표제에서는 아예 3을 곱하는 것입니다. 따라서 이 예시에서 대주주는 70×3 = 210개, 소수주주는 30×3 = 90개의 투표수를 갖게 됩니다.

다윗이 골리앗에게 제안했던 것처럼, 집중투표 방식에서 소수주주는 자신의 주식 90개를 한꺼번에 자신이 원하는 이사 1명에게 집중하여 몰표를 줄 수 있습니다. 단, 소수주주는 나머지 2명의 이사에게는 줄 표가 없으니 그 2명은 포기하는 셈입니다.

즉, 이사 후보 A, B, C, D 4명 중, D만 소수주주가 추천한 후보이고, 나머지는 대주주가 추천한 후보라고 가정합시다. 대주주는 자신이 원하는 이사를 최대한 많이 선임하기 위해 자신의 주식 210개를 골고루 나누어 A, B, C에게 각 71, 70, 69개씩 투표합니다. 소수주주는 자신의 주식 90개를 나누어서 투표하면 손해이므로, 자신이 추천한 후보 D에게 90개를 집중하여 투표하고 나머지는 포기합니다.

이사 선임은 득표를 많이 얻은 순으로 결정하므로, D는 90개의 투표수를 얻어 71, 70, 69개의 투표를 얻은 나머지 A, B, C보다 우선하여 이사로 선임이 됩니다. 이렇게 집중투표제로 소수주주도 자신이 원하는 이사를 선임할 수 있는 길이 열리게 됩니다.

또한, 선임할 이사의 수가 많을수록 소수주주는 이사의 수만큼 곱하여 자신에게 배정된 투표수를 적절하게 나누어 집중할 수 있으므로 집중투표제가 더 큰 위력을 발휘합니다.

(반면, 대주주는 이사의 선임수와 관계없이 어차피 자신의 지분을 선임할 이사에게 항상 고르게 나누어 배분해야 하는 제약을 받기 때문에, 집중해서 몰표를 할 수 있는 소수주주와는 입장이 다릅니다.)

4. 우리나라 집중투표제의 역사

이와 같이 집중투표제는 소수주주에게 유리한 방식입니다. 이는 우리나라가 IMF 위기에 빠진 1998년도에 도입되었습니다.

한편, 우리나라 상법은 기업이 정관에 집중투표제를 실시하지 않겠다는 배제조항을 만들면, 이를 실시하지 않아도 된다는 임의조항이 가능하도록 규정하고 있습니다(opt out 방식). 기업을 지배하는 대주주가 자신에게 불리한 집중투표제를 좋아할 리는 없으므로, 대부분의 기업 정관에는 이 조항이 규정되어 있습니다. 따라서 현재는 실제로 집중투표제를 행하는 기업이 거의 없습니다.

새로 등장한 문재인 정부는 경제 민주화의 일환으로 소수주주의 권익 향상을 위해 이런 집중투표제의 실시를 강제조항으로 개정하려고 합니다.

5. 집중투표제의 쟁점

　단순다수결 원칙은 정치와 경제에서 기본 원리입니다. 상법에서도 이사 선임을 제외한 다른 안건들에 대해서는 주주총회에서 단순다수결로 투표하게 되어 있습니다.

　이런 집중투표제가 과연 단순다수결의 원칙(상법 제368조)이나 상법의 대원칙인 1주당 1의결권 부여원칙(상법 제369조 제1항)에 위배되는 것일까?

　이사 선임은 다른 안건과는 다르게 일회성으로 끝나는 문제가 아닙니다. 이사회가 복수의 이사들로 구성되어 있기 때문에 이사 선임 문제는 단순다수결 방식으로 할 시, 매 선임 건마다 투표권을 일대일로 반복적으로 행사할 수밖에 없는 특수성을 가지고 있습니다. 이런 상황에서 집중투표제는 단번에 집중해서 행사할 수 있는 기회를 줄 수 있습니다. 이는 없던 투표권을 새로 만들어 주는 것이 아니므로, 단순다수결 원칙이나 1주당 1의결권 원칙을 침해하는 것은 아닙니다.

　또한 집중투표제는 소수주주의 지분을 인정해 주는 것이므로, 대주주와 소수주주간의 비례적인 가치를 보장해 주는 하나의 방법이기도 합니다. 이런 비례적인 가치는 정의의 관념에 합당하기도 합니다.

　다수의 이사들이 모여서 의사결정을 하는 기업의 이사회와 비슷하게, 정치에도 다수의 국회의원들이 모여 국가의 중요한 의사결정을 하는 국회가 있습니다. 그 구성원인 의원 선출에 있어서 단순다수결 선출

방식인 지역구의원 선거제도를 보완하기 위해, 정당득표수에 비례하여 국회의원을 선출하는 비례대표 선거제도를 병행하여 실시하고 있는 것을 보면, 이사 선임에 있어서 집중투표제는 비례적 가치를 잘 보장해 주는 제도임을 알 수 있습니다.

종합하면, 집중투표제는 투표권 행사 방법의 문제이지 투표권을 새롭게 생성하는 문제는 아니므로, 단순다수결 원칙이나 1주당 1의결권 원칙을 침해하지 않으며, 정의의 관념과 비례적 가치를 잘 보장해 주고 있습니다.

6. 집중투표제의 무력화

그럼에도 현실적으로 대주주는 이러한 집중투표제를 무력화시키는 방법을 사용할 수 있습니다.

즉, 이사들의 임기가 한꺼번에 끝나게 되어 여러 명의 이사를 동시에 선출하면 그만큼 집중투표제의 효력이 커지게 되므로, 이를 방지하기 위해 이사들의 임기가 순차적으로 1명씩 만료되는 것으로 조정하여 집중투표제를 무의미하게 만듭니다(시차임기제). 혹은 전체 이사회 구성원의 수를 최대한 줄이는 방법을 사용할 수도 있습니다(이사회 구성원 수 축소)(상법 제383조에 의해 자본금 10억 원 이상인 회사는 이사의 수가 3인 이상이어야 함).

7. 맺음말

이사회 구성 문제는 대주주와 소수주주 간의 상호 대립을 어느 범위에서 조정하느냐의 문제입니다. 소수주주가 지지하는 이사가 이사회 구성원이 될 수 있는 기회를 부여하여 이사회 운영의 독단성을 방지하고자 집중투표제가 실시되는 것입니다.

대주주들은 집중투표제에 의해 소수주주가 선임하는 이사들이 많아지면 이사회 운영의 효율성이 떨어지고, 특히 M&A를 시도하는 해외 자본들의 입김이 강화되어 국가 경제에도 도움이 되지 않는다고 주장합니다.

기업경영의 효율성과 국민경제의 이익이라는 관점에서, 다윗 같은 소수주주에게도 일정한 기회를 주는 집중투표제가 과연 부정적인 효과만 가져다준다고 봐야 할 것인지는 생각해 볼 문제입니다.

판례

A. 집중투표제와 의사정족수 문제

대법원 2017. 1. 12. 선고 2016다217741 판결[회사에관한소송]

상법 제382조의2에 정한 집중투표란 2인 이상의 이사를 선임하는 경우에 각 주주가 1주마다 선임할 이사의 수와 동일한 수의 의결권을 가지고 이를 이사 후보자 1인 또는 수인에게 집중하여 투표하는 방법으로 행사함으로써 투표의 최다수를 얻은 자부터 순차적으로 이사에 선임되는 것으로서, 이 규정은 어디까지나 주주의 의결권 행사에 관련된 조항이다.

따라서 주식회사의 정관에서 이사의 선임을 발행주식총수의 과반수에 해당하는 주식을 가진 주주의 출석과 출석주주의 의결권의 과반수에 의한다고 규정하는 경우, 집중투표에 관한 위 상법조항이 정관에 규정된 의사정족수 규정을 배제한다고 볼 것은 아니므로, 이사의 선임을 집중투표의 방법으로 하는 경우에도 정관에 규정한 의사정족수는 충족되어야 한다.

(해설)

Y: 주식회사(피고), X: 주주(원고)

이사 선임을 집중투표의 방법으로 실시하는 경우에도 의사정족수에 관한 정관 규정이 동일하게 적용된다는 사례입니다.

Y주식회사(피고)의 주주 X(원고)들이 집중투표 방식에 의한 이사선임 결의 장소에 참석하기는 했으나 정작 투표권을 행사하지는 않았고, 나머지 주주만이 단독으로 투표권을 행사한 사례에서, X(원고)들은 Y주식회사(피고)를 상대로 이사선임 결의의 무효를 주장하였는데, 대법원

은 X(원고)들의 참석으로 정관에 규정된 의사정족수가 충족되었으므로 비록 투표권을 행사하지 않았더라도 Y주식회사(피고)의 이사선임 결의는 유효하다고 판시하여 Y주식회사(피고)가 승소하였습니다.

법령

▷ 상법

제382조의2(집중투표)

① 2인 이상의 이사의 선임을 목적으로 하는 총회의 소집이 있는 때에는 의결권 없는 주식을 제외한 발행주식 총수의 100분의 3 이상에 해당하는 주식을 가진 주주는 정관에서 달리 정하는 경우를 제외하고는 회사에 대하여 집중투표의 방법으로 이사를 선임할 것을 청구할 수 있다.

② 제1항의 청구는 회일의 7일 전까지 서면으로 이를 하여야 한다.

③ 제1항의 청구가 있는 경우에 이사의 선임결의에 관하여 각 주주는 1주마다 선임할 이사의 수와 동일한 수의 의결권을 가지며, 그 의결권은 이사 후보자 1인 또는 수인에게 집중하여 투표하는 방법으로 행사할 수 있다.

④ 제3항의 규정에 의한 투표의 방법으로 이사를 선임하는 경우에는 투표의 최다수를 얻은 자부터 순차적으로 이사에 선임되는 것으로 한다.

⑤ 제1항의 청구가 있는 경우에는 의장은 의결에 앞서 그러한 청구가 있다는 취지를 알려야 한다.

⑥ 제2항의 서면은 총회가 종결될 때까지 이를 본점에 비치하고 주주로 하여금 영업시간 내에 열람할 수 있게 하여야 한다.

※ 법률용어의 정리

▷ 단순다수결 방식

각 후보 1인에 대하여 주주들이 각각 별도의 단순다수결 투표를 하므로, 매 투표시마다 당연히 과반수 이상의 지분을 가진 주주가 투표한 후보만 선출될 수밖에 없다.

▷ 집중투표 방식

각 후보에 대하여 주주에게 해당 지분율만큼의 투표수를 배정하면, 주주들이 후보 전체에 대하여 1회의 투표를 하게 하는 방식인데, 이 방식에서는 과반수 이하의 지분을 가진 주주도 자신이 지지하는 후보에게 자신에게 배정된 투표수를 몰아서 집중하여 투표하면 자신이 원하는 특정 후보를 선출할 가능성이 상대적으로 높아지게 된다.

집중투표제는 상법 제382조의2에 규정한 바와 같이 회사가 "정관으로 집중투표제를 채택하지 않기로 적극적으로 규정한 경우"에만 이를 실시할 수 없으며, 회사정관에 이러한 집중투표제를 실시하지 않기로 하는 명백한 규정이 없다면 주주들은 집중투표 방식을 주장할 수 있다.

6장

기업 경영자(CEO)가 가장 두려워하는
형사범죄는 무엇일까?

– 업무상 배임죄

〔2018년 1월 15일〕 머니투데이(출처: http://news.mt.co.kr)

'배임죄' 사법부도 입법부도 인식 변했다
국회 '특별배임죄 예외조항 신설'… 미래 위험 투자 '기업가 정신'
존중 분위기로

국회에 특별배임죄의 예외 조항을 신설한 상법 개정안이 회부됐다. 개정안은 "이사가 충분한 정보를 바탕으로 어떠한 이해관계를 갖지 않고 상당한 주의를 다해 회사에 최선의 이익이 된다고 믿으며 경영상의 결정을 내렸을 경우에는 회사에 손해를 끼쳤다고 하더라도 회사에 대해 의무를 위반한 것으로 보지 않는다"는 조항을 신설했다.

1. 기업 경영자가 가장 두려워하는 업무상 배임죄

기업 경영자(CEO)들에게 형법상 가장 두려운 범죄가 무엇일까? 물론 사람에 따라 다르겠지만, 대부분 '업무상 배임죄'를 지목할 것입니다.

형법 제355조는 "타인의 사무를 처리하는 자가 업무상의 임무에 위배하여 재산상의 이득을 취득하거나 제3자로 하여금 이를 취득하게 하여 본인에게 손해를 가한 때"에 업무상 배임죄가 성립하도록 규정하고 있습니다. 하지만 기업을 경영하다 보면 기업에 손해가 되면서 동시에 제3자에게는 이익을 주는 거래가 종종 발생할 수밖에 없는 상황이 비일비재합니다. '임무위배', '손해'에 대한 일도 양단식의 정확한 판단이 어렵다는 점이 그 이유일 것입니다.

먼저, 업무상 배임죄가 어떤 경우에 성립되는지 알아봅시다.

2. 업무상 배임죄는 어떤 경우에 성립되는가?

"타인의 사무를 처리하는 자가" "그 임무에 위배하는 행위로써" "재산상의 이익을 취득하거나 제3자로 하여금 이를 취득하게 하여" "본인에게 손해를 가한 때"에 배임죄로 처벌하며(형법 제355조), 타인의 사무를 '업무'로 처리하는 자는 업무상 배임죄를 적용하여 배임죄보다 가중처벌 하고 있습니다(형법 제356조). (한편, 기업의 이사나 집행임원, 감사 등이 배임행위를 할 경우, 형법이 아니라 상법 제622조에서 정한 특별배임죄가 적용되고, 이득액이 50억 원 이상인 경우에는 '특정경제범죄가중처벌등에관한법률'에 의해 가중처벌 됩니다.)

기업 경영자(이사, 감사, 집행임원 등)는 수임인 입장에서 위임인인 기업을 위해 경영사무를 '업무'로서 처리하므로, 일반 배임죄가 아니라 항상 '업무상' 배임죄가 적용됩니다(다만, 여기서는 편의상 배임죄 기준으로 설명합니다).

배임죄가 성립되기 위해선 객관적인 요건과 주관적인 요건이 필요합니다.

먼저, 객관적인 요건에는 행위 측면에서의 '임무위배행위(배임행위)'와 결과측면에서의 '재산상 이득 취득', '본인(기업)에 대한 재산상 손해의 존재'가 있습니다.

행위 측면에서의 '임무위배행위(배임행위)'는 기업 경영자가 맡고 있는 사무의 내용에 따라 종류가 다양할 수밖에 없습니다. 대법원 판례는 이에 대하여 다음과 같이 정의하고 있습니다.

"배임죄는 타인의 사무를 처리하는 자가 그 임무에 위배하는 행위로써 재산상 이익을 취득하거나 제3자로 하여금 이를 취득하게 하여 본인에게 손해를 가함으로써 성립한다. 여기서 그 '임무에 위배하는 행위'는 사무의 내용, 성질 등 구체적 상황에 비추어 법률의 규정, 계약의 내용 혹은 신의칙상 당연히 할 것으로 **기대되는 행위를 하지 않거나 당연히 하지 않아야 할 것으로 기대되는 행위를 함으로써** 본인과 사이의 신임관계를 저버리는 일체의 행위를 포함한다"(대법원 2017. 11. 9. 선고 2015도12633 판결).

이에 의해 임무위배 행위는 '작위의무를 위반하거나 부작위의무를 위반하는 것'이라고 요약할 수 있습니다. 물론, 그런 작위의무, 부작위의무는 기업 경영자가 맡고 있는 사무의 내용에 따라 천차만별일 것입니다.

    결과 측면에서의 '재산상 손해'의 개념은 다음과 같습니다(행위자 또는 제3자의 '재산상 이득 취득'과 피해자의 '재산상 손해' 발생은 원인과 결과의 관계이므로 후자만 검토하기로 함).

    배임죄는 결과 발생만을 처벌하는 결과범(침해범)이 아니라 결과 발생의 위험까지도 처벌하는 위험범(위태범)의 범죄입니다. 따라서 기업에 실제로 손해가 발생된 경우는 물론이고, 기업에 실제 발생된 손해가 없다고 하더라도 손해 발생의 '위험'을 초래한 경우도 배임죄가 성립하므로 주의해야 합니다(대법원 판례는 아래에서 보는 바와 같이 일관하여 손해발생의 '위험성'까지도 포함시키고 있습니다). 손해의 판단은 법률적 관점에서만 보는 것이 아니라 경제적인 관점에서도 파악해야 합니다.

    "한편 배임죄에 있어 **재산상의 손해를 가한 때라 함**은 현실적인 손해를 가한 경우뿐만 아니라 재산상 실해 발생의 위험을 초래한 경우도 포함되고, 재산상 손해의 유무에 대한 판단은 본인의 전 재산 상태와의 관계에서 법률적 판단에 의하지 아니하고 **경제적 관점에서 파악하여야 하며**, 따라서 법률적 판단에 의하여 당해 배임행위가 무효라 하더라도 경제적 관점에서 파악하여 배임행위로 인하여 본인에게 현실적인 손해를 가하였거나 **재산상 실해 발생의 위험을 초래한 경우에는 재산상의 손해를 가한 때에 해당한다**"(대법원 2010. 11. 11. 선고 2010도10690 판결).

다음으로, 배임죄가 성립되기 위한 주관적인 요건은 '행위자(기업 경영자)는 위에서 설명한 객관적인 요건에 대한 인식(고의)이 존재해야 함'입니다. 고의가 없이 단지 과실만으로는 배임죄가 성립되지 않습니다(과실 배임죄는 없음). 고의는 미필적 고의만 있어도 되며, 본인(기업)에게 손해를 가할 목적이 없어도 고의는 인정됩니다.

위에서 설명한 객관적 요건과 주관적 요건이 갖춰지면 업무상 배임죄가 성립합니다. 문제는 기업 경영자는 기업을 경영하면서 기업에게 손해를 발생시키거나, 발생시킬 위험성 있는 의사결정을 해야 할 경우가 너무나 많기 때문에, 업무상 배임죄의 처벌에 대한 두려움이 항상 따라다닌다는 것입니다.

이에 기업 경영을 대변하는 측에서는 업무상 배임죄가 기업 경영자의 모험적인 투자를 위축시켜 기업의 성장, 경제 발전에 제약요인이 된다고 비판하면서, 배임죄의 폐지 또는 적용 축소를 강력하게 요구하고 있습니다.

이에 대하여 우리 대법원 형사 판례는 '경영판단의 법칙(business judgement rule)'이라는 개념을 사용하여 업무상 배임죄의 적용 범위를 축소하고 있습니다.

3. 경영판단의 법칙(business judgement rule)

(1) 개념

경영판단의 법칙(business judgement rule)은 "회사의 목적 범위 내이고 이사의 권한 내인 사항에 관해 이사가 내린 의사결정이 그와 같이 할 합리적인 근거가 있고, 회사의 이익을 위한 것이라는 믿음하에 어떤 다른 고려에 의한 영향을 받지 아니한 채, 독립적인 판단을 통해 성실하게 이루어진 것이라면, 법원은 이에 개입하여 이사의 책임을 묻지 아니한다"는 원칙입니다(이철송 회사법).

본래 경영판단의 법칙은 미국의 민사소송에서 이사의 '민사상' 책임을 제한하는 판례상의 원칙으로 정립된 것이지만, 우리나라에서는 민사상 이사의 책임 제한뿐만 아니라 '형사상' 업무상 배임죄의 성립도 제한하는 원칙으로 활용되고 있습니다.

특히, 대법원 '형사' 판례는 형사상 업무상 배임죄에서 경영판단의 법칙을 주관적 구성요건인 '고의'의 존재 여부와 연관시키고 있습니다.

(한편, 대법원 '민사' 판례는 경영판단의 법칙을 '이사의 임무해태' 여부라는 객관적인 행위태양에 대한 판단에 적용함으로써, 위의 형사 판례가 형사 배임죄에서 있어서 주관적 요건인 '고의'의 판단에 적용하는 것과 차이점을 보이고 있습니다.)

(2) 대법원 판례

대법원 2017. 11. 9. 선고 2015도12633 판결(특경법상의 업무상배임죄)

"다만 기업의 경영에는 원천적으로 위험이 내재하여 있어서, 경영자가 개인적인 이익을 취할 의도 없이, 가능한 범위 내에서 수집된 정보를 바탕으로, 기업의 이익을 위한다는 생각으로 신중하게 결정을 내렸더라도, 예측이 빗나가 기업에 손해가 발생하는 경우가 있으므로, 이러한 경우에까지 **고의에 관한 해석 기준**을 완화하여 업무상배임죄의 형사책임을 물을 수 없다.

여기서 경영상의 판단을 이유로 배임죄의 고의를 인정할 수 있는지는 문제된 경영상의 판단에 이르게 된 경위와 동기, 판단 대상인 사업의 내용, 기업이 처한 경제적 상황, 손실 발생의 개연성과 이익 획득의 개연성 등 제반 사정에 비추어 자기 또는 제3자가 **재산상 이익을 취득한다는 인식과 본인에게 손해를 가한다는 인식**하의 의도적 행위임이 인정되는 경우인지에 따라 개별적으로 판단하여야 한다.

한편 기업집단의 공동목표에 따른 공동이익의 추구가 사실적, 경제적으로 중요한 의미를 갖는 경우라도 기업집단을 구성하는 개별 계열회사는 별도의 독립된 법인격을 가지고 있는 주체로서 각자의 채권자나 주주 등 다수의 이해관계인이 관여되어 있고, 사안에 따라서는 기업집단의 공동이익과 상반되는 계열회사의 고유이익이 있을 수 있다. 이와 같이 동일한 기업집단에 속한 계열회사 사이의 지원 행위가 기업집단의 차원에서 계열회사들의 공동이익을 위한 것이라 하더라도 지원 계열회사의 재산상 손해의 위험을 수반하는 경우가 있으므로, 기업집단 내 계열회사 사이의 지원행위가 합리적인 **경영판단**의 재량 범위 내에서 행해졌는지는 신중하게 판단하여야 한다."

위 대법원 '형사' 판례에서 설시한 바와 같이 경영판단의 법칙은 기업 경영자가 합리적인 경영판단의 재량 범위 내에서 행위한 경우, 설사 기업 경영자의 경영행위로 인해 기업에 손해가 발생하였더라도 이득취득과 손해발생에 대한 행위자의 인식이라는 배임의 고의가 존재하지 않아 업무상 배임죄가 성립하지 않는다는 원칙으로 설명됩니다.

하지만 기업 경영자가 법령에 위반하여 경영행위를 한 경우에는 위의 경영판단법칙이 적용될 여지가 없으므로 원칙적으로 업무상 배임죄가 적용될 수 있을 것입니다.

"상법 제399조는 이사가 법령에 위반한 행위를 한 경우에 회사에 대하여 손해배상책임을 지도록 규정하고 있는데, 이사가 임무를 수행함에 있어서 위와 같이 **법령에 위반한 행위를 한 때에는** 그 행위 자체가 회사에 대하여 채무불이행에 해당하므로, 그로 인하여 회사에 손해가 발생한 이상 특별한 사정이 없는 한 손해배상책임을 면할 수 없다. 한편, 이사가 임무를 수행함에 있어서 선량한 관리자의 주의의무를 위반하여 임무위반으로 인한 손해배상책임이 문제되는 경우에도, 통상의 합리적인 금융기관의 임원이 그 당시의 상황에서 적합한 절차에 따라 회사의 최대이익을 위하여 신의성실에 따라 직무를 수행하였고 그 의사결정과정 및 내용이 현저하게 불합리하지 않다면, 그 임원의 행위는 **경영판단**이 허용되는 재량범위 내에 있다고 할 것이나, **위와 같이 이사가 법령에 위반한 행위에 대하여는 원칙적으로 경영판단의 원칙이 적용되지 않는다**"(대법원 2007. 7. 26. 선고 2006다33609 판결손해배상).

위 판례는 상법상 이사의 책임에 대한 손해배상책임에 대한 것이기는 하나, 형사상 업무상 배임죄의 판단에도 동일하게 적용될 수 있을 것입니다.

4. 주식 관련 업무상 배임죄 해당 여부

기업 경영자의 경영 행위 중에 주식발행(신주발행의 경우)과 주식매각과 관련된 업무가 자주 있는데, 주식 발행가액이나 주식 매각액의 정도에 따라 잘못하면 업무상 배임죄가 성립될 수 있으므로 주의해야 합니다.

(1) 신주발행의 경우

주식회사가 신주발행 시, 원칙적으로 기존 주주에게 신주인수권이 인정됩니다(상법 제418조 제1항). 제3자 배정은 정관에서 정하는 바에 따라 신기술도입, 재무구조개선 등 회사의 경영상의 목적을 달성하기 위해 필요한 경우로 제한됩니다(상법 제418조 제2항).

　기존 주주에 대한 신주발행 시에는 액면가 미달발행만 아니면 기업 경영자가 합리적인 범위 내에서 발행가액을 정하면 되므로 시가발행을 하지 않아도 됩니다(상법 제330조, 제417조). 그러나 제3자 배정의 경우에는 시가 발행을 하지 않을 시, 회사에 유입되는 자본의 감소로 인해 기존 주주의 주식가치가 희석되는 문제가 생기므로, 상법 제424조의2 제1항에서 규정한 불공정가액의 신주발행이 되어 법령위반사항이 될 여지가 크고, 따라서 기업 경영자의 행위는 업무상 배임죄에 해당될 소지가 큽니다(법령위반이므로, 경영판단의 법칙이 적용될 여지도 전혀 없습니다).

　다만, 대법원은 과거 에버랜드의 전환사채 발행에 대한 판례에서 기업이 전환사채의 인수권(전환사채는 주식으로의 전환권이 있으므로 신주발행과 마찬가지임)을 일단 기존 주주에게 배정하기만 하면, 후에 기존주주가 인수권을 포기하여(실권 발생) 이를 제3자에게 배정할 시, 이는 처음부터 제3자 배정을 목적으로 발행한 것과는 차이가 있으므로 시가 발행이 반드시 의무사항이 아니라고 판시하고 있습니다(물론, 여기에는 반대 의견이 있었으나 다수 의견이 아니었음).

　"신주 등의 발행에서 주주 배정방식과 제3자 배정방식을 구별하는 기준은 회사가 신주 등을 발행하는 때에 주주들에게 그들의 지분비율에 따라 신주 등을 우선적으로 인수할 기회를 부여하였는지 여부에 따라 객관적으로 결정되어야 할 성질의 것이지, 신주 등의 인수권을 부여받은 주주들이 실제로 인수권을 행사함으로써 신주 등을 배정받았는지 여부에 좌우되는 것은 아니다.

회사가 기존 주주들에게 지분비율대로 신주 등을 인수할 기회를 부여하였는데도 주주들이 그 인수를 포기함에 따라 발생한 실권주 등을 제3자에게 배정한 결과 회사 지분비율에 변화가 생기고, 이 경우 신주 등의 발행가액이 시가보다 현저하게 낮아 그 인수권을 행사하지 아니한 주주들이 보유한 주식의 가치가 희석되어 기존 주주들의 부(富)가 새로이 주주가 된 사람들에게 이전되는 효과가 발생하더라도, 그로 인한 불이익은 기존 주주들 자신의 선택에 의한 것일 뿐이다. 또한 회사의 입장에서 보더라도 기존 주주들이 신주 등을 인수하여 이를 제3자에게 양도한 경우와 이사회가 기존 주주들이 인수하지 아니한 신주 등을 제3자에게 배정한 경우를 비교하여 보면 회사에 유입되는 자금의 규모에 아무런 차이가 없을 것이므로, 이사가 회사에 대한 관계에서 어떠한 임무에 위배하여 손해를 끼쳤다고 볼수는 없다"(대법원 2009. 5. 29. 선고2007도4949 전원합의체 판결)(특정경제범죄가중처벌등에관한법률위반)(배임).

(2) 주식매각의 경우

기업이 보유한 주식을 매각하는 경우, 당초의 장부가격(취득가액)

에 비해 매우 낮은 가격으로 매각하여 주식매매손을 발생시킬 때 업무상 배임죄가 성립될 수 있습니다.

매각된 주식이 상장회사의 주식이라면 증권거래소에 주식의 시가가 형성되어 있어, 이 시가를 기준으로 매도가액을 평가하여 배임여부를 쉽게 판단할 수 있습니다. 하지만 비상장회사의 주식의 경우에는 거래되는 시가가 존재하지 않기 때문에 매매손이 적정한 것인지의 여부가 그리 간단하지 않습니다.

주식매매손이 발생한 경우 매도자는 손해를 보고 매수자가 이익을 보기 때문에, 때에 따라서는 매도자가 매수자에게 상속 또는 증여한 행위로 평가되기도 합니다. 그런 경우를 상정하여 '상속세 및 증여세법 제63조'와 '동법 시행령 제54조'에서는 비상장주식에 대하여 '순손익가치'와 '순자산가치'를 각각 3 대 2의 비율로 가중평균한 가액으로 평가하도록 하고 있습니다.

위의 세법규정에 의하면, 1주당 가액(순손익가치)은 1주당 최근 3년간의 순손익액의 가중평균액을 3년 만기 보증회사채의 유통수익율로 나누어 산출되고, 1주당 순자산가치는 당해 법인의 순자산가액을 총발행주식총수로 나누어 계산합니다.

그러나 기업은 유기적인 조직체로, 시간적 흐름의 지배하에 있기 때문에 위의 세법규정에 의한 평가가 절대적인 것이라고 볼 수는 없습니다. 즉, 순손익가치는 시간의 흐름에 의한 '현재가치 할인'을 적용하여 산출할 필요가 있으며(물론 보증회사채의 유통수익률로 나눈 것이 대략적으로 현재가치할인을 적용한 것으로 볼 수 있으나 미흡한 면이 있음), 기업의 자산가치 평가는 당초의 취득가격(장부가격)을 기준으로 할 것인지 아니면 현재의 시장가치를 기준으로 할 것인지의 문제가 생깁니다.

이런 주식가치평가에 대한 여러 쟁점들이 잘 해결되어야, 비상장주식의 매매 시 발생하는 매매손에 대해 기업 경영자가 업무상 배임 행위를 한 것인지의 정확한 판단이 가능해집니다.

대법원 판례는 비상장 주식의 평가와 이로 인한 배임죄의 판단에 있어서 상속세법 시행령의 평가방법만을 기준으로 하지 않고, 순자산가치, 수익가치, 유사업종 비교방식 등을 종합적으로 고려하여야 한다고 판시하여, 주식가치평가에 대한 일응의 기준을 제시하고 있습니다. 다시 말해, 주식가치평가에 있어서는 어느 한 평가방법만을 의존하는 것은 위험하므로 여러 가지 평가방법을 종합적으로 고려해야 한다는 것입니다.

"비상장주식의 경우에 그 시가는 그에 관한 객관적 교환가치가 적정하게 반영된 정상적인 거래의 실례가 있는 때에는 그 거래가격을 시가로 보아 주식의 가액을 평가하여야 한다. 다만 그와 같은 거래사례가 없는 경우에는 보편적으로 인정되는 여러 가지 평가방법들을 고려하되, 어느 한 가지 평가방법이 항상 적용되어야 한다고 단정할 수는 없고, 거래 당시 당해 비상장법인 및 거래당사자의 상황, 당해 업종의 특성 등을 종합적으로 고려하여 합리적으로 판단하여야 한다(대법원 2005. 4. 29. 선고 2005도856 판결 등 참조). 한편 주식거래와 관련한 배임행위로 인한 손해의 발생 여부를 판단하기 위하여 주식가치의 평가가 요구되는 경우에는, 상대적으로 가장 타당한 평가의 방법이나 기준을 심리하여 손해의 발생 여부를 구체적으로 판단하는 것이 필요하다"[대법원 2010. 5. 27. 선고 2010도369 판결, 특정경제범죄가중처벌등에관한법률위반(배임)].

한편, 기업 M&A의 경우에도 위의 주식가치 평가로 인해 종종 업무상 배임죄가 성립되기도 합니다. 기업인수 시, 인수회사(bidding firm)는 인수대상회사(target firm)에 대한 정확한 기업가치 평가를 하여야 그로 인한 손해를 피할 수 있습니다. 특히, 주권상장법인이나 코스닥상장법인이 다른 법인과 합병하는 경우, "자본시장법 시행령 제176조의5 제1항, 제2항, 제3항"에 의해 금융위원회가 고시하는 자산가치, 수익가치 및 그 가중산술평균방법과 상대가치에 의하도록 되어 있습니다. 따라서 이런 합병의 경우에도 주식가치의 평가가 문제되지 않을 수 없고, 만약 법령을 위반하여 주식가치를 산정해 합병한 경우에는 업무상 배임죄가 성립될 수 있습니다.

5. 맺음말

　기업 경영자는 기업을 경영하면서 중요한 사항에 대해 다양한 의사
결정을 하게 됩니다. 그중 결과적으로 기업에게 손해가 발생하거나 발
생할 우려가 있는 경우, 기업에서 수임인의 위치에 있는 기업 경영자는
임무위배(배임)행위를 한 것으로 평가되어 형사상 업무상 배임죄가 성
립될 가능성이 많습니다.

　현재는 대법원 판례에 의해 경영판단의 법칙(Business Judgement
Rule)이 정립되어 경영행위가 재량판단 행위로 포섭이 되는 범위 내에
서는 배임의 '고의'가 존재하지 않아 형사상 업무상 배임죄가 성립되지
않을 수 있습니다.

　하지만 아직도 기업 경영자의 입장에서는 특히 모험적인 투자결정
과 같은 경우에 기업에 손해발생 가능성이 항상 상존하기 때문에 업무
상 배임죄의 성립 여부가 객관적이고 예측 가능한 기준에 의해 결정되
는지에 대한 불안감을 안고 있습니다.

A. 업무상배임죄가 침해범인지 위험범인지의 판단

대법원 2017. 7. 20. 선고 2014도1104 전원합의체 판결
[특정경제범죄가중처벌등에관한법률위반(배임)]

• 다수 의견

(가) **배임죄**로 기소된 형사사건의 재판실무에서 **배임죄**의 기수시기를 심리·판단하기란 쉽지 않다. 타인의 사무를 처리하는 자가 형식적으로는 본인을 위한 법률행위를 하는 외관을 갖추고 있지만 그러한 행위가 실질적으로는 **배임죄**에서의 임무위배행위에 해당하는 경우, 이러한 행위는 민사재판에서 반사회질서의 법률행위(민법 제103조 참조) 등에 해당한다는 사유로 무효로 판단될 가능성이 적지 않은데, 형사재판에서 **배임죄**의 성립 여부를 판단할 때에도 이러한 행위에 대한 민사법상의 평가가 경제적 관점에서 피해자의 재산 상태에 미치는 영향 등을 충분히 고려하여야 하기 때문이다. 결국 형사재판에서 **배임죄**의 객관적 구성요건 요소인 손해 발생 또는 **배임죄**의 보호법익인 피해자의 재산상 이익의 침해 여부를 판단할 때에는 종래의 대법원판례를 기준으로 하되 구체적 사안별로 타인의 사무의 내용과 성질, 임무위배의 중대성 및 본인의 재산 상태에 미치는 영향 등을 종합하여 신중하게 판단하여야 한다.

• 대법관 박보영, 대법관 고영한, 대법관 김창석, 대법관 김신의 별개
  의견

㈎ 배임죄는 위험범이 아니라 침해범으로 보아야 한다. 배임죄를 위
험범으로 파악하는 것은 형법규정의 문언에 부합하지 않는 해석이
다. 즉 형법 제355조 제2항은 임무에 위배하는 행위로써 재산상의 이
익을 취득하거나 제3자로 하여금 이를 취득하게 하여 본인에게 손해
를 가한 때에 배임죄가 성립한다고 규정하고 있고, 여기서 '손해를 가
한 때'란 문언상 '손해를 현실적으로 발생하게 한 때'를 의미한다. 그
럼에도 종래의 판례는 **배임죄**의 '손해를 가한 때'에 현실적인 손해 외
에 실해 발생의 위험을 초래한 경우도 포함된다고 해석함으로써 **배임
죄**의 기수 성립 범위를 넓히고 있다. 실해 발생의 위험을 가한 때는 손
해를 가한 때와 전혀 같지 않은데도 이 둘을 똑같이 취급하는 해석은
문언해석의 범위를 벗어난 것일 뿐만 아니라, 형벌규정의 의미를 피고
인에게 불리한 방향으로 확장하여 해석하는 것으로서 죄형법정주의
원칙에 반한다.

(해설)

A: 주식회사(피해회사), B: 주식회사(차입회사), Y: A와 B의 대표이사
(피고인)

배임죄가 위험범인가, 아니면 침해범(결과범)인가에 대해 대법관들의
견해가 나뉘고 있습니다. 다수 의견은 기존 판례와 같이 위험범으로 보

고 있고, 별개 의견은 형법 조문상의 문구를 근거로 배임죄의 성립이 보다 어려운 침해범(결과범)이라고 주장하고 있습니다.

위 사례는 A주식회사(피해회사)의 대표이사 Y(피고인)가 B주식회사(차입회사)가 은행으로부터 대출받는 것을 도와주기 위해, A주식회사(피해회사)의 명의로 은행에게 약속어음을 발행해 준 행위가 A주식회사의 입장에서 배임죄의 기수범인지, 아니면 미수범인지에 대해 논란이 되었던 사건입니다(피고인은 B주식회사의 대표이사도 겸직하고 있었음).

A주식회사(피해회사)는 은행대출금에 대한 차입 주체가 아니므로 은행에게 약속어음을 발행해 줄 의무가 없습니다. 그런데도 Y(피고인)가 B주식회사(차입회사)의 대표이사를 겸직하고 있다는 이유로 B주식회사를 도와주기 위해 A주식회사(피해회사)의 명의로 약속어음을 발행하여 은행에 교부하는 것은 A주식회사(피해회사) 입장에서는 임무위배행위입니다. 왜냐하면, A주식회사(피해회사)는 나중에 약속어음 소지인에게 어음금을 지급하여야 하는 금전상의 피해를 입을 수 있는 상황이기 때문입니다.

이러한 상황에 대해, 다수의견은 약속어음이 발행되어 대외적으로 유통되기만 하면, 설사 약속어음이 무효이더라도 또는 A주식회사(피해회사)가 약속어음 소지인에게 약속어음금을 실제 지급하지 않았더라도, A주식회사(피해회사) 입장에서 약속어음 유통으로 인한 손해 발생의 "위험"이 있었으므로 Y(피고인)는 배임죄의 기수범이 된다고 보았습니다.

이에 반하여, 별개 의견은 A주식회사(피해회사)가 약속어음금을 어음 소지인에게 실제 지급하기 전까지는 손해가 발생한 사실이 없으므로 Y(피고인)에게는 배임죄의 기수범이 성립되지 않는다고 보았습니다. 배임죄가 위험범인가, 침해범(결과범)인가에 대한 근본적인 의견 대립에서 비롯되는 차이입니다.

B. 업무상배임죄의 고의 판단요건

대법원 2002. 6. 28. 선고 2000도3716 판결[업무상배임]

[1] 업무상배임죄의 고의는 업무상 타인의 사무를 처리하는 자가 본인에게 재산상의 손해를 가한다는 의사와 자기 또는 제3자의 재산상의 이득의 의사가 임무에 위배된다는 인식과 결합되어 성립되는 것이며, 이와 같은 업무상배임죄의 주관적 요소로 되는 사실(고의, 동기 등의 내심적 사실)은 피고인이 본인의 이익을 위하여 문제가 된 행위를 하였다고 주장하면서 범의를 부인하고 있는 경우에는 사물의 성질상 고의와 상당한 관련성이 있는 간접 사실을 증명하는 방법에 의하여 입증할 수밖에 없고, 무엇이 상당한 관련성이 있는 간접사실에 해당할 것인가는 정상적인 경험칙에 바탕을 두고 치밀한 관찰력이나 분석력에 의하여 사실의 연결 상태를 합리적으로 판단하는 방법에 의하여야 하며, 피고인이 본인의 이익을 위한다는 의사도 가지고 있었다 하더라도 위와 같은 간접사실에 의하여 본인의 이익을 위한다는 의사는 부수적일 뿐이고, 이득 또는 가해의 의사가 주된 것임이 판명되면

배임죄의 고의가 있었다고 할 것이다.

[2] 금융기관의 직원들이 대출을 함에 있어 대출채권의 회수를 확실하게 하기 위하여 충분한 담보를 제공받는 등 상당하고도 합리적인 조치를 강구함이 없이 만연히 대출을 해 주었다면 업무위배행위로 제3자로 하여금 재산상 이득을 취득하게 하고 금융기관에 손해를 가한다는 인식이 없었다고 볼 수 없다.

(해설)

A: 금융기관(피해회사), Y: A의 지점장 및 담당자(피고인들)

배임죄의 성립요건 중 주관적 요건인 "고의"는 사람의 정신적 인식과 관련되어 있습니다. 따라서 행위자가 범행을 자백하지 않고 부인하는 경우에는 "고의" 존재 여부의 판단이 쉽지 않습니다. 이에 대법원은 "고의"의 존재는 행위자의 자백이 없더라도 "고의"와 관련된 여러 가지 "간접적인 사실"에 의해서도 인정될 수 있다는 취지로 판시하고 있습니다.

위 사례는 A금융기관의 지점장 및 담당자인 Y(피고인들)가 거래처에 대출을 하였으나 거래처의 담보가 불충분하여 대출금이 제대로 회수되지 않아 금융기관에 손해가 발생한 사건입니다.

이 사건에서 Y(피고인들)는 배임의 고의가 없었다고 주장하였으나, 대법원은 Y(피고인들)가 대출 당시에 보증인 자격도 없는 자를 보증인으로 세우도록 하고, 융통어음은 담보로 인정되지 않는다는 금융기관 내

규가 있음에도 이를 위반해서 융통어음을 담보로 취득하는 등, 여러 가지 "간접사실"이 존재함을 근거로 피고인들에게 배임의 "고의"가 존재한다고 인정하였습니다.

C. 경영판단의 재량행위 범위

대법원 2017. 11. 9. 선고 2015도12633 판결[특정경제범죄가중처벌등에관한법률위반(배임)등]
회사의 이사 등이 타인에게 회사자금을 대여함에 있어 타인이 이미 채무변제능력을 상실하여 그에게 자금을 대여할 경우 회사에 손해가 발생하리라는 정을 충분히 알면서 이에 나아갔거나, 충분한 담보를 제공받는 등 상당하고도 합리적인 채권회수조치를 취하지 아니한 채 만연히 대여해 주었다면, 그와 같은 자금대여는 타인에게 이익을 얻게 하고 회사에 손해를 가하는 행위로서 회사에 대하여 배임행위가 되고, 회사의 이사는 단순히 그것이 경영상의 판단이라는 이유만으로 배임죄의 죄책을 면할 수 없으며, 이러한 이치는 타인이 자금지원 회사의 계열회사라 하여 달라지지 않는다.
다만, 기업의 경영에는 원천적으로 위험이 내재하여 있어서 경영자가 개인적인 이익을 취할 의도 없이 가능한 범위 내에서 수집된 정보를 바탕으로 기업의 이익을 위한다는 생각으로 신중하게 결정을 내렸더라도 예측이 빗나가 기업에 손해가 발생하는 경우가 있으므로, 이러한 경우에까지 고의에 관한 해석 기준을 완화하여 업무상배임죄의 형사책임을 물을 수 없다. 여기서 경영상의 판단을 이유로 배임죄의 고의를 인정할 수 있는지는 문제가 된 경영상의 판단에 이르게 된 경위와 동기, 판단 대상인 사업의 내용, 기업이 처한 경제적 상황, 손실 발생의 개연성과 이익획득의 개연성 등 제반 사정에 비추어 자기 또는 제3자가 재산상 이익을 취득한다는 인식과 본인에게 손해를 가한다는 인식하의 의도적 행위임이 인정되는 경우인지에 따라 개별적으로 판단하여야 한다.

한편 기업집단의 공동목표에 따른 공동이익의 추구가 사실적, 경제적으로 중요한 의미를 갖는 경우라도 기업집단을 구성하는 개별 계열회사는 별도의 독립된 법인격을 가지고 있는 주체로서 각자의 채권자나 주주 등 다수의 이해관계인이 관여되어 있고, 사안에 따라서는 기업집단의 공동이익과 상반되는 계열회사의 고유이익이 있을 수 있다. 이와 같이 동일한 기업집단에 속한 계열회사 사이의 지원행위가 기업집단의 차원에서 계열회사들의 공동이익을 위한 것이라 하더라도 지원 계열회사의 재산상 손해의 위험을 수반하는 경우가 있으므로, 기업집단 내 계열회사 사이의 지원행위가 합리적인 경영판단의 재량 범위 내에서 행해졌는지는 신중하게 판단하여야 한다.

(해설)

A: 그룹 계열사(피해회사), B, C, D: 그룹의 다른 계열사, Y: A회사의 대표이사(피고인)

위 사례도 앞에서 본 사례와 동일하게 배임죄의 성립요건 중 주관적 요건인 "고의"의 인정 여부에 대한 것입니다. 다만, 본 사례는 기업 경영자의 경영 행위가 문제된 것인데, 대법원은 경영자의 경영행위에 대해 "합리적인 경영판단의 재량"이라는 나름의 기준을 세워서 그 범위 내에서는 배임죄의 고의가 부정된다고 보았습니다.

위 사건은 그룹 소속의 어느 계열사(A)(피해회사)의 경영자 Y(피고인)가 그룹 전체의 구매비용을 줄일 목적으로 다른 계열사(B, C, D)를 위해 철강재 통합구매계약을 체결한 후, A회사가 철강재를 제3자로부터 통합구매한 후 이를 B, C, D에게 공급한 사례입니다.

이러한 통합구매방식에 의해 A회사(피해회사)가 같은 계열사(B, C, D)를 지원하기는 했으나, 그러한 지원행위가 A회사(피해회사)의 부담능력 범위를 벗어난 행위는 아니라는 이유로 "합리적인 경영판단의 재량"의 범위 내에 있고, 따라서 경영자인 Y(피고인)는 배임죄의 고의가 부정된다고 보았습니다(공소사실 중에 A회사가 계열사에게 비정상적인 계약으로 발주대금을 선지급한 것에 대하여는 배임죄의 고의가 있다고 판시함).

D. 법령위반행위에 대한 경영판단 원칙 적용여부

대법원 2007. 7. 26. 선고 2006다33609 판결[손해배상(기)]

상법 제399조는 이사가 법령에 위반한 행위를 한 경우에 회사에 대하여 손해배상책임을 지도록 규정하고 있는데, 이사가 임무를 수행함에 있어서 위와 같이 법령에 위반한 행위를 한 때에는 그 행위 자체가 회사에 대하여 채무불이행에 해당하므로, 그로 인하여 회사에 손해가 발생한 이상 특별한 사정이 없는 한 손해배상책임을 면할 수 없다. 한편, 이사가 임무를 수행함에 있어서 선량한 관리자의 주의의무를 위반하여 임무위반으로 인한 손해배상책임이 문제되는 경우에도, 통상의 합리적인 금융기관의 임원이 그 당시의 상황에서 적합한 절차에 따라 회사의 최대이익을 위하여 신의성실에 따라 직무를 수행하였고 그 의사결정과정 및 내용이 현저하게 불합리하지 않다면, 그 임원의 행위는 **경영판단이 허용되는 재량 범위** 내에 있다고 할 것이나, **위와 같이 이사가 법령에 위반한 행위에 대하여는 원칙적으로 경영판단의 원칙이 적용되지 않는다.**

(해설)

A: 종합금융회사(피해회사), B·C: 제3자, Y: A회사의 임원(피고), X: A종합금융회사의 파산관재인 예금보험공사(원고)

위 사례는 이사의 상법상 손해배상 책임과 관련해서 "합리적인 경영판단의 재량"이 적용되는지 여부에 관한 것입니다.
위 사건은 A종합금융회사(피해회사)의 임원 Y(피고)가 A종합금융회사(피해회사)의 유상증자와 관련해서, 실질적으로는 A종합금융회사(피해회사)가 자기 주식을 인수하는 것임에도 이를 숨기기 위해, 형식적으로 제3자(B)를 내세워서 B에게 대출을 실행하면, B가 또 다른 3자 C에게 그 대출자금을 건네주고 C가 그 자금으로 A종합금융회사(피해 회사)의 신주를 인수하는 것처럼 위장한 것이었습니다. 이후 파산한 A 종합금융회사의 파산관재인 예금보험공사 X(원고)가 Y(피고)를 상대로 손해배상소송을 제기했습니다.

대법원은 이러한 Y(피고)의 행위는 당시 자기주식 취득 금지에 관한 상법 규정과 종합금융업무감독규정을 정면으로 위반한 행위로써 "경영판단의 재량"의 적용이 배제된다고 판시하여 X(원고)가 승소하였습니다.

E. 비상장주식의 평가기준

대법원 2006. 11. 23. 자 2005마958, 959, 960, 961, 962, 963, 964, 965, 966 결정[주식매수가격결정신청·매수가격결정신청·반대주주에대한주식매수가액결정신청·대우전자주식매수가격결정신청]

회사의 합병 또는 영업양도 등에 반대하는 주주가 회사에 대하여 **비상장주식**의 매수를 청구하는 경우, 그 주식에 관하여 객관적 교환가치가 적정하게 반영된 정상적인 거래의 실례가 있으면 그 거래가격을 시가로 보아 주식의 매수가액을 정하여야 할 것이나, **그러한 거래 사례가 없으면 비상장주식의 평가에 관하여 보편적으로 인정되는 시장가치방식, 순자산가치방식, 수익가치방식 등 여러 가지 평가방법을 활용**

하되, 비상장주식의 평가방법을 규정한 관련 법규들은 그 제정 목적에 따라 서로 상이한 기준을 적용하고 있으므로, 어느 한 가지 평가방법(예컨대, 증권거래법 시행령 제84조의7 제1항 제2호의 평가방법이나 상속세 및 증여세법 시행령 제54조의 평가방법)이 항상 적용되어야 한다고 단정할 수는 없고, 당해 회사의 상황이나 업종의 특성 등을 종합적으로 고려하여 공정한 가액을 산정하여야 한다.

(해설)

Y: 주식회사(피고), X: 주주(원고)

Y주식회사(피고)에 문제가 발생하여 동 회사의 주식이 상장폐지 되면서 동 주식의 객관적인 시장가치 산정이 어려운 상황이 발생했습니다. 그런 상황에서 Y주식회사(피고)가 특정사업을 제3자에게 영업양도 하였는데, 이런 영업양도에 반대하는 주주 X(원고)들이 Y주식회사(피고)를 상대로 상법상의 반대주주의 주식매수청구권을 행사하였습니다.

이때, X(원고)들은 Y주식회사(피고)가 X(원고)들로부터 매수한 주식의 매수가액이 너무 낮다고 주장하며 이의를 제기하였으나, 대법원은 Y주식회사(피고)가 회사의 상장폐지 5개월 전의 시장가치와 영업양도 당시의 순자산가치를 50%씩 반영하여 산정한 것은 정당하다고 판시하여 X(원고)가 패소하였습니다.

F. 제3자에 대한 신주발행의 기준

대법원 2009. 1. 30. 선고 2008다50776 판결[신주발행무효]

상법 제418조 제1항, 제2항의 규정은 주식회사가 신주를 발행하면서 주주 아닌 제3자에게 신주를 배정할 경우, 기존 주주에게 보유 주식의 가치 하락이나 회사에 대한 지배권 상실 등 불이익을 끼칠 우려가 있다는 점을 감안하여, 신주를 발행할 경우 원칙적으로 기존 주주에게 이를 배정하고 제3자에 대한 신주배정은 정관이 정한 바에 따라서만 가능하도록 하면서, 그 사유도 신기술의 도입이나 재무구조 개선 등 기업 경영의 필요상 부득이한 예외적인 경우로 제한함으로써 기존 주주의 신주인수권에 대한 보호를 강화하고자 하는 데 그 취지가 있다. **따라서 주식회사가 신주를 발행함에 있어 신기술의 도입, 재무구조의 개선 등 회사의 경영상 목적을 달성하기 위하여 필요한 범위 안에서 정관이 정한 사유가 없는데도, 회사의 경영권 분쟁이 현실화된 상황에서 경영진의 경영권이나 지배권 방어라는 목적을 달성하기 위하여 제3자에게 신주를 배정하는 것은 상법 제418조 제2항을 위반하여 주주의 신주인수권을 침해하는 것이다.**

(해설)

Y: 주식발행회사(피고), X: Y사 주식 신규취득자(원고), A: 기존 경영진에 우호적인 회사

X(원고)는 Y주식회사(피고)의 주식 24%를 새로 취득한 후 주주총회에서 X(원고)가 지지하는 이사 및 감사를 선임하는 데 성공하였습니다. 그러자 Y주식회사(피고)의 기존 경영진들이 X(원고)로부터 경영권에 위협을 느낀 나머지 기존 주주를 배제하고 자신에게 우호적인 제3의 회사(A)에게 신주를 발행하여 X(원고)의 지분율이 감소하게 되었고, 대신에 제3의 회사(A)가 최대주주가 되었습니다. 이후 Y주식회사(피고)는 주주총회를 개최하여 기존 경영진에게 우호적이지 않은 X(원고) 측 이사와 감사를 해임해 버렸습니다.

이에 대법원은 Y주식회사(피고)가 경영권 분쟁에서 유리하게 할 목적으로 신주를 제3자(A)에게 배정한 것은 정관에 정한 제3자 배정사유에 해당하지 않으므로 A에 대한 신주발행이 무효라고 판시하여 X(원고)가 승소하였습니다.

G. 제3자배정 신주발행에 대한 에버랜드 판결

대법원 2009. 5. 29. 선고 2007도4949 전원합의체 판결[특정경제범죄가중처벌등에관한법률위반(배임)]

• 다수 의견
신주 등의 발행에서 주주 배정방식과 제3자 배정방식을 구별하는 기준은 회사가 신주 등을 발행하는 때에 주주들에게 그들의 지분비율에 따라 신주 등을 우선적으로 인수할 기회를 부여하였는지 여부에 따라 객관적으로 결정되어야 할 성질의 것이지, 신주 등의 인수권을 부여받은 주주들이 실제로 인수권을 행사함으로써 신주 등을 배정받았는지 여부에 좌우되는 것은 아니다. 회사가 기존 주주들에게 지분비율대로 신주 등을 인수할 기회를 부여하였는데도 주주들이 그 인수를 포기함에 따라 발생한 실권주 등을 제3자에게 배정한 결과 회사 지분비율에 변화가 생기고, 이 경우 신주 등의 발행가액이 시가보다 현저하게 낮아 그 인수권을 행사하지 아니한 주주들이 보유한 주식의 가치가 희석되어 기존 주주들의 부(富)가 새로이 주주가 된 사람들에게 이전되는 효과가 발생하더라도, 그로 인한 불이익은 기존 주주들 자신의 선택에 의한 것일 뿐이다. 또한 회사의 입장에서 보더라도 기존 주주들이 신주 등을 인수하여 이를 제3자에게 양도한 경우와 이사회가 기존 주주들이 인수하지 아니한 신주 등을 제3자에게 배정한 경우를 비교하여 보면 회사에 유입되는 자금의 규모에 아무런 차이가 없을 것이므로, 이사가 회사에 대한 관계에서 어떠한 임무에 위배하여 손해를 끼쳤다고 볼 수는 없다.

• 반대 의견

그러므로 신주 등을 주주 배정방식으로 발행하였다고 하더라도, 상당 부분이 실권되었음에도 불구하고, 이사가 그 실권된 부분에 관한 신주 등의 발행을 중단하지도 아니하고 그 발행가액 등의 발행조건을 제3자 배정방식으로 발행하는 경우와 마찬가지로 취급하여 시가로 변경하지도 아니한 채 발행을 계속하여 그 실권주 해당 부분을 제3자에게 배정하고 인수되도록 하였다면, 이는 이사가 회사에 대한 관계에서 선관의

무를 다하지 아니한 것에 해당하고, 그로 인하여 회사에 자금이 덜 유입되는 손해가 발행하였다면 업무상배임죄가 성립한다고 보아야 할 것이다.

(해설)

A: 주식발행회사, Y: A사의 대표이사와 상무이사(피고인들)

처음부터 "제3자 배정방식"으로 신주발행을 하는 경우와, 일단 "기존 주주 배정방식"으로 신주를 발행하였는데 실권이 발생하여 3자에게 배정할 경우의 차이를 어떻게 볼 것이냐에 대해 논란이 매우 많은 사례입니다.

즉, 주식회사의 신주(전환사채 포함) 발행 시 "기존 주주 배정방식"과 "제3자 배정방식"의 차이점에 대해 다수 의견과 소수 의견이 첨예하게 대립한 사례입니다. 특히, 본 사례는 A주식회사(삼성에버랜드)가 일단 "기존 주주 배정방식"으로 낮은 저가로 신주를 발행하기는 했으나 기존 주주(삼성의 계열사)가 인수를 포기하여 실권이 발생한 경우입니다. A주식회사는 기존 주주의 신주인수 포기로 실권이 발생하자, 그 실권주에 대해 동일한 저가의 인수금액으로 제3자인 이재용 등에게 신주를 배정하였습니다.

대법원 다수 의견은 A주식회사가 일단 기존 주주에게 신주 인수기회를 주었는데도 불구하고, 기존 주주가 신주 인수를 포기하여 실권이 발생할 경우, 이런 실권주의 제3자 배정은 상법이 규정하는 엄밀한 의

미의 "제3자 배정방식"이 아니므로, 제3자는 그 실권주를 기존 주주가 인수를 포기한 금액과 동일한 낮은 금액으로 인수할 수 있다고 보아 Y(피고인)에게 배임죄가 성립되지 않는다고 판단하였습니다.

이에 대해 5명의 반대 의견은 "기존 주주 배정방식"에서 실권이 발생할 경우 일단 주식발행절차를 중단하고, "제3자 배정방식"을 위한 별도의 이사회결의를 거쳐 "기존 주주 배정방식"보다 높은 가격의 시가를 기준으로 상법이 규정한 "제3자 배정방식"으로 새롭게 주식을 발행해야 한다고 보았습니다. 따라서 이를 위반한 A주식회사의 대표이사와 상무이사 Y(피고인)들에게는 배임죄가 성립한다고 보았습니다.

법령

▷ 형법

제355조(횡령, 배임)

① 타인의 재물을 보관하는 자가 그 재물을 횡령하거나 그 반환을 거부한 때에는 5년 이하의 징역 또는 1천 500만 원 이하의 벌금에 처한다.

② 타인의 사무를 처리하는 자가 그 임무에 위배하는 행위로써 재산상의 이익을 취득하거나 제삼자로 하여금 이를 취득하게 하여 본인에게 손해를 가한 때에도 전항의 형과 같다.

제356조(업무상의 횡령과 배임)

업무상의 임무에 위배하여 제355조의 죄를 범한 자는 10년 이하의 징역 또는 3천만 원 이하의 벌금에 처한다.

특정경제범죄 가중처벌 등에 관한 법률(약칭: 특정경제범죄법)

제3조(특정재산범죄의 가중처벌)

① 「형법」 제347조(사기), 제347조의2(컴퓨터등 사용사기), 제350조(공갈), 제350조의2(특수공갈), 제351조(제347조, 제347조의2, 제350조 및 제350조의2의 상습범만 해당한다), 제355조(횡령·배임) 또는 제356조(업무상의 횡령과 배임)의 죄를 범한 사람은 그 범죄행위로 인하여 취득하거나 제3자로 하여금 취득하게 한 **재물 또는 재산상 이익의 가액(이하 이 조에서 "이득액"이라 한다)이 5억 원 이상일 때에는 다음 각호의 구분에 따라 가중처벌 한다.**

　1. 이득액이 50억 원 이상일 때: 무기 또는 5년 이상의 징역
　2. 이득액이 5억 원 이상 50억 원 미만일 때: 3년 이상의 유기징역

▷ **상법**

제622조(발기인, 이사 기타의 임원등의 특별배임죄)

① 회사의 발기인, 업무집행사원, 이사, 집행임원, 감사위원회 위원, 감사 또는 제386조제2항, 제407조제1항, 제415조 또는 제567조의 직무대

행자, 지배인 기타 회사영업에 관한 어느 종류 또는 특정한 사항의 위임을 받은 사용인이 그 임무에 위배한 행위로써 재산상의 이익을 취하거나 제삼자로 하여금 이를 취득하게 하여 회사에 손해를 가한 때에는 10년 이하의 징역 또는 3천만 원 이하의 벌금에 처한다.

제418조(신주인수권의 내용 및 배정일의 지정·공고)
① 주주는 그가 가진 주식 수에 따라서 신주의 배정을 받을 권리가 있다.
② 회사는 제1항의 규정에 불구하고 정관에 정하는 바에 따라 주주 외의 자에게 신주를 배정할 수 있다. 다만, 이 경우에는 신기술의 도입, 재무구조의 개선 등 회사의 경영상 목적을 달성하기 위하여 필요한 경우에 한한다.

제330조(액면미달발행의 제한)
주식은 액면미달의 가액으로 발행하지 못한다. 그러나 제417조의 경우에는 그러하지 아니하다.

제417조(액면미달의 발행)
① 회사가 성립한 날로부터 2년을 경과한 후에 주식을 발행하는 경우에는 회사는 제434조의 규정에 의한 주주총회의 결의와 법원의 인가를 얻어서 주식을 액면미달의 가액으로 발행할 수 있다.
② 전항의 주주총회의 결의에서는 주식의 최저발행가액을 정하여야 한다.

제424조의2(불공정한 가액으로 주식을 인수한 자의 책임)

① 이사와 통모하여 현저하게 불공정한 발행가액으로 주식을 인수한 자는 회사에 대하여 공정한 발행가액과의 차액에 상당한 금액을 지급할 의무가 있다.

▷ 상속세 및 증여세법

제63조(유가증권 등의 평가)

① 유가증권 등의 평가는 다음 각 호의 어느 하나에서 정하는 방법으로 한다.

　1. 주식등의 평가

　　나. 가목 외의 주식등은 해당 법인의 자산 및 수익 등을 고려하여 대통령령으로 정하는 방법으로 평가한다.

상속세 및 증여세법 시행령

제54조(비상장주식등의 평가)

① 법 제63조제1항제1호나목에 따른 주식등(이하 이 조에서 "비상장주식등"이라 한다)은 1주당 다음의 계산식에 따라 평가한 가액(이하 "순손익가치"라 한다)과 1주당 순자산가치를 각각 3과 2의 비율[부동산과다보유법인(「소득세법」 제94조제1항제4호다목에 해당하는 법인을 말한다)의 경우에는 1주당 순손익가치와 순자산가치의 비율을

각각 2와 3으로 한다]로 가중평균한 가액으로 한다. 다만, 그 가중평균한 가액이 1주당 순자산가치에 100분의 80을 곱한 금액 보다 낮은 경우에는 1주당 순자산가치에 100분의 80을 곱한 금액을 비상장주식등의 가액으로 한다.

> 1주당 가액 = 1주당 최근 3년간의 순손익액의 가중평균액 ÷ 3년 만기 회사채의 유통수익률을 감안하여 기획재정부령으로 정하는 이자율

② 제1항의 규정에 의한 1주당 순자산가치는 다음의 산식에 의하여 평가한 가액으로 한다.

1주당 가액 = 당해법인의 순자산가액÷발행주식총수(이하 "순자산가치"라 한다)

7장

기업운영에 필요한 자금 조달은 어떻게 할까?

- 다양한 자금조달 수단

A. 이중상환청구권부채권(커버드본드)

〔2016년 1월 13일〕 파이낸셜뉴스(출처: http://www.fnnews.com/news)

KB국민은행 커버드본드, 지난해 '최우수 발행 채권'으로 선정

"KB국민은행은 지난 12일, 세계적인 금융 전문지 디 에셋(The Asset)이 주관하는 '디 에셋 트리플 에이 어워즈(Triple A Awards)'에서 KB국민은행의 커버드본드가 2015년 한국의 '최우수 발행 채권(Best Bond Deal)'으로 선정되는 영예를 안았다고 밝혔다. KB 국민은행은 작년 10월, 5억 달러 규모의 5년 만기 커버드본드를 성공적으로 발행했으며, 한국 '이중상환청구권부 채권 발행에 관한 법률'하에 발행된 최초 법제화 커버드 본드이다."

B. 조건부자본증권

〔2018년 8월 24일〕 글로벌경제신문(출처: http://www.getnews.co.kr/news)

신한은행, 4억 호주달러 규모 외화 조건부자본증권 청약 성공

"신한은행이 4억 호주달러(AUD) 규모의 **외화 조건부자본증권 발행을 위한 청약에 성공**했다고 24일 밝혔다. 이번 후순위채 자본조달은 캥거루 본드 시장에서는 국내 금융권 최초로 성공한 사례라고 은행 측은 설명했다. 호주달러 후순위채는 오는 30일 발행될 예정이며, 만기는 10년, 발행금리는 연 5%로 결정됐다."

C. 담보부사채

〔2018년 6월 26일〕 파이낸셜뉴스(출처: http://www.fnnews.com/news)

두산, 두산타워 담보·캠코 보증부 사채 발행

"두산이 총 1500억 원 규모의 담보부 사채를 발행했다. 비우량한 신용도로 일반 무보증 사채시장에서 조달이 어렵다고 판단, 두산타워를 담보로 자금조달에 나선 것이다. 26일 금융투자업계에 따르면 두산은 이날 담보부사채 3년물 1500억 원어치를 발행한다. 이 가운데 1200억 원은 두산타워를 담보로 잡았다. 금리는 연 4.2% 수준에서 결정됐다."

1. 기업운영에 필요한 자금은 어떻게 조달하나?

경제에서 생산주체인 기업이 생산활동을 하기 위해서는 물적 시설(공장, 기계 등)을 구입하고, 인적자원(근로자, 임원 등)을 고용하기 위한 비용 등의 지출이 필요합니다.

이런 비용 지출을 위해 기업은 주식을 발행하여 상환부담이 없는 자기자본을 조달하거나, 차입금이나 회사채 등 부채로서 상환의무가 있는 타인자본을 조달하여야 합니다.

이 가운데 차입금은 채권 발행을 하지 않고 금융기관과 개별적으로 대여계약을 체결하여 조달하므로, 개개의 약정내용에 따라 좌우됩니다. 따라서 특별히 논의할 사항은 없습니다.

그러나 자기자본인 주식 발행이나 타인자본 중 채권 발행을 통한 자금조달의 경우에는, 주식을 인수하거나 회사채를 매입하는 불특정 다수의 증권투자자가 개입되기 때문에, 자금 조달자인 기업이 알아야 할 사항들이 많이 있습니다.

그러므로 주식, 채권과 같은 증권을 중심으로 자본시장법과 관련하여 기업 자금 조달수단에 대해 살펴보기로 합시다.

2. 자본시장법에 의한 증권 분류 기준은 어떻게 되나?

구 증권거래법은 '유가증권'에 대하여 "국채, 지방채, 특수채, 출자증권, 주권, 신주인수권증서, 외국증권, 주식예탁증서, 기타 위 증권과 유사하거나 관련된 것으로서 대통령령이 정하는 것"(구 증권거래법 제2조제1항)이라고 규정하였습니다. 이는 유가증권에 대해 포괄적으로 정의하지 않고, 증권의 종류를 구체적으로 나열하며 개념을 정의함으로써 위의 열거되지 않은 다양한 금융상품 개발에 장애를 초래하고 있었습니다(열거주의).

그에 따라 자금을 조달하는 기업 입장에서도 그만큼 자금조달 수단과 방법에 제약이 생기는 문제가 있었습니다.

이에, 새로 시행되고 있는 자본시장법은 '유가증권' 대신에 '금융투자상품'이라는 용어를 사용하고, 규정 방식도 과거의 '열거주의'에서 '포괄주의'로 전환하였습니다. 즉, '원본손실 가능성'을 의미하는 '투자성'의 개념을 도입하여, 투자성이 있는 모든 금융상품을 '금융투자상품'이라고 포괄적으로 정의하였습니다. 이를 통해 증권 발행회사 및 투자자의 필요에 맞는 다양한 신종 증권이 출현할 수 있는 계기가 마련되었고, 기업의 자금조달 방법도 다양화될 수 있게 되었습니다.

- 자본시장법 제3조 제1항

"이 법에서 '금융투자상품'이란 이익을 얻거나 손실을 회피할 목적으로 현재 또는 장래의 특정(特定) 시점에 금전, 그 밖의 재산적 가치가 있는 것(이하 '금전등'이라 한다)을 지급하기로 약정함으로써 취득하는 권리로서, 그 권리를 취득하기 위하여 **지급하였거나 지급하여야 할 금전 등의 총액(판매수수료 등 대통령령으로 정하는 금액을 제외한다)이 그 권리로부터 회수하였거나 회수할 수 있는 금전 등의 총액(해지수수료 등 대통령령으로 정하는 금액을 포함한다)을 초과하게 될 위험(이하 '투자성'이라 한다)**이 있는 것을 말한다. 다만, 다음 각 호의 어느 하나에 해당하는 것을 제외한다."

3. 자본시장법에 의한 금융투자상품에는 무엇이 있나?

기업은 금융투자상품을 이용하여 불특정 다수의 투자자들로부터 다양한 방법으로 기업에 필요한 자금을 조달할 수 있으므로, 자본시장법이 정의하는 금융투자상품의 내용을 잘 이해하고 있어야 합니다.

자본시장법은 금융투자상품의 개념정의 방식을 열거주의에서 포괄주의로 전환하였습니다. 하지만 포괄주의는 애매모호하다는 단점이 있어, 이를 보완하기 위해 금융투자상품의 구체적인 예를 구분하여 정의하였습니다.

자본시장법은 투자성 있는 금융투자상품에 대해 크게 '증권'과 '파생상품'으로 명시적으로 구분하고 있습니다(자본시장법 제3조 제2항).

여기에서의 '증권'은 증권의 취득자가 최초의 취득자금 이외에는 추가지급 의무가 없는 것이고, '파생상품'은 취득자금뿐만 아니라 추가지급 의무도 있는 것을 말합니다(자본시장법 제4조 제1항). 즉, 증권은 손실의 최대한도가 최초 원본까지이지만, 파생상품은 원본손실 이외에도 추가손실 가능성이 있는 것을 말합니다.

'증권'에는 채무증권, 지분증권, 수익증권, 투자계약증권, 파생결합증권, 증권예탁증권이 있고, '파생상품'에는 선물, 옵션, 스왑이 있습니다(자본시장법 제4조, 제5조).

4. 금융투자상품의 구체적인 내용은 무엇인가?

▷ 증권

(1) 채무증권(자본시장법 제4조 제3항)

채무증권은 부채로서, 이를 발행한 주체(기업)가 변제기에 변제의무를 부담하는 것을 말합니다. 자본시장법은 발행주체의 종류에 따라 국채, 지방채, 특수채, 회사채, 기업어음 등으로 열거하고 있습니다.

(2) 지분증권(자본시장법 제4조 제4항)

지분증권은 자본으로서, 이를 발행한 주체는 변제의무를 부담하지 않으며, 단지 발행주체의 청산 시에 잔여재산 분배를 해 줄 의무만 있습니다. 자본시장법은 주권, 신주인수권, 특수법인의 출자증권, 상법상의 출자지분(합자회사, 유한책임회사, 유한회사, 합자조합, 익명조합 등) 등을 열거하고 있습니다.

(3) 수익증권(자본시장법 제4조 제5항)

수익증권은 위탁자가 수탁자에게 재산을 신탁하면, 위탁자가 지정한 수익자(대부분 위탁자와 수익자가 동일)가 신탁재산으로부터 받을 권리(수익권)를 말합니다. 수익증권은 신탁법상의 신탁행위를 전제로 발생합니다.

(4) 투자계약증권(자본시장법 제4조 제6항)

투자계약증권은 공동사업에 금전 등을 투자하여 그 투자손익을 분배받을 계약상의 권리를 말합니다. 단, 투자자가 공동사업을 직접 수행하는 것은 아닙니다. 이런 투자 형식으로는 상법상의 익명조합, 합자조합 등이 있습니다. 공동사업 운영에 직접 관여하는 무한책임조합원(업무집행조합원)(General Partner)의 권리는 투자계약증권이 될 수 없고, 공동사업 운영에 직접 참여하지 않는 유한책임조합원(Limited Partner)의 권리만 투자계약증권이라고 할 수 있습니다.

(5) 파생결합증권(자본시장법 제4조 제7항)

파생결합증권은 기초자산과 연계하여 금전의 지급이 결정되는 권리입니다. 파생상품도 기초자산과 연계하여 금전의 지급이 결정되지만 원본을 초과하여 손실가능성이 있는 반면에, 파생결합증권은 기초자산과 연계가 되면서도 손실가능성이 원본 범위 내로 제한된다는 점에서 차이가 있습니다(예: ELS증권 등).

(6) 증권예탁증권(자본시장법 제4조 제8항)

증권예탁증권은 예탁기관이 증권 원본을 예탁받은 것에 대한 증거로 발행한 증서(Depositary Receipt)('DR'이라고 함)입니다. 국내 예탁기관인 한국예탁결제원이 발행한 예탁증서나 해외예탁기관이 발행한 해외예탁증서 모두 증권예탁증권에 해당합니다.

▷ 파생상품(자본시장법 제5조)

파생상품은 기초자산과 연계하여 금전의 지급이 결정되면서, 원본을 초과하는 손실가능성이 있는 투자상품을 말합니다.

(1) 선물

선물거래(future) 또는 선도거래(forward)는 거래(계약) 자체는 현재 시점에서 성립되나, 그 거래(계약)의 이행시점은 현재가 아니라 장래 특정시점에 합니다. 따라서 선물거래 또는 선도거래를 하게 되면 장래 이행시점에서 기초자산의 가격이 당초 계약당시의 예상과 다르게 형성될 수 있고, 그 경우 최초의 투자원금보다 더 큰 손해가 발생할 수 있습니다.

(2) 옵션

옵션(option)은 장래의 특정시점에 기초자산의 거래를 성립시킬 수 있는 선택권(option)을 어느 일방에게 부여하는 것을 말합니다. 선물거래나 선도거래는 장래의 특정시점에 반드시 기초자산의 거래를 해야 하지만, 옵션거래는 옵션을 행사할 때만 기초자산의 거래를 하고, 옵션을 행사하지 않으면 기초자산의 거래를 할 필요가 없다는 점에서 차이가 있습니다.

장래 특정시점의 금융시장이 옵션 매입자에게 유리하게 변동되어 옵션 매입자가 옵션을 행사해 기초자산 거래를 성립시키면, 역으로 옵션 매도자는 그 기초자산의 거래 이행에 응하여야 하고, 그로 인해 최초의 투자금(옵션매도대금)(옵션프리미엄)을 초과하는 손실을 볼 수 있습니다.

(3) 스왑

스왑(swap)은 기초자산을 전제로 하여 장래 일정 기간 동안 그 기초자산의 거래를 서로 교환하는 것을 말합니다. 스왑으로 기초자산의 거래를 교환하였는데, 장래에 금융시장의 상황이 예상과 다르게 변동하여 당초의 기초자산 거래보다 더 불리하게 되면, 최초의 투자 원금을 초과하는 손실을 볼 수 있습니다.

5. 특수한 증권에는 어떤 것이 있나?

지금까지 자본시장법이 정의한 금융투자상품의 종류에 대하여 살펴 보았습니다. 이제 주식과 채권 중 특수한 내용의 증권을 살펴보기로 합 시다.

▷ 특수한 내용의 주식(종류주식)(상법 제344조)

(1) 이익배당 관련 종류주식(상법 제344조의2)

• 보통주(common share)
이익배당이나 잔여재산 분배에서 제한이나 우선권이 붙어 있지 않 은 일반 주식.

• 우선주(preference share)
다른 주식에 우선하여 이익배당을 받을 수 있는 주식.

• 누적적 우선주(cumulative)
당기에 약정된 배당금을 받지 못한 경우, 차기에 이월하여 그 부족 분을 배당 받음.

• 비누적적 우선주(non-cumulative)
당기에 약정된 배당금을 받지 못한 경우, 부족분은 차기로 이월되지 않고 소멸됨.

- 참가적 우선주(participating)

약정된 배당금을 우선적으로 받은 후에, 잔여이익 배당에 대해서도 참가하여 추가 배당받을 수 있음.

- 비참가적 우선주(non-participating)

약정된 배당금을 우선적으로 받은 후에, 잔여이익 배당에 대해서는 추가배당을 받을 수 없음.

- 후배주(deferred share)

이익배당과 잔여재산 분배에 있어 보통주보다 열위에 있음.

- 혼합주

보통주와 비교하여 우선적 권리와 열위적 권리가 혼합되어 있음.

(2) 의결권 관련 종류주식(상법 제344조의3)

- 무의결권주

우선주뿐만 아니라 보통주도 무의결권으로 할 수 있음.

- 의결권 제한주식

(3) 상환 관련 종류주식(redeemable)(callable)(상법 제345조)

　주식은 본래 발행주체가 청산되기 전에는 변제(상환) 의무가 없습니다. 하지만 상환주식은 발행주체가 일정시기에 스스로(임의상환) 혹은 주주의 청구(강제상환)에 의해 이익금으로 상환하여 그 주식을 소멸시킴.
　보통주나 우선주 모두 상환주식으로 할 수 있음.

(4) 전환주식(convertible)(상법 제346조)

　다른 종류의 주식으로 전환할 수 있는 권리가 부여된 주식.
　주주에게 전환권이 부여되어 있거나(주주 전환방식), 발행주체가 전환권을 행사할 수 있음(회사 전환방식).

　전환사채는 전환권 행사로 사채가 주식으로 전환하는 것이지만, 전환주식은 주식에서 주식으로 전환됨.

▷ 특수한 내용의 사채

(1) 전환사채(Convertible Bond)(CB)(상법 제513조)

발행 당시에는 사채이지만 일정한 기간 내에 주식으로의 전환권을 행사하면 주식으로 전환될 수 있으며, 전환권을 행사하지 않으면 사채로 존속합니다.

(2) 신주인수권부사채(Bond with Warrant)(BW)(상법 제516조의2)

사채로 발행되어 만기 시까지 사채로 존속하지만, 별도로 사채권자에게 신주인수권을 부여합니다. 사채권자는 신주인수권의 행사 여부를 선택할 수 있고, 분리형의 경우 신주인수권이 표시된 증권(신주인수권증권)을 제3자에게 양도할 수도 있습니다.

(3) 이익참가부사채(상법 제469조 제2항 제1호)

사채권자가 주식처럼 이익배당에 참가할 수 있는 사채입니다.

(4) 교환사채(Exchangeable Bond)(EB)(상법 제469조 제2항 제2호)

사채로 발행되지만, 사채권자가 사채 이외의 다른 유가증권(주식이나 기타 증권)으로 교환 청구할 수 있는 사채입니다.

(5) 상환사채(상법시행령 제23조 제1항)

사채로 발행된 후, 발행기업이 임의로 다른 유가증권으로 상환할 수 있습니다. 교환사채는 사채권자가 발행기업을 상대로 교환 청구할 권리를 가지는 반면에, 상환사채는 발행기업이 임의로 사채권자에게 상환할 수 있는 권리가 있습니다.

(6) 담보부사채(Secured Corporate Bond)(담보부사채신탁법 제3조)

사채에 물적 담보가 제공되는 것입니다. 사채의 경우 통상적인 대여금 채권과는 달리 불특정 다수의 채권자를 전제로 하기에 담보권자를 확정하는 것이 곤란합니다. 다시 말해 민법상의 담보권(질권, 저당권)을 설정하는 것이 어렵기 때문에, 담보부사채신탁법에 의해 담보재산을 수탁자에게 이전하여 불특정 다수의 사채권자들을 위한 담보가 되게 하고 있습니다.

※ 참고: 이중상환청구권부채권(Covered Bond)

2014년 4월 14일 「이중상환청구권부채권의 발행에 관한 법률」(이중상환채권법이라 약칭)이 제정되어 2014년 4월 15일부터 시행 중입니다.

채권자가 채무자인 발행기업에 대하여 채무상환을 청구할 권리(상환청구권)는 채권의 본질적 특성으로 모든 채권에 공통적인 요소입니다.

다만, 이중상환청구권부채권의 채권자는 상환청구권 이외에도, 채무자인 발행기업 소유의 일정자산(기초자산 집합)에 대하여 민법상 담보권의 특징인 우선변제권을 추가적으로 가집니다(동법 제2조 제3호).

민법상의 질권은 질물을 채권자가 점유하여야 하고, 저당권은 담보물이 각종 등기법에 의한 등기가 되어야 우선변제권이 가능합니다. 하지만 이중상환채권법의 담보물은 그런 점유취득이나 등기가 없어도 동법이 정하는 일정 요건하에 우선변제권을 인정한다는 점에서 차이가 있습니다.

자산유동화의 경우, 담보자산이 유동화전문회사에 양도되지만, 이중상환채권법은 그러한 양도 없이 발행기업의 소유인 상태에서 우선변제권이 인정됩니다. 담보부사채의 경우, 담보재산을 별도의 수탁회사에 신탁하여 신탁법상의 우선수익권을 채권자가 갖게 되지만, 이중상환채권법은 그러한 신탁행위가 없다는 점에서 차이가 있습니다.

(7) 조건부자본증권(Contingent Convertible Bond)(CoCo bond라고 함)(자본시장법 제165조의11)

주식 전환이나(전환형) 그 사채의 상환과 이자지급 의무의 감면(상각형)의 사유 조건을 객관적이고 합리적인 기준에 따라 미리 정하는 사채로, 이는 상장사만 발행할 수 있습니다. 전환사채나 상환사채는 전환권이나 상환권 자체에 조건이 없지만, 조건부자본증권은 전환이나 상환에 일정한 조건이 부착되어 있다는 점에서 차이가 있습니다.

보통 금융기관이 BIS비율에 문제가 생기는 것에 대비하기 위해 이를 조건으로 발행합니다. BIS비율이 일정비율 이하로 하락 시, 주식으로 전환하거나 상환하여 자기자본을 증대시켜 BIS비율을 제고시키는 목적인 경우가 많습니다.

(8) 영구채(Perpetual Bond)

사채의 만기가 아예 없거나 매우 장기인 채권으로, 상환의무가 거의 없어 사실상 주식과 같은 자기 자본과 유사하므로, BIS비율 산정 시 자기자본에 포함됩니다.

실무에서는 신종자본증권 또는 하이브리드채권(hybrid bond)이라고 불립니다.

※ 참고: 메자닌(Mezzanine) 증권

메자닌은 이탈리아어로 건물의 1층과 2층 사이의 공간을 의미합니다. 이에 보통 금융증권 실무에서 주식과 사채의 중간적 성격의 증권을 메자닌 증권이라고 말합니다.

위에서 설명한 특수한 형태의 사채는 사채와 주식의 성격이 혼합된 것이므로, 메자닌 증권이라고 할 수 있습니다.

6. 맺음말

기업운영을 하기 위해서는 반드시 자금이 필요합니다. 차입금에 의해 간접적으로 자금을 조달하기도 하지만, 기업이 주식과 채권과 같은 증권을 발행하여 직접 금융시장에서 독자적으로 자금을 조달하기도 합니다.

위에서 기업이 발행할 수 있는 다양한 증권의 종류들을 살펴보았습니다. 기업의 개별적인 형편과 상황에 맞추어 가장 최적의 증권을 선택하여, 적은 비용으로 신속하게 자금을 조달하는 것이 기업운영에 매우 중요합니다.

판례

A. 금융투자상품(파생결합상품 중 주가연계증권)

대법원 2015. 4. 9. 자 2013마1052, 1053 결정

어느 행위가 **금융투자상품**의 거래와 관련하여 자본시장과 금융투자업에 관한 법률(이하 '자본시장법'이라 한다) 제178조에서 금지하고 있는 부정행위에 해당하는지 여부는, 해당 **금융투자상품**의 구조와 거래방식 및 거래경위, **금융투자상품**이 거래되는 시장의 특성, **금융투자상품**으로부터 발생하는 투자자의 권리·의무 및 종료 시기, 투자자와 행위자의 관계, 행위 전후의 제반 사정 등을 종합적으로 고려하여 판단하여야 한다.

따라서 특정 시점의 기초자산 가격 또는 그와 관련된 수치에 따라 권리행사 또는 조건성취의 여부가 결정되거나 금전 등이 결제되는 구조로 되어 있는 금융투자상품의 경우에 사회통념상 부정하다고 인정되는 수단이나 기교 등을 사용하여 **금융투자상품**에서 정한 권리행사

나 조건성취에 영향을 주는 행위를 하였다면, 이는 **금융투자상품**의 거래와 관련하여 부정행위를 한 것으로서 자본시장법 제178조 제1항 제1호를 위반한 행위에 해당하고, 위반행위로 인하여 **금융투자상품** 투자자의 권리·의무의 내용이 변경되거나 결제되는 금액이 달라져 투자자가 손해를 입었다면 투자자는 부정거래행위자에 대하여 자본시장법 제179조 제1항에 따라 손해배상을 청구할 수 있다.

(해설)

X: 투자자(피해자)(원고), Y: 주가연계증권 거래 상대방(피고)

금융투자상품 중 파생결합증권인 주가연계증권(Equtiy Linked Security)에 투자한 피해자 X(원고)들이 부정한 방법으로 주가조작을 한 상대방 Y(피고)를 상대로 증권집단소송을 제기한 사례입니다.

위 투자상품은 포스코 보통주와 SK보통주를 기초자산으로 정하여, 3개월 단위로 두 기초자산 모두의 종가가 상환기준가격(포스코 보통주는 494,000원, 에스케이 보통주는 159,500원을 기준가격으로 하여 3개월 단위로 기준가격의 90%, 85%, 80%, 75%에 해당하는 금액) 이상으로 결정되면 투자자는 액면금에 연 22%의 수익금을 더하여 투자금을 상환받을 수 있습니다. 그러나 만약 두 종목 중 어느 하나라도 만기 상환기준일의 종가가 만기 상환기준가격 미만에서 결정되는 경우에는 투자자 X(원고)는 원금손실을 보도록 설계된 상품이었습니다.

이 투자상품은 기초자산의 가격과 연계되어 있으나 투자자의 투자손실한도가 원금에 한정되어 있어서 자본시장법상 파생결합증권으로 분류됩니다. 그런데 이 투자상품의 거래 상대방 Y(피고)가 상환기준일에 SK보통주의 종가를 인위적으로 낮추기 위해 당일 동 주식을 대량 매도하는 방법으로 주가를 조작하여 이 사건 주가연계증권의 상환조건이 성취되지 아니하도록 방해행위를 하였습니다. 그 결과 투자자 X(원고)들은 투자원금의 30%에 해당하는 손실을 보았고, 이에 투자자 X(원고)들이 상대방 Y(피고)에 대해 자본시장법 위반을 이유로 집단소송을 제기하였는데, 대법원은 이 사건이 증권집단소송을 제기할 요건이 충족된다고 판시하였습니다.

B. 수종의 주식

대법원 2006. 1. 27. 선고 2004다44575,44582 판결(주주총회결의불발효확인등)

상법 제435조 제1항은 "회사가 수종의 주식을 발행한 경우에 정관을 변경함으로써 어느 종류의 주주에게 손해를 미치게 될 때에는 주주총회의 결의 외에 그 종류의 주주의 총회의 결의가 있어야 한다."라고 규정하고 있는바, 위 규정의 취지는 주식회사가 보통주 이외의 수종의 주식을 발행하고 있는 경우에 보통주를 가진 다수의 주주들이 일방적으로 어느 종류의 주식을 가진 소수주주들에게 손해를 미치는 내용으로 정관을 변경할 수 있게 할 경우에 그 종류의 주식을 가진 소수주주들이 부당한 불이익을 받게 되는 결과를 방지하기 위한 것이므로, 여기서의 '어느 종류의 주주에게 손해를 미치게 될 때'라 함에는, 어느 종류의 주주에게 직접적으로 불이익을 가져오는 경우는 물론이고, 외견상 형식적으로는 평등한 것이라고 하더라도 실질적으로는 불이익한 결과를 가져오는 경우도 포함되며, 나아가 어느 종류의 주주의 지위가 정관의 변경에 따라 유리한 면이 있으면서 불이익한 면을 수반하는 경우도 이에 해당된다.

(해설)

Y: 주식회사(피고), X: 우선주 보유주주(원고)

Y주식회사(피고)가 우선주의 무상증자 방법에 대하여 정관 변경을 하였는데, 우선주를 가지고 있던 주주 X(원고)들이 피고의 정관 변경이 원고들에게 불리하다고 보아 우선주주들로 구성된 종류주주총회의 개최사유가 된다고 주장한 사례입니다.
Y주식회사의 정관변경을 통해 기존의 우선주주들이 무상증자 등에 의하여 향후 새로 배정받게 될 우선주는 구 우선주와는 다르게 10년 후에도 보통주로 전환할 수 없게 변경된 것이었습니다. 이 경우 보통주로의 전환에 의한 의결권의 취득을 바라고 있던 우선주주 입장에서는 이러한 정관 변경이 자신에게 불리하게 작용하고, 반면에 의결권의 취득에는 관심이 적고 그보다는 이익배당에 더 관심이 있던 우선주주 입장에서는 특정 비율 이상의 우선배당권이 10년의 제한을 받지 아니하고 언

제까지나 보장되는 것이어서 유리하기 때문에, 우선주주 각자의 입장에 따라 유리한 점과 불리한 점이 공존하고 있는 상황이었습니다.

대법원은 이렇게 특정종류의 주주들에게 유리한 상황과 불리한 상황이 공존하고 있는 경우에도 상법 제435조에 규정한 "어느 종류의 주주에게 손해를 미치게 될 때"에 해당하여 우선주주들로 구성된 종류주주총회(우선주 주주총회)의 결의가 필요하다고 판시하여 X(원고)가 승소하였습니다.

C. 교환사채

대법원 2012. 11. 29. 선고 2010두19294 판결[법인세부과처분취소]

갑 주식회사가 경영권 관련 합의 이행을 위하여 특수관계자인을 주식회사가 발행한 **교환사채**를 이자율 연 8%로 인수하자 과세관청이 특수관계자에게 인정이자율보다 낮은 이자율로 금전을 대여하여 조세부담을 부당히 감소시킨 것으로 보아 인정이자를 익금산입한 사안에서, **교환사채는 교환청구권이 부여되어 있어 보통의 사채보다 이자율이 낮은 것이 일반적이고, 교환사채** 발행당시 을 회사와 동일한 신용평가등급 기업이 발행한 사채의 채권가격평가기관 공시수익률이 7.73%로서 8%와 차이가 크지 않은 점, **갑 회사는 교환사채 매각과정에서 교환청구권의 가치를 일부 실현한 점** 등에 비추어, 갑 회사가 국세청장 고시 당좌대출이자율보다 낮은 이자율로 **교환사채**를 인수하였다고 하여 이를 건전한 사회통념이나 상관행에 비추어 경제적 합리성을 결여한 비정상적인 자금의 저율대여로서 부당행위계산 부인대상에 해당한다고 단정하기 어렵다는 이유로, 이와 달리 본 원심판결에 법리오해의 위법이 있다고 한 사례이다.

(해설)

X: 삼남이 상속받은 주식회사(원고), A: 장남이 상속받은 주식회사, Y: 세무서장(피고)

○○그룹의 창업자가 사망하여 그 자녀들이 그룹을 분리하여 각자 주식회사를 상속받았습니다. 그 과정에서 3남이 상속받은 X주식회사(원고)가 장남이 상속받은 A주식회사에서 발행한 교환사채를 인수한 것과 관련된 사례입니다.

장남이 지배하는 A주식회사는 이 당시 X주식회사(원고)가 발행한 주식을 자산(투자유가증권)으로 보유하고 있었습니다. A주식회사는 이를 이용하여 낮은 이자율로 교환사채를 발행하여 X주식회사(원고)에게 인수시켰는데, 교환사채를 인수한 X주식회사(원고)가 A주식회사를 상대로 교환청구를 할 수 있는 권리의 내용은 A주식회사가 보유한 X주식회사(원고) 주식을 일정 수량만큼 일정 가격으로 X주식회사(원고)가 교환받을 수 있는 것이었습니다. X주식회사(원고) 입장에서는 자사주를 취득할 수 있는 기회를 갖게 된 것입니다. 실제로 X주식회사

(원고)는 A주식회사를 상대로 교환사채에 의한 교환청구권을 행사하여 자사주를 취득한 후, 이를 제3의 주식회사(A주식회사의 계열사)에게 매각하여 매매차익을 거두었습니다.

이에 대해, 세무서장 Y(피고)는 이 사건 교환사채의 거래가 X주식회사(원고)를 지배하고 있는 삼남이 A주식회사를 지배하고 있는 장남을 지원할 목적으로 이루어졌고, 위 교환사채의 이자가 당시의 국세청장이 고시한 이율(은행 당좌대출이율)보다 낮다는 이유로, 두 이율의 차이 부분에 대하여 X주식회사(원고)는 인정이자로서 익금산입하여 법인세를 납부해야 한다면서, 구 법인세법 제52조에서 규정한 부당행위계산부인 규정을 적용하여 X주식회사(원고)를 대상으로 과세부과처분하였습니다.

대법원은 판례 요지에 열거한 여러 가지 상황들을 고려하여 X 주식회사(원고)의 과세부과처분 취소청구를 인용하여 X(원고)가 승소하였습니다.

▷ 자본시장과 금융투자업에 관한 법률(약칭: 자본시장법)

제3조(금융투자상품)

① 이 법에서 "금융투자상품"이란 이익을 얻거나 손실을 회피할 목적으로 현재 또는 장래의 특정(特定) 시점에 금전, 그 밖의 재산적 가치가 있는 것(이하 "금전등"이라 한다)을 지급하기로 약정함으로써 취득하는 권리로서, 그 권리를 취득하기 위하여 **지급하였거나 지급하여야 할 금전등의 총액(판매수수료 등 대통령령으로 정하는 금액을 제외한다)이 그 권리로부터 회수하였거나 회수할 수 있는 금전등의 총액(해지수수료 등 대통령령으로 정하는 금액을 포함한다)을 초과하게 될 위험(이하 "투자성"이라 한다)**이 있는 것을 말한다.

② 제1항의 금융투자상품은 다음 각 호와 같이 구분한다.

  1. 증권

  2. 파생상품

    가. 장내파생상품

    나. 장외파생상품

제4조(증권)

① 이 법에서 "증권"이란 내국인 또는 외국인이 발행한 금융투자상품으로서 투자자가 취득과 동시에 지급한 금전등 외에 **어떠한 명목으로**

든지 추가로 지급의무(투자자가 기초자산에 대한 매매를 성립시킬 수 있는 권리를 행사하게 됨으로써 부담하게 되는 지급의무를 제외한다)를 부담하지 아니하는 것을 말한다(단서조항은 기재 생략).

② 제1항의 증권은 다음 각 호와 같이 구분한다.

1. 채무증권
2. 지분증권
3. 수익증권
4. 투자계약증권
5. 파생결합증권
6. 증권예탁증권

③ 이 법에서 "채무증권"이란 국채증권, 지방채증권, 특수채증권(법률에 의하여 직접 설립된 법인이 발행한 채권을 말한다. 이하 같다), 사채권(「상법」 제469조제2항제3호에 따른 사채의 경우에는 제7항제1호에 해당하는 것으로 한정한다. 이하 같다), 기업어음증권(기업이 사업에 필요한 자금을 조달하기 위하여 발행한 약속어음으로서 대통령령으로 정하는 요건을 갖춘 것을 말한다. 이하 같다), 그 밖에 이와 유사(類似)한 것으로서 지급청구권이 표시된 것을 말한다.

④ 이 법에서 "지분증권"이란 주권, 신주인수권이 표시된 것, 법률에 의하여 직접 설립된 법인이 발행한 출자증권, 「상법」에 따른 합자회사·유한책임회사·유한회사·합자조합·익명조합의 출자지분, 그 밖에 이와 유사한 것으로서 출자지분 또는 출자지분을 취득할 권리가 표시된 것을 말한다.

⑤ 이 법에서 "수익증권"이란 제110조의 수익증권, 제189조의 수익증권,

그 밖에 이와 유사한 것으로서 신탁의 수익권이 표시된 것을 말한다.

⑥ 이 법에서 "투자계약증권"이란 특정 투자자가 **그 투자자와 타인(다른 투자자를 포함한다. 이하 이 항에서 같다) 간의 공동사업에 금전등을 투자하고 주로 타인이 수행한 공동사업의 결과에 따른 손익을 귀속받는 계약상의 권리**가 표시된 것을 말한다.

⑦ 이 법에서 "파생결합증권"이란 **기초자산의 가격·이자율·지표·단위 또는 이를 기초로 하는 지수 등의 변동과 연계하여** 미리 정하여진 방법에 따라 지급하거나 회수하는 금전등이 결정되는 권리가 표시된 것을 말한다(단서조항은 기재 생략함).

⑧ 이 법에서 "증권예탁증권"이란 제2항제1호부터 제5호까지의 **증권을 예탁받은 자가 그 증권이 발행된 국가 외의 국가에서 발행한 것으로서** 그 예탁받은 증권에 관련된 권리가 표시된 것을 말한다.

⑨ 제2항 각 호의 어느 하나에 해당하는 증권에 표시될 수 있거나 표시되어야 할 권리는 그 증권이 발행되지 아니한 경우에도 그 증권으로 본다.

⑩ 이 법에서 "기초자산"이란 다음 각 호의 어느 하나에 해당하는 것을 말한다.

  1. 금융투자상품

  2. 통화(외국의 통화를 포함한다)

  3. 일반상품(농산물·축산물·수산물·임산물·광산물·에너지에 속하는 물품 및 이 물품을 원료로 하여 제조하거나 가공한 물품, 그 밖에 이와 유사한 것을 말한다)

  4. 신용위험(당사자 또는 제삼자의 신용등급의 변동, 파산 또는 채무

재조정 등으로 인한 신용의 변동을 말한다)

5. 그 밖에 자연적·환경적·경제적 현상 등에 속하는 위험으로서 합리적이고 적정한 방법에 의하여 가격·이자율·지표·단위의 산출이나 평가가 가능한 것

제5조(파생상품)

① 이 법에서 "파생상품"이란 다음 각 호의 어느 하나에 해당하는 계약상의 권리를 말한다. 다만, 해당 금융투자상품의 유통가능성, 계약당사자, 발행사유 등을 고려하여 증권으로 규제하는 것이 타당한 것으로서 대통령령으로 정하는 금융투자상품은 그러하지 아니하다.

1. 기초자산이나 기초자산의 가격·이자율·지표·단위 또는 이를 기초로 하는 지수 등에 의하여 산출된 금전등을 장래의 특정 시점에 인도할 것을 약정하는 계약

2. 당사자 어느 한쪽의 의사표시에 의하여 기초자산이나 기초자산의 가격·이자율·지표·단위 또는 이를 기초로 하는 지수 등에 의하여 산출된 금전등을 수수하는 거래를 성립시킬 수 있는 권리를 부여하는 것을 약정하는 계약

3. 장래의 일정기간 동안 미리 정한 가격으로 기초자산이나 기초자산의 가격·이자율·지표·단위 또는 이를 기초로 하는 지수 등에 의하여 산출된 금전등을 교환할 것을 약정하는 계약

4. 제1호부터 제3호까지의 규정에 따른 계약과 유사한 것으로서 대통령령으로 정하는 계약

▷ 상법

제344조(종류주식)

① 회사는 이익의 배당, 잔여재산의 분배, 주주총회에서의 의결권의 행사, 상환 및 전환 등에 관하여 내용이 다른 종류의 주식(이하 "종류주식"이라 한다)을 발행할 수 있다.

③ 회사가 종류주식을 발행하는 때에는 정관에 다른 정함이 없는 경우에도 주식의 종류에 따라 신주의 인수, 주식의 병합·분할·소각 또는 회사의 합병·분할로 인한 주식의 배정에 관하여 특수하게 정할 수 있다.

제344조의2(이익배당, 잔여재산분배에 관한 종류주식)

① 회사가 **이익의 배당에 관하여 내용이 다른 종류주식을 발행하는 경우에는** 정관에 그 종류주식의 주주에게 교부하는 배당재산의 종류, 배당재산의 가액의 결정방법, 이익을 배당하는 조건 등 이익배당에 관한 내용을 정하여야 한다.

② 회사가 **잔여재산의 분배에 관하여 내용이 다른 종류주식을 발행하는 경우에는** 정관에 잔여재산의 종류, 잔여재산의 가액의 결정방법, 그 밖에 잔여재산분배에 관한 내용을 정하여야 한다.

제344조의3(의결권의 배제·제한에 관한 종류주식)

① 회사가 **의결권이 없는 종류주식이나 의결권이 제한되는 종류주식**을 발행하는 경우에는 정관에 의결권을 행사할 수 없는 사항과, 의결권행사 또는 부활의 조건을 정한 경우에는 그 조건 등을 정하여야 한다.

② 제1항에 따른 종류주식의 총수는 발행주식총수의 4분의 1을 초과하지 못한다. 이 경우 의결권이 없거나 제한되는 종류주식이 발행주식총수의 4분의 1을 초과하여 발행된 경우에는 회사는 지체 없이 그 제한을 초과하지 아니하도록 하기 위하여 필요한 조치를 하여야 한다.

제345조(주식의 상환에 관한 종류주식)
① 회사는 정관으로 정하는 바에 따라 회사의 **이익으로써 소각할 수 있는 종류주식을 발행할 수 있다.** 이 경우 회사는 정관에 상환가액, 상환기간, 상환의 방법과 상환할 주식의 수를 정하여야 한다.
③ 회사는 정관으로 정하는 바에 따라 **주주가 회사에 대하여 상환을 청구할 수 있는 종류주식을 발행할 수 있다.** 이 경우 회사는 정관에 주주가 회사에 대하여 상환을 청구할 수 있다는 뜻, 상환가액, 상환청구기간, 상환의 방법을 정하여야 한다.

제346조(주식의 전환에 관한 종류주식)
① 회사가 종류주식을 발행하는 경우에는 정관으로 정하는 바에 따라 **주주는 인수한 주식을 다른 종류주식으로 전환할 것을 청구할 수 있다.** 이 경우 전환의 조건, 전환의 청구기간, 전환으로 인하여 발행할 주식의 수와 내용을 정하여야 한다.
② 회사가 종류주식을 발행하는 경우에는 정관에 일정한 사유가 발생할 때 **회사가 주주의 인수 주식을 다른 종류주식으로 전환할 수 있음을 정할 수 있다.** 이 경우 회사는 전환의 사유, 전환의 조건, 전환의 기간, 전환으로 인하여 발행할 주식의 수와 내용을 정하여야 한다.

제513조(전환사채의 발행)

① 회사는 전환사채를 발행할 수 있다.

제516조의2(신주인수권부사채의 발행)

① 회사는 신주인수권부사채를 발행할 수 있다.

제469조(사채의 발행)

② 제1항의 사채에는 다음 각 호의 사채를 포함한다.

2. 주식이나 그 밖의 다른 유가증권으로 **교환 또는 상환할 수 있는 사채**

▷ 상법시행령

23조(상환사채의 발행)

① 법 제469조제2항제2호에 따라 회사가 **그 소유의 주식이나 그 밖의 다른 유가증권으로 상환할 수 있는 사채(이하 "상환사채"라 한다)**를 발행하는 경우에는 이사회가 다음 각 호의 사항을 결정한다.

▷ 담보부사채신탁법

제3조(사채의 발행)

사채에 물상담보(物上擔保)를 붙이려면 그 사채를 발행하는 회사(이하 "위탁회사"라 한다)와 신탁업자 간의 신탁계약에 의하여 사채를 발행하여야 한다.

▷ 이중상환청구권부 채권 발행에 관한 법률(약칭: 이중상환채권법)

제2조(정의)

가. 법에서 사용하는 용어의 뜻은 다음과 같다.

2. "적격 발행기관"이란 제1호의 자 중 제4조에 따른 요건을 갖춘 자로서 이 법에 따른 이중상환청구권부 채권을 발행할 수 있는 자를 말한다.

3. **"이중상환청구권부 채권"(커버드본드, Covered Bond)이란 발행기관에 대한 상환청구권과 함께 발행기관이 담보로 제공하는 기초자산집합에 대하여 제3자에 우선하여 변제받을 권리를 가지는 채권으로서 이 법에 따라 발행되는 것을 말한다.**

4. "기초자산집합"(커버풀, Cover Pool)이란 이중상환청구권부 채권의 원리금 상환을 담보하는 자산으로서 제5조에 따라 구성되어 제6조제1항제2호에 따라 등록된 것을 말한다.

▷ 자본시장법

제165조의11(조건부자본증권의 발행 등)

① 주권상장법인(「은행법」 제33조제1항제2호·제3호 또는 「금융지주회사법」 제15조의2제1항제2호·제3호에 따라 해당 사채를 발행할 수 있는 자는 제외한다)은 정관으로 정하는 바에 따라 이사회의 결의로 「상법」 제469조제2항, 제513조 및 제516조의2에 따른 사채와 다른 종류의 사채로서 해당 사채의 발행 당시 객관적이고 합리적인 기준에 따라 미리 정하는 사유가 발생하는 경우 주식으로 전환되거나 그 사채의 상환과 이자지급 의무가 감면된다는 조건이 붙은 사채, 그 밖에 대통령령으로 정하는 사채를 발행할 수 있다.

3부

모퉁이로 돌아가기:
기업조직 변경단계

기업은 경제환경의 변화에 적응하지 않으면 결국 도태될 위험에
처하게 된다. 기업이 환경에 적응하는 방법에는 무엇이 있을까?
인적분할, 물적분할, 삼각합병, 역삼각합병,
삼각주식교환에 대하여 알아보자.

8장

기업을 분할하면 어떻게 될까?

– 인적분할, 물적분할

〔2017년 7월 13일〕 서울경제(출처: http://www.sedaily.com)

쿠쿠전자, 회사 분할 후 지주사 설립

쿠쿠전자(192400)는 렌털사업 부문을 인적분할 하여 쿠쿠홈시스(가칭)를 설립하고, 가전사업 부문을 물적분할해 쿠쿠전자(가칭)를 설립하기로 결정했다고 13일 밝혔다. 분할 기일은 오는 12월 1일이며 분할 후 존속회사는 투자사업 부문으로 지주회사 역할을 하는 쿠쿠홀딩스(가칭)이다. 쿠쿠전자는 이날 공시에서 "투자사업 부문, 가전사업 부문, 렌털사업 부문을 분리하고 향후 투자사업 부문을 공정거래법에 의한 지주회사로 전환함으로써 기업 지배구조의 투명성과 경영 안정성을 증대시키고자 한다"고 밝혔다.

1. 계속 변화하는 경제환경과 기업의 생존

국민경제에서 기업은 생산활동을 담당하여 국민이 필요로 하는 재화와 용역들을 만들어 냅니다.

시간이 흐르면 기업을 둘러싼 환경은 변화하고, 기업 자체도 그 규모나 내용이 변화할 수밖에 없습니다. 변화에 적응하지 못하면 도태된다는 자연의 법칙처럼, 기업도 경쟁이 일상화된 자본주의 사회의 변화에서 살아남기 위해 여러 시도를 하기 시작했습니다. 이에 기업분할과 기업합병이라는 현상이 나타나게 되었습니다.

먼저, 기업분할에 대해 살펴보도록 합시다.

2. 어떤 경우에 기업을 나누어야 할까?

기업분할이 필요한 경우는 다음과 같습니다.

- 기업 규모가 너무 커져 더 이상 '규모의 경제' 효과(규모가 커질수록 비용이 감소되어 오히려 이익이 증대되는 현상)가 발생하지 않을 때
→ 당연히 소기업보다는 대기업에 더 많이 필요

- 기업 규모가 커져 독점금지법의 적용을 받는 경우
→ 이를 피하기 위해

- 리스크가 높은 사업 부문이 함께 있어 기업 자체가 위태할 때
→ 리스크가 높은 부문을 따로 떼어 내기 위해

- 기업의 소유주인 주주들 간에 이해 대립이 많아서 주주 간에 충돌이 발생할 때

• 기업의 인사관리 차원에서 특정 조직을 따로 떼어 내고자 하는 경우

우리나라에서는 이런 이유로 IMF 때 상법에서 기업 분할 제도를 도입하였습니다. 그런데 최근 들어서는 기업의 대주주가 분할제도를 자신의 지분율을 올리기 위한 수단으로 이용하기도 합니다.

3. 기업분할은 무엇을 나누는 것일까?

위에서 기업을 나누는 이유에 대해 알아보았습니다. 그렇다면 기업의 무엇을 나눈다는 것일까?

기업은 인적 조직과 물적 조직으로 구성되어 있습니다. 인적 조직으로는 직원(일반 근로자)과 임원(이사회의 이사)들이 있습니다. 물적 조직으로는 기업의 재무 상태를 구성하는 부채, 자본, 자산이라는 요소가 있습니다. 여기서 부채와 자본은 기업에 필요한 자금이 조달되는 원천을, 자산은 이렇게 조달된 자금이 운용되는 모습을 의미합니다.

결국, 기업분할은 이런 인적 조직(인력 부문)과 물적 조직(재산 부문)에서 새로운 기업을 만드는 것입니다. 예를 들어, 어느 기업이 전자 부문과 통신 부문으로 구성되어 있는데, 이를 나누어서 전자기업과 통신기업, 2개의 독립된 기업으로 만드는 것입니다.

여기서, 기업의 인적 조직을 나눌 때는 근로자가 새로운 회사로의 승

계를 거부할 수 있는지의 문제가 발생하고, 물적 조직을 나눌 때는 분할비율, 특히 자본인 주식을 어떻게 분할하여 누구에게 배분할 것인가가 매우 중요한 문제로 대두됩니다.

인적 조직을 나눌 때 발생하는 근로자 승계 문제는 상법보다는 노동법 영역의 문제이기도 하므로 간단히 설명하기로 하고, 여기서는 물적 조직인 재산의 분할에 대해 자세히 살펴봅시다.

▷ 근로자 승계 문제

민법 제657조는 사용자는 노무자의 동의 없이 노무자의 권리를 제3자에게 양도할 수 없도록 근로자의 전속성을 규정하고 있고, 상법 제530조의 10은 승계 조항을 규정하여 신설회사가 근로자를 승계하도록 규정하고 있습니다.

대법원은 위 2개의 조항 가운데 특별법인 상법을 우선 적용하여, 기업 분할로 인한 근로승계에 대하여 사용자가 근로자에게 충분히 설명하고 그 이해와 협력을 구하는 절차적 정당성을 갖춘다면, 근로자의 동의가 없더라도 승계가 된다고 판시하여, 일정한 조건하에 근로자 승계는 강제되는 것으로 해석하고 있습니다.

4. 기업분할은 어떻게 이루어질까?(기업분할의 과정)

분할 전 기업을 (A), 분할 후 계속해서 존속하는 기업을 (A'), 분할 후 새롭게 생기는 기업을 (B), 그리고 (A)의 주주들을 (X)라고 합시다.

기업분할을 한 후, 분할 전 기업(A)이 소멸하는 경우를 '소멸분할'이라고 하고, 분할 후에도 계속해서 존속기업(A')으로 남아 있는 경우를 '존속분할'이라고 합니다. 보통은 존속분할이 대부분이므로, 여기서는 존속분할을 중심으로 설명합니다.

기업을 분할하면 기업의 물적 조직이 나누어지게 되는데, 분할 전 기업(A)에 있던 자산과 부채, 자본이 신설기업(B)으로 나누어지게 됩니다.

여기에서, 자산에서 부채를 뺀 나머지가 자본(순자산)이므로, 특히 자본(순자산)이 존속기업과 신설기업으로 나누어진 비율을 분할비율이라고 합니다.

예를 들어, 분할 전 기업(A)의 자본이 100인데, 신설기업(B)으로 40만큼이 분할되어 나누어지면 존속기업(A')은 60만큼의 자본을 갖게 되어, 분할비율은 6:4가 됩니다.

역으로, 존속기업(A')과 신설기업(B)의 자산, 부채, 자본을 합하면 분할 전 기업(A)과 동일합니다.

5. 기업분할을 하면 주주는 어떻게 될까?

분할 과정에서 가장 중요한 이해관계를 가지고 있는 자는 그 분할 기업에 투자를 한 주주(X)들입니다. 분할 전 기업(A)의 기존 주주(X)들은 당연히 분할 후에도 존속기업(A')의 주식을 그대로 가지고 있으므로, 존속기업(A')의 주주로 계속 남습니다.

물론 분할 전 기업(A)의 자본(순자산) 가치가 존속기업(A')으로 분할된 만큼(분할비율) 축소되므로 주주(X)가 보유하고 있는 주식의 가치도 그만큼 축소된 것처럼 생각될 수 있습니다. 그러나 기존 주주(X)들은 분할 후에도 존속기업(A')과 신설기업(B) 모두에 대하여 직간접적으로 지배권을 행사할 수 있으므로, 보유 주식의 총가치에는 변함이 없습니다.

그렇다면 신설기업(B)의 주주는 누구일까? 신설기업의 주주를 누구로 정할 것인가에 대해선 2가지의 방법이 있습니다.

(1) 인적분할

신설기업(B)은 분할 전 기업(A)에서 나누어진 것이므로, 신설기업(B)의 주식을 분할 전 기업(A)의 기존 주주(X)에게 배정합니다. 이렇게 되면 분할 전 기업(A)의 기존 주주(X)는 이제 존속기업(A')의 주주이면서 동시에 신설기업(B)의 주주가 됩니다. 이런 분할 형태를

'인적분할'이라고 합니다.

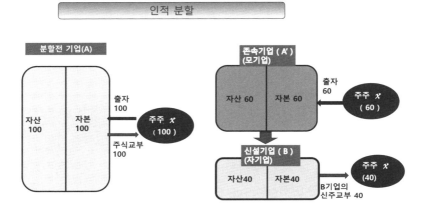

분할 전 기업(A)이 나뉘어서 존속기업(A')과 신설기업(B)으로 변한 것인데, 이와 같이 분할 전 기업의 주주(X)가 분할 후에도 존속기업(A')과 신설기업(B), 두 기업의 직접적인 주주 지위를 갖게 하여도 별 문제가 없습니다.

기존 주주(X)는 원래 자신이 가지고 있던 주식의 가치(100)가 존속기업(60)과 신설기업(40)으로 나누어져도, 합산하면 동일한 가치(100)를 계속 유지하게 됩니다.

결국, 인적분할 후 기존 주주(X)는 존속기업과 신설기업, 두 기업에 대해 '직접' 주주로서 권한을 행사할 것입니다.

(2) 물적분할

물적분할은 신설기업(B)의 주식을 분할 전 기업(A)의 변형물인 '존속기업(A')' 자체에게 줍니다. 다시 말해, '인적분할'은 신설기업(B)의 주식을 기존 주주(X)에게 주는 것이고, '물적분할'은 기업(A') 자체에게 주는 것입니다.

물적분할에서 신설기업(B)의 주식을 존속기업(A')에게 주면, 신설기업(B)은 존속기업(A')의 자회사가 됩니다. 이렇게 모자회사 관계가 성립하게 됩니다.

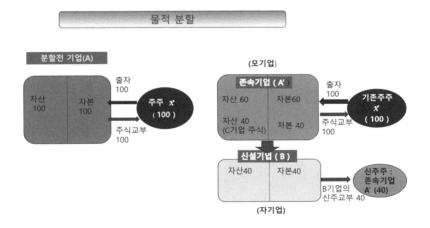

물적분할에 의해 분할 전 기업(A)은 분할된 만큼의 재산이 신설기업(B)으로 떨어져 나간 후 존속기업(A')이 되지만, 이와 동시에 존속기업(A')은 신설기업(B)의 주식을 투자유가증권 형태의 자산으로 다시 돌려받아 보유하게 됩니다. 따라서 그에 상응하는 금액만큼 자본

총액이 다시 증가하므로, 물적분할에서는 분할 전후의 자본 총액이 변함이 없습니다(따라서 물적분할에서는 인적분할과 달리 자본의 분할비율이 의미가 없습니다).

물적분할이 있더라도 원래의 주주(X)는 분할 전 기업(A)에 대한 주식을 이전부터 계속해서 가지고 있으므로, 존속기업(A')에 대한 지배권에는 전혀 이상이 없습니다.

다만, 주주(X)는 신설기업(B)에 대한 주식을 직접 가지고 있는 것은 아니므로, 신설기업(B)에 대해서는 직접적인 지배를 할 수는 없으며, 대신 존속기업(A')이 신설기업(B)에 대한 주주로서 지배권을 행사하게 됩니다.

즉, 인적분할을 하면 '주주(X) → 존속기업(A') 및 신설기업(B)'의 지배구조가 되어, 분할 후에도 주주(X)가 A'와 B를 모두 직접 지배합니다(A'와 B는 독립적 관계). 하지만 물적분할을 하면 '주주(X) → 존속기업(A') → 신설기업(B)'의 지배구조가 되어, 주주(X)가 B를 간접 지배하게 되고, A'와 B는 서로 모자회사가 됩니다(A'와 B는 모자 관계).

이를 통해 모자회사 관계를 기본으로 하는 지주회사를 설립하고자 하는 경우, 물적분할 방식이 이용됨을 알 수 있습니다.

6. 그렇다면 어떤 분할방식을 선택할까?

신설기업(B)의 주식을 누구에게 주느냐에 따라서, 기존 주주(X)에게 주면 인적분할이고, 주주가 아닌 기업(A') 자체에게 주면 물적분할로 구분하였습니다.

그렇다면, 기업은 어느 방식을 사용해서 기업을 분할하고자 할까?

최근 우리나라는 대부분 물적분할 대신 인적분할 방식을 많이 이용하는 경향을 보입니다.

그 이유는 인적분할은 첫째, 현금 확보가 가능하며, 둘째, 주주(X)가 존속기업(A')의 지분율을 증가시키고자 할 때 도움이 되고, 셋째, 상장회사가 분할 후 재상장할 때에 용이하기 때문입니다.

조금 더 자세히 알아보도록 합시다.

인적분할의 본 개념은 분할 후에도 기존 주주(X)가 존속기업(A')과 신설기업(B)에 대한 지분율을 분할 전과 동일하게 보유하는 것입니다. 하지만 현실에서는 주주(X)가 기업분할로 신설기업(B)의 주식을 취득한 후, 취득한 주식을 계속해서 보유하지 않고 존속기업(A')에게 매각함으로써 현금을 확보할 수 있는 기회를 얻기도 합니다. 또한 인적분할은 기존 주주(X)가 그 주식을 존속기업(A')에 현물출자하거나 교환하여, 그 대가로 존속기업(A')의 주식을 받아 존속기업(A')에 대한 지분율을 추가로 올릴 수 있는 기회를 가질 수 있게 하기도 합니다.

반면, 물적분할에서는 기존 주주(X)가 신설기업(B)의 주식을 직접 보유하고 있지 않기 때문에, 인적분할에서처럼 신설기업(B)의 주식을 존속기업(A')에게 매각하거나 현물출자를 할 기회가 없습니다. 기존 주주(X), 특히 대주주는 항상 지분율을 높여서 지배력을 강화하는 것이 중요한데, 물적분할은 존속회사(A')와 신설회사(B) 간에 모자회사 관계를 형성하기에는 용이하나, 주주(X)가 존속기업(A')에 대한 지분율 자체를 증가시키고자 하는 경우에는 별 도움이 되지 않습니다.

　마지막으로, 만약 상장기업이 인적분할을 하면 기존 주주(X)가 존속기업(A')과 신설기업(B)의 주식을 분할 전과 동일하게 계속 보유하게 되므로, 분할 전 기업(A)의 주식 분산비율이 신설기업(B)에서도 계속해서 유지됩니다. 따라서 이 경우에는 상장기업으로서 주식분산 요건에 문제가 없으므로 간단한 절차를 거쳐 재상장하면 됩니다.

　하지만 상장기업이 물적분할을 하면 존속기업(A')이 신설기업(B)의 주식을 100% 소유하는 주주가 되므로, 신설기업(B)은 상장기업으로서의 주식분산 요건을 갖추지 못하게 되어 비상장 회사로 바뀌게 됩니다. 따라서 주식분산 요건을 갖추어 재상장을 하기 위해서 복잡한 상장심사 과정을 통과해야 하는 문제가 생깁니다.

　이렇게 결과적으로, 현실에서는 인적분할이 물적분할보다 더 자주 사용됩니다.

7. 기업합병과는 어떻게 다른가?

 기업분할은 단독기업이 복수로 나누어지는 것이며, 비록 나누어지더라도 기존 주주(X)의 입장에서는 신설기업(B)에 대한 지배가 직접인지, 간접적인지의 차이만 있을 뿐, 분할 전후에 존속기업(A')와 신설기업(B)을 모두 합한 자본의 가치총액에는 변함이 없습니다.

 따라서 기업(A)이 분할을 결의할 때 주주총회 특별결의를 거치기만 하면, 분할에 반대하는 주주도 분할 절차를 의무적으로 따라야 합니다. 그리고 반대주주는 기업(A)을 상대로 자신의 주식을 기업(A)에서 매수해 줄 것을 요구할 권리도 없습니다(반대주주의 주식매수청구권이 없음).

 하지만 기업분할과 다르게 기업합병은 1개의 단독 기업이 아니라 2개 이상의 서로 다른 기업이 참여하며, 합병 참여 기업들 각각의 입장에서 보면, 자본 총액과 자본구성이 합병 전후에 모두 달라집니다. 이에 합병에 참여하는 기업 모두가 각각 주총특별결의를 해야 하고, 합병에 반대하는 주주는 해당 기업이 자신의 주식을 매수해 줄 것을 요구할 권리가 있습니다(반대주주의 주식매수청구권이 인정됨).

 기업분할은 분할을 통해 1개의 기업을 2개 이상의 복수기업으로 만든 후, 이들 기업들을 제3의 다른 기업과 합병하는 사전 작업으로 활용되기도 하므로, 분할과 합병은 매우 밀접한 기업조직 변경행위입니다.

8. 맺음말

우리나라에서 기업분할이 도입된 것은 1998년도 IMF로 인한 경제위기 때이므로, 그전부터 존재했던 기업합병에 비하여 다소 낯설기도 합니다.

그러나 경제환경이 변화하면서 기업이라는 법적 조직체도 환경에 적응하기 위해 변화할 수밖에 없고, 기업 나누기(분할)는 그런 적응을 위해 나타난 불가결한 현상이었습니다.

국민경제에서 생산활동을 담당하는 기업이 생산주체로서의 역할을 잘 수행할 수 있게 하는 수단의 하나로 이용되고 있는 기업분할 제도는 앞으로도 계속 유용하게 이용될 것으로 전망됩니다.

판례

A. 기업분할의 경우 연대책임 문제

대법원 2010. 2. 25. 선고 2008다74963 판결[대여금]

회사가 분할되는 경우 분할로 인하여 설립되는 회사 또는 존속하는 회사는 분할 전 회사채무에 관하여 연대하여 변제할 책임이 있으나 (상법 제530조의9 제1항), 분할되는 회사가 상법 제530조의3 제2항에 따라 분할계획서를 작성하여 출석한 주주의 의결권의 3분의 2 이상의 수와 발행주식총수의 3분의 1 이상의 수로써 **주주총회의 승인을 얻은 결의로 분할에 의하여 회사를 설립하는 경우에는 설립되는 회사가 분할되는 회사의 채무 중에서 출자한 재산에 관한 채무만을 부담할 것을 정하여(상법 제530조의9 제2항) 설립되는 회사의 연대책임을 배제할 수 있고,** 이 경우 분할되는 회사가 '출자한 재산'이라 함은 분할되는 회사의 특정재산을 의미하는 것이 아니라 조직적 일체성을 가진 영업, 즉 특정의 영업과 그 영업에 필요한 재산을 의미하는 것으로 해석된다.

분할되는 회사와 신설회사가 분할 전 회사의 채무에 대하여 연대책임을 지지 않는 경우에는 채무자의 책임재산에 변동이 생기게 되어 채권자의 이해관계에 중대한 영향을 미치므로 채권자의 보호를 위하여 분할되는 회사가 알고 있는 채권자에게 개별적으로 이를 최고하고 **만약 그러한 개별적인 최고를 누락한 경우에는 그 채권자에 대하여 신설회사와 분할되는 회사가 연대하여 변제할 책임을 지게 된다고 할 것이나,** 채권자가 회사분할에 관여되어 있고 회사분할을 미리 알고 있는 지위에 있으며, **사전에 회사분할에 대한 이의제기를 포기하였다고 볼 만한 사정이 있는 등 예측하지 못한 손해를 입을 우려가 없다고 인정되는 경우에는 개별적인 최고를 누락하였다고 하여 그 채권자에 대하여 신설회사와 분할되는 회사가 연대하여 변제할 책임이 되살아난다고 할 수 없다.**

(해설)

X: 국공채 대여회사(원고), A: 국공채 차용회사, A': 분할 후 존속회사, B: 분할 후 신설회사(피고)

X주식회사(원고)는 보유중인 국공채 증권을 A주식회사에게 빌려 주었습니다. 그런데, A주식회사가 건설 부문과 무역 부문을 인적분할하여 A'존속회사(건설 부문), B신설회사(무역 부문)로 나뉘었습니다. 그러자 X주식회사(원고)가 B신설회사(피고)를 상대로 상법 제530조의9 제1항에 규정한 분할 시의 연대책임을 근거로 국공채를 반환하라는 청구를 하였습니다.

여기서 대법원은 존속회사 A'가 X주식회사(원고)에 대해 분할 이전부터 부담하고 있던 국공채의 반환채무는 존속회사 A'가 신설회사 B에게 출자한 재산(즉, 무역 부문의 영업자산이나 상거래, 물품구입 등 영업 관련 재산)과 관련해서 부담하는 채무는 아니라고 보고, 상법 제530조의9 제2항을 적용하여 B주식회사(피고)는 존속회사 A'와 더불어 연대책임을 부담하지는 않는다고 보아서 X주식회사(원고)가 패소하였습니다.

(상법 제530조의9 제2항: 상법 제530조의3 제2항에 따라 분할계획서를 작성하여 출석한 주주의 의결권의 3분의 2 이상의 수와 발행주식총수의 3분의 1 이상의 수로써 주주총회의 승인을 얻은 결의로 분할에 의하여 회사를 설립하는 경우에는 설립되는 회사가 분할되는 회사의 채무중에서 '출자한 재산에 관한 채무'만을 부담할 것을 정하여 설립되는

회사의 연대책임을 배제할 수 있다).

B. 물적분할의 경우 주식양도차익 과세문제(적격분할시 과세이연제도)

대법원 2018. 6. 28. 선고 2016두40986 판결[법인세등부과처분취소]

분할법인이 물적분할에 의하여 분할신설법인의 주식을 취득하는 경우로서 일정한 법령상 요건을 충족한 때에는 분할법인의 자산양도차익 상당액을 위 주식의 압축기장충당금으로 계상하여 손금산입하고 해당 주식의 처분 시까지 법인세 과세를 이연한다[구 법인세법(2009. 12. 31. 법률 제9898호로 개정되기 전의 것, 이하 같다) 제47조 제1항, 제46조 제1항, 구 법인세법 시행령(2010. 6. 8. 대통령령 제22184호로 개정되기 전의 것, 이하 같다) 제83조 제1항, 제2항].

그리고 이러한 요건을 갖춘 분할의 경우에는 부가가치세 과세대상이 되는 재화의 공급으로 보지 않는다[구 부가가치세법(2010. 1. 1. 법률 제9915호로 개정되기 전의 것) 제6조 제6항 제2호, 구 부가가치세법 시행령(2010. 2. 18. 대통령령 제22043호로 개정되기 전의 것) 제17조 제2항].

위와 같은 물적분할에 대한 과세이연 규정은 1998. 12. 28. 법인세법 전부 개정으로 합병·분할 등 기업조직재편 세제를 도입할 때 마련된 것으로서, 회사가 기존 사업의 일부를 별도의 완전 자회사로 분리하는 조직 형태의 변화가 있었으나 지분관계를 비롯하여 기업의 실질적인 이해관계에 변동이 없는 때에는 이를 과세의 계기로 삼지 않음으로써 회사분할을 통한 기업구조조정을 지원하기 위한 취지이다.

아래에서 보는 구 법인세법령의 개별 요건들은 이러한 실질적 동일성 기준을 구체화한 것이다.

물적분할은 분리하여 사업이 가능한 독립된 사업 부문을 분할하는 것으로서, 분할하는 사업 부문의 자산 및 부채가 포괄적으로 승계되고, 분할신설법인이 분할등기일이 속하는 사업연도의 종료일까지 승계받은 사업을 계속 영위하며, **분할법인이 받은 분할대가의 전액이 분할신설법인의 주식인 경우 위 과세이연 규정이 적용된다.**

(해설)

A: 분할 전 회사, A': 분할 후 존속회사(원고), B: 분할 후 신설회사, Y: 세무서장(피고)

A주식회사는 화학사업 부문과 도시개발사업 부문을 물적분할하여, A' 존속회사(화학사업 부문), B신설회사(도시개발사업 부문)로 나뉘었습니다. 이런 회사 분할에 의해 A주식회사의 자산, 부채의 일부가 B신설회사로 포괄적으로 승계이전이 되었습니다.

그런데 A주식회사는 B신설회사로 승계 이전되는 자산, 부채에 대해 분할 전에는 A주식회사의 재무제표상에 '장부가액'으로 계상하고 있었는데, 분할 후에는 B신설회사로부터 물적분할 대가로 B신설회사의 주식을 '시가'로 받기 때문에, 당연히 분할 후 존속회사 A'(원고) 입장에서는 양도차익이 발생할 수밖에 없습니다(장부가액보다 시가가 높은 것이 통상적임).

이때 분할 후 존속회사 A'(원고)는 B신설회사로부터 시가로 취득한 주식을 투자유가증권계정으로 자산 항목으로 차변에 시가로 계상하고, 대변에는 당초의 장부가액을 자본으로 계상하며, 나머지 자산양도차익을 익금으로 계상하는 것이 원칙입니다. 그렇게 되면 당연히 자산양도차익에 대해 법인세가 과세될 수밖에 없습니다.

그런데 법인세법은 회사분할을 통한 기업구조조정을 지원하기 위해 물적분할 후에도 지분관계를 비롯한 회사의 실질적인 이해관계에 변동이 없는 조건이 충족된 때에는, 위 자산양도차익을 손금으로 산입하여 해당 주식처분 시까지 과세를 유예(이연)하는 혜택을 주고 있습니다(적격분할 시 과세이연).

과세이연 방법은 분할 후 존속회사 A'(원고)가 취득한 주식이 투자유가증권으로서 일반적인 감가상각대상 자산이 아니어서 감가상각을 할 수 없으므로, 마치 대출채권에 대한 대손충당금설정 방식처럼 압축기장충당금 계정을 설정하는 방법을 취합니다.

즉, 과세이연 기간 동안 위 자산양도차익에 대하여 대차대조표상 대변에 압축기장충당금 계정에 계상하여 투자유가증권 금액을 간접적으로 차감하며, 손익계산서의 차변에는 비용으로 손금산입하여 과세유예(이연) 효과를 보게 됩니다. 최종적인 과세시점은 이렇게 압축기장충당금에 의해 계상금액이 차감된 주식을 장래에 시가로 양도할 경우 그 양도차익에 대하여 이루어집니다.

위 사례도 이러한 과세이연 요건이 충족되는 물적분할(적격분할)에 해당한다고 보아 Y세무서장(피고)의 법인세 부과처분을 취소한 경우입니다.

▷ 민법

제657조(권리의무의 전속성)

① 사용자는 노무자의 동의 없이 그 권리를 제삼자에게 양도하지 못한다.

② 노무자는 사용자의 동의 없이 제삼자로 하여금 자기에 갈음하여 노무를 제공하게 하지 못한다.

③ 당사자 일방이 전2항의 규정에 위반한 때에는 상대방은 계약을 해지할 수 있다.

▷ 상법

제530조의2(회사의 분할·분할합병)

① 회사는 분할에 의하여 1개 또는 수개의 회사를 설립할 수 있다.

② 회사는 분할에 의하여 1개 또는 수개의 존립 중의 회사와 합병(이하 "分割合倂"이라 한다)할 수 있다.

③ 회사는 분할에 의하여 1개 또는 수개의 회사를 설립함과 동시에 분할합병 할 수 있다.

④ 해산 후의 회사는 존립중의 회사를 존속하는 회사로 하거나 새로

회사를 설립하는 경우에 한하여 분할 또는 분할합병 할 수 있다.

제530조의9(분할 및 분할합병 후의 회사의 책임)
① 분할회사, 단순분할신설회사, 분할승계회사 또는 분할합병신설회사는 분할 또는 분할합병 전의 분할회사 채무에 관하여 연대하여 변제할 책임이 있다.
② 제1항에도 불구하고 분할회사가 제530조의3제2항에 따른 결의로 분할에 의하여 회사를 설립하는 경우에는 단순분할신설회사는 분할회사의 채무 중에서 분할계획서에 승계하기로 정한 채무에 대한 책임만을 부담하는 것으로 정할 수 있다. 이 경우 분할회사가 분할 후에 존속하는 경우에는 단순분할신설회사가 부담하지 아니하는 채무에 대한 책임만을 부담한다.

③ 분할합병의 경우에 분할회사는 제530조의3제2항에 따른 결의로 분할합병에 따른 출자를 받는 분할승계회사 또는 분할합병신설회사가 분할회사의 채무 중에서 분할합병계약서에 승계하기로 정한 채무에 대한 책임만을 부담하는 것으로 정할 수 있다. 이 경우 제2항 후단을 준용한다.

제530조의10(분할 또는 분할합병의 효과)
단순분할신설회사, 분할승계회사 또는 분할합병신설회사는 분할회사의 권리와 의무를 분할계획서 또는 분할합병계약서에서 정하는 바에 따라 승계한다.

제530조의12(물적분할)

가. 절의 규정은 분할되는 회사가 분할 또는 분할합병으로 인하여 설립되는 회사의 주식의 총수를 취득하는 경우에 이를 준용한다.

9장

기업을 합병하면 어떻게 될까?

– 삼각합병, 역삼각합병, 삼각주식교환

〔2017년 12월 19일〕 비즈니스워치(출처: http://news.bizwatch.co.kr)

CJ, 꿩먹고 알먹고 지배구조 개편 ··· 삼각합병 신의 한수

CJ그룹이 지배구조 개편작업에 돌입했다. 핵심은 지주사인 CJ㈜를 정점으로 CJ제일 제당–CJ대한통운으로 이어지는 단순한 지배구조를 만드는 일이다. 이 과정에서 CJ그 룹은 '삼각합병'이라는 방식을 택했다. 영우냉동식품(CJ 제일제당의 자회사)은 KX 홀딩스를 흡수합병 한다. KX홀딩스 기존 대주주인 CJ㈜에게는 합병대가로 합병 법인 주식을 지급하지 않고 앞서 매입한 모회사(CJ제일제당) 주식을 지급한다.

　이번 장에 들어가기에 앞서, 기업분할과 기업합병의 순서에 대해 언 급하고자 합니다. 과거 우리나라에서는 기업합병, 기업분할 순서로 제 도화되었습니다. 하지만 현재는 기업분할 후 합병하는 현상이 주를 이 루므로, 이 책에서도 8장에서 기업분할을 먼저 설명하고, 이번 장에서 기업합병을 설명하고자 합니다.

1. 왜 기업을 합병할까?

기업합병은 기업분할과 정반대의 이유 때문에 발생하는 현상입니다.

기업분할은 기업 규모가 너무 커져서 규모의 경제 효과(규모가 커질수록 비용이 감소되어 이익이 오히려 증대되는 현상)가 더 이상 발생하지 않은 경우에 필요한 제도입니다. 이렇게 기업분할은 기업 규모가 상당히 커진 시점이 되고 나서야 필요한 것이기 때문에, 기업합병에 비해 상대적으로 최근에 이용되기 시작하였고, 우리나라의 경우에는 1998년 IMF 사태 이후에 비로소 제도화되었습니다.

반면에 기업합병은 기업규모가 더 커지는 것이 기업에 이익이 될 때 이용되는 제도입니다. 이렇게 기업합병은 고도화, 산업화되는 경제 속에서 기업 규모가 커질 때 필요했기에, 예전부터 존재했던 제도입니다.

한편, 기업합병은 이를 통해 거대 기업을 만들 수 있고, 더 나아가 대규모 기업집단이 형성되어 경제력이 특정 기업으로 집중되는 문제가 발생하기 때문에, 국가적으로 규제의 대상이기도 합니다.

우리나라 공정거래법도 일정한 거래분야에서 실질적으로 경쟁을 제한하는 결과를 가져오는 합병을 금지하고, 일정 규모 이상의 회사가 합병할 때에는 사전적으로 공정거래위원회에 신고하도록 규제를 하고 있습니다.

2. 기업합병은 무엇을 합치는 것일까?

기업 분할에서 설명한 것처럼, 기업은 인적 조직과 물적 조직으로 구성되어 있습니다. 인적 조직으로는 직원(일반 근로자)과 임원(이사회의 이사)들이 있습니다. 물적 조직으로는 기업의 재무 상태를 구성하는 자산과 부채, 그리고 자본이라는 요소가 있습니다.

물적 조직에서의 부채와 자본은 기업에 필요한 자금이 조달되는 원천이며, 자산은 이렇게 조달된 자금이 운용되는 모습입니다.

결국, 기업합병은 이런 인적 조직(인력 부문)과 물적 조직(재산 부문)을 하나로 합치는 것입니다.

기업합병을 하면 그로 인해 소멸되는 기업(소멸기업)의 모든 권리, 의무가 포괄적으로 존속기업으로 승계되기 때문에, 당연히 소멸기업 근로자는 존속기업의 근로자로 바뀝니다.

기업분할에서 분할비율이 중요한 것처럼, 기업합병에서도 물적 조직을 하나로 합칠 때에 발생하는 합병비율이 가장 중요합니다.

기업분할에서는 주식을 분할하여 누구에게 배분할 것인지가 매우 중요한 문제이지만(신설 기업의 신주를 '분할 후 존속기업'에게 배분할 것인가, 아니면 '기존 주주'에게 배분할 것인가의 문제), 기업합병에서는 합병되는 기업은 소멸하게 되므로, 그런 고민을 할 필요가 없습니다(즉, 소멸기업의 주주에게 배분하여야 합니다).

3. 기업합병은 어떻게 이루어질까?(기업합병의 과정)

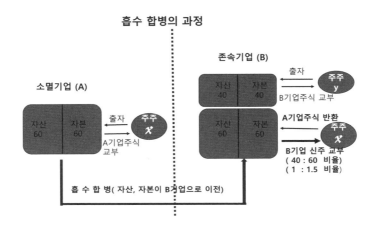

흡수 합병의 과정

존속기업 (B)

소멸기업 (A)

흡 수 합 병(자산, 자본이 B기업으로 이전)

(1) 흡수합병

　기업합병에는 합병행위를 하는 해당 기업(A, B)을 모두 소멸시키고 새로운 기업(C)을 신설하는 '신설합병(consolidation)' 방식이 있기는 하나, 기업 신설 절차가 번잡스럽습니다. 이에 합병 대상이 되는 기업(소멸기업)(A)이 합병주체가 되는 기업(존속기업)(B)으로 흡수되어 소멸되는 '흡수합병(merger)'이 일반적으로 많이 나타납니다. 따라서 여기서는 흡수합병을 중심으로 설명합니다.

　기업을 합병하면 기업의 물적 조직이 하나로 합쳐지게 되므로, 합병의 대상이 되는 소멸기업(A)에 있던 자산과 부채, 자본이 존속기업(B)으로 모두 합쳐지게 됩니다. 따라서 당연히 합병 후 존속기업(B)은 자산, 부채, 자본이 그만큼 확대된 규모로 존재하게 됩니다(인적 조직의 승계 문제는 노동법 영역의 쟁점이 많으므로 여기서는 논의를 생략하기로 합니다).

(2) 합병비율

보통 자산에서 부채를 뺀 나머지가 자본(순자산)이므로, 소멸기업(A)에 있던 자본(순자산)액이 존속기업(B기업)의 기존 자본액에 비해 얼마나 큰가를 기준으로 합병비율이 산정됩니다.

예를 들어, 소멸기업(A)의 자본액이 60인데, 존속기업(B)의 기존 자본액이 40이라 가정합시다. 결과적으로 합병 후 존속기업(B)의 자본액은 100으로 증가하며, 두 기업의 규모를 기준으로 하는 합병비율은 60:40이 될 것입니다.

이런 합병 과정을 소멸기업(A)의 기존주주(x) 입장에서 보면, x는 합병을 위해 소멸기업(A)의 자본액 60을 존속기업(B)으로 넘겨주는 대가로, 기존 자본액이 40인 존속기업(B)의 주식을 새롭게 받게 됩니다. 따라서 x는 소멸기업(A)의 주식 1주를 존속기업(B)에 넘겨주는 대가로 존속기업(B)의 주식을 40:60, 즉 1.5배의 비율로 받아야 합니다.

이에 소멸기업(A)의 기존주주(x)가 합병대가로 받는 주식에 대한 합병비율은 '1:1.5'가 됩니다.

이렇게 소멸기업(A)의 주식 1주와 교환되는 존속기업(B)의 주식수가 얼마인지를 통상적인 합병비율로 정의할 수 있습니다.

합병비율이 공정하지 않다면 당연히 어느 한쪽의 주주는 손해를 입을 것입니다. 이런 합병비율의 불공정 때문에 분쟁이 많이 발생합니다.

4. 특이한 방식의 기업 합병(삼각합병과 역삼각합병)

(1) 삼각합병

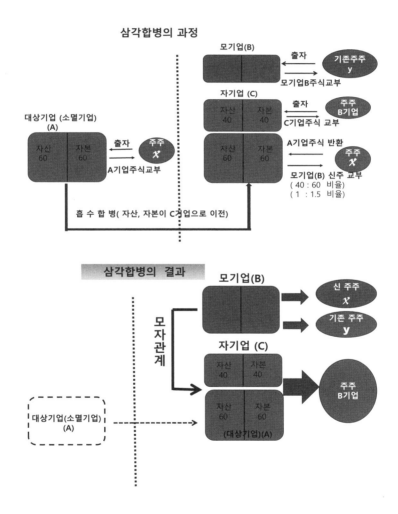

삼각합병의 과정

모기업(B)

출자

기존주주
y

모기업B주식교부

자기업 (C)

| 자산 40 | 자본 40 |

출자

주주
B기업

C기업주식 교부

대상기업 (소멸기업)
(A)

| 자산 60 | 자본 60 |

출자

주주
x

A기업주식교부

| 자산 60 | 자본 60 |

A기업주식 반환

주주
x

모기업(B) 신주 교부
(40 : 60 비율)
(1 : 1.5 비율)

흡 수 합 병(자산, 자본이 C기업으로 이전)

삼각합병의 결과

모기업(B)

신 주주
x

기존 주주
y

모
자
관
계

자기업 (C)

| 자산 40 | 자본 40 |

주주
B기업

대상기업(소멸기업)
(A)

| 자산 60 | 자본 60 |

(대상기업)(A)

합병을 주도하는 존속기업(B)이 직접 당사가가 되어 대상기업(소멸기업)(A)과 거래해 대상기업(A)을 자신(B)에게 흡수시키는 것이 기업합병의 기본적인 모습입니다.

반면에, 기업합병을 원하는 기업이 직접 합병 당사자가 되지 않고, 자기업(C)을 이용해 간접적으로 합병하게 하는 경우도 있습니다. 이 경우에는 3개의 기업이 개입되므로 이를 '삼각합병(triangular merger)'이라고 부릅니다.

가. 삼각합병을 왜 할까?

삼각합병은 존속기업(B)이 당사자가 되어 대상기업(A)을 직접 자신에게 합치는 것이 곤란할 때 이용됩니다.

일반적인 흡수합병 시, 대상기업(A)의 모든 자산, 부채, 자본은 존속기업(B)으로 이전하게 됩니다. 이때 존속기업(B)은 대상기업(A)의 장부상에 표시되지 않은 우발채무와 같은 부채를 직접 인수하고 싶지 않은 경우가 있을 수 있습니다.

또한, 존속기업(B)은 합병을 위해 합병주총결의를 해야 하고, 합병에 반대하는 주주들에 대한 주식매수청구권도 보장해 주어야 하므로 그런 반대주식을 매수하기 위한 현금을 준비해야 하는 자금 부담도 있습니다.

이런 점을 피하기 위해, 존속기업(B)이 직접 합병의 당사자로 등장하지 않고, 자신의 자기업(C)으로 하여금 합병주체가 되어 대상기업(A)을 흡수하게 하는 '삼각합병'이 발생하게 됩니다. 물론, 이 경우 삼각합병의 당사자가 되는 자기업(C)은 위에서 언급한 존속기업(B)(모기업)의 부담들을 대신 감당해야 합니다.

나. 삼각합병의 특징

이제 '일반적인 기업합병'의 개념으로 삼각합병을 생각해 보도록 합시다.

일반적으로는 합병주체가 자기업(C)이 될 경우, 소멸되는 대상기업(A)의 주주(x)에게 합병대가로 주어야 하는 주식은 자기업(C) 자신의 것이어야 합니다. 따라서 소멸기업(A)의 주주(x)도 자기업(C)의 주주가 됩니다. 하지만 이렇게 되면 모기업(B)은 자기업(C)에 대한 100%의 지배력을 유지할 수 없게 되어 이런 방식의 합병은 꺼릴 것입니다.

따라서 삼각합병의 경우에는 '일반적인 기업합병'과 조금 달리, 대상기업(A)의 주주(x)에게 합병 주체인 자기업(C)의 주식 대신 모기업인 존속기업(B)의 주식을 주게 됩니다(모기업 B는 자기업 C를 100% 지배하는 것이 중요하며, 모기업 B 자체는 주주 구성이 다소 분산되어도 큰 문제가 없습니다).

그렇기 때문에, 삼각합병이 이루어지려면 전제조건으로 자기업(C)이 대상기업(A)의 주주(x)에게 줄 모기업(B)의 주식을 사전에 보유하고 있어야 합니다.

자기업(C)이 모기업인 존속기업(B)의 주식을 보유하는 방법에는 여러 가지가 있습니다. 모기업(B)이 자신의 주식을 자기업(C)에 현물출자 하거나, 또는 자기업(C) 스스로 주식시장에서 모기업(B) 주식을 취득하는 것입니다.

결과적으로 삼각합병이 발생하면 대상기업(A)의 기존주주(x)는 모기업(B)의 주주로 바뀌고, 대상기업(A)은 자기업(C)으로 흡수합병이 되어 소멸하며, 모기업(B)의 자기업(C)에 대한 지분율은 100%로 유지됩니다.

다. 상법 개정

그러나 기존 상법 제342조의2는 자회사가 모회사 주식을 취득하는 상호출자를 금지시키고 있어서 삼각합병에 장애물이 생깁니다. 이런 문제점을 해소하기 위해 2012년 4월에 상법 제523조와 제523조의2를 신설하여, 삼각합병의 경우에는 자회사에 의한 모회사 주식 취득을 예외적으로 허용하게 되었습니다.

(2) 역삼각합병

가. 역삼각합병(미국식)은 무엇인가?

역삼각합병(미국식)은 삼각합병과 역방향으로 이루어집니다.

삼각합병은 모기업(B) 아래에 있는 자기업(C)이 합병주체가 되어 대상기업(A)을 흡수합병 하여 소멸시키고, 대상기업(A)의 기존주주(x)는 모기업(B)의 주주로 바뀌는 것입니다(**모기업 B → 자기업 C에 대한 지분율 100%의 모자 관계**).

반면, 역삼각합병은 역으로 대상기업(A)이 적극적으로 합병주체가 되어 자기업(C)을 흡수합병 하여 자기업(C)을 소멸시키고, 결국 대상기업(A)이 모기업(B)의 자기업으로 바뀌는 것입니다(**모기업(B) → 대상기업(A)의 100% 모자 관계**).

미국식 역삼각합병의 과정

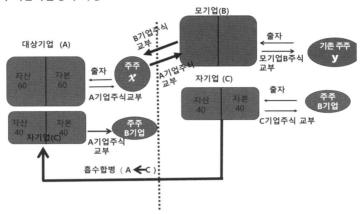

미국식 역삼각 합병의 결과

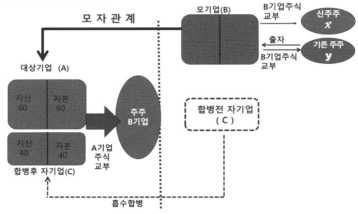

나. 역삼각합병을 왜 할까?

대상기업(A)을 소멸시키지 않고, 그 기업가치(브랜드 가치, 영업권 등)를 그대로 유지하면서 대상기업(A)을 모기업(B)의 자기업으로 새롭게 편입시키고자 할 때 역삼각합병이 이용됩니다.

다. 우리나라 상법에서 역삼각합병(미국식)이 가능할까?

역삼각합병(미국식)에서는 대상기업(A)이 자기업(C)을 흡수합병하여 소멸시킨 다음, 대상기업(A)으로부터 그 기존주주(x)를 분리시킵니다. 분리되어 나온 x에게는 모기업(B)의 주식을 주어 모기업(B)의 주주로 전환시킵니다.

하지만 우리나라의 흡수합병은 원칙적으로 합병기업이 '소멸기업의 주주'에게 합병대가를 주도록 되어 있습니다. 즉, 위 사례에서 존속기업(A)의 주주(x)가 아닌, '소멸기업(C)의 주주(즉, 모기업(B))'에게 합병대가를 주어야 합니다.

다시 말해 우리나라는 대상기업(A)이 자기업(C)을 흡수합병 하면, 소멸기업인 자기업(C)의 주주(모기업(B))에게 대상기업(A)의 주식을 주게 되어, 모기업(B)이 대상기업(A)에 대한 주식을 갖게 됩니다. 하지만 대상기업(A)에는 기존주주(x)가 분리되지 않고 여전히 존재하기 때문에, 모기업(B)이 대상기업(A)에 대해 100%의 지배력을 가질 수 없는 한계가 생깁니다. 이렇게 우리나라에서는 미국식 역삼각합병의 결과를 얻기가 어렵습니다.

하지만 간접적인 방법으로 역삼각합병의 결과를 낼 수 있습니다.

위 과정에서 모기업(B)의 주식을 대상기업(A)의 주주(x)에게 주고, 그 대가로 주주(x)는 대상기업(A)의 주식을 모기업(B)에게 주는 교환계약이 이루어진다고 가정합시다. 이렇게 되면 주주(x)는 대상기업(A)에서 떨어져 나가게 되고, 결과적으로 모기업(B)이 대상기업(A)에 대해 100%의 지배력을 가질 수 있게 됩니다. 즉, 대상기업(A)이 모기업(B)의 자기업으로 바뀌는 역삼각합병의 결과가 나오게 됩니다(한편, x는 A기업에서 분리되었으므로, x가 A기업의 주주이면서 B기업의 주주가 되는 것이 아니라, 독립적인 위치에서 오직 B기업의 주주가 됩니다).

이는 아래에서 설명할 '삼각주식교환'을 이용한 결과와 동일합니다.

라. 삼각주식교환과 흡수합병을 이용하여 역삼각합병과 동일한 결과를 얻을 수 있습니다.

삼각주식교환(제1단계)과 흡수합병(제2단계)의 과정

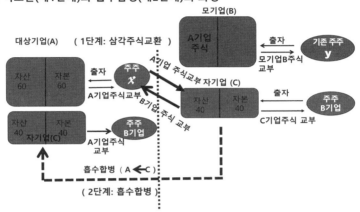

삼각주식교환과 흡수합병의 결과

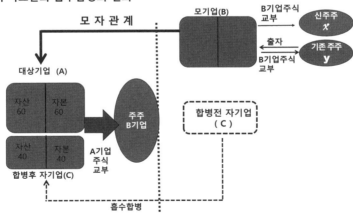

상법에서는 삼각합병에서처럼 자회사에 의한 모회사 상호출자 금

지원칙의 예외로, 2015년도에 제360조의3 제3항을 신설하여, 삼각주식교환의 경우에 자회사에 의한 모회사 주식취득을 예외적으로 허용하였습니다.

이를 전제로, 먼저 삼각주식교환에 대해 알아봅시다.

주식교환을 위해 대상기업(A)의 주주(x)가 자신이 보유하고 있는 대상기업(A)의 주식을 자기업(C)에게 포괄적으로 이전할 때, 삼각주식교환과 포괄적 교환은 그 교환대가로 받는 주식만 다를 뿐, 전체적인 절차는 동일합니다.

즉, 포괄적 교환에서는 대상기업(A)의 주주(x)가 교환대가로 교환기업인 자기업(C)의 주식을 받지만, 삼각주식교환에서는 교환대가로 자기업(C)의 주식이 아닌, 그 모기업(B)의 주식을 받습니다. 따라서 삼각주식교환의 경우, 주주(x)는 모기업(B)의 주주로 바뀌고, 대상기업(A)은 자기업(C)의 100% 자기업이 됩니다. 결과적으로, '모기업(B) → 자기업(C) → 손자기업(A)'은 100%의 모자관계가 됩니다(대상기업(A)는 모기업(B)의 손자기업).

이렇게 삼각주식교환이 이루어진 후, 손자기업(A)이 합병주체가 되어 바로 자기업(C)을 흡수합병 하면(역흡수합병), 자기업(C)의 기존 주주(모기업 B)는 합병대가로 손자기업(A)의 주식을 받게 되고, 손자기업(A)는 모기업(B)의 100% 자기업이 됩니다.

결과적으로 '모기업(B) → 손자기업(A)'의 100% 지배관계가 성립되고, 이는 위의 역삼각합병(미국식)과 동일한 결과임을 알 수 있습니다.

하지만 이렇게 복잡하게 삼각주식교환과 역흡수합병이라는 2단계를 거쳐야 미국식 역삼각합병의 결과를 낼 수 있기에, 현실에서는 많이 쓰이지 않습니다.

마. 포괄적 주식교환과는 어떻게 다른가?

역삼각합병 외에 '포괄적 주식교환'을 통해서도 동일한 결과가 나올 수 있습니다. 즉, 포괄적 주식교환이란 대상기업(A)의 주주(x)들이 대상기업의 주식을 모두 모기업(B)에게 이전하고, 그 교환대가로 교환비율에 따라 모기업(B)의 주식을 받으면, 대상기업(A)이 모기업(B)의 자기업이 되는 것을 말합니다.

하지만 역삼각합병과 달리 포괄적 주식교환의 경우에는 교환의 당사자인 모기업(B)이 직접 주주총회결의를 해야 하고, 반대주주에게는 매수청구권을 보장해야 합니다.

또한 역삼각합병은 합병계약의 당사자가 모기업(B)이 아니라 자기업(C)라는 점에서 포괄적 주식교환과 절차적인 차이가 있습니다.

6. 맺음말

기업분할과 정반대의 현상인 기업합병은 규모의 경제효과를 얻기 위한 수단으로 오래전부터 이용되었던 기업 현상입니다. 그런데 최근에는 이런 기업합병이 경제력 집중의 폐단을 낳는 원인이 되기도 하여 국가적인 규제를 받고 있습니다.

기업합병과 관련해서는 가장 단순한 형태인 흡수합병을 비롯해, 더 나아가 삼각합병, 역삼각합병, 삼각주식교환 등에 대해 살펴보았습니다.

기업합병은 그 필요성 때문에 앞으로도 계속해서 기업운영에 이용될 것입니다. 합병의 형태와 방식도 그 필요성에 따라 현재보다 더 다양하고 복잡한 형태로 발전할 것으로 예상됩니다.

판례

A. 흡수합병 시 합병비율 산정기준

대법원 2008. 1. 10. 선고 2007다64136 판결[주식회사합병무효청구]
〈흡수합병에서 합병가액과 합병비율의 산정 법리〉

[1] 상법 제523조 제2호가 **흡수합병**계약서의 절대적 기재사항으로 '존속하는 회사의 증가할 자본'을 규정한 것은 원칙적으로 자본 충실을 도모하기 위하여 존속회사의 증가할 자본액(즉, 소멸회사의 주주들에게 배정·교부할 합병신주의 액면총액)이 소멸회사의 순자산가액 범위 내로 제한되어야 한다는 취지라고 볼 여지가 있기는 하나, 합병당사자의 전부 또는 일방이 주권상장법인인 경우 그 합병가액 및 합병비율의 산정에 있어서는 증권거래법과 그 시행령 등이 특별법으로서 일반법인 상법에 우선하여 적용되고, 증권거래법 시행령 제84조의7 소정의 합병가액 산정기준에 의하면 주권상장법인은 합병가액을 최근 유가증권시장에서의 거래가격을 기준으로 재정경제부령이 정하는 방법에 따라 산정한 가격에 의하므로 경우에 따라 주당 자산가치를 상회하는 가격이 합병가액으로 산정될 수 있고, 주권비상장법인도 합병가액을 자산가치·수익가치 및 상대가치를 종합하여 산정한 가격에 의하는 이상 역시 주당 자산가치를 상회하는 가격이 합병가액으로 산정될 수 있으므로, 결국 소멸회사가 주권상장법인이든 주권비상장법인이든 어느 경우나 존속회사가 발행할 합병신주의 액면총액이 소멸회사의 순자산가액을 초과할 수 있게 된다. 따라서 증권거래법 및 그 시행령이 적용되는 **흡수합병**의 경우에는 존속회사의 증가할 자본액이 반드시 소멸회사의 순자산가액의 범위 내로 제한된다고 할 수 없다.

[2] **합병비율을 정하는 것은 합병계약의 가장 중요한 내용이고, 그 합병비율은 합병할 각 회사의 재산 상태와 그에 따른 주식의 실제적 가치에 비추어 공정하게 정함이 원칙이며, 만일 그 비율이 합병할 각 회사의 일방에게 불리하게 정해진 경우에는 그 회사의 주주가 합병 전**

회사의 재산에 대하여 가지고 있던 지분비율을 합병 후에 유지할 수 없게 됨으로써 실질적으로 주식의 일부를 상실하게 되는 결과를 초래하므로, 현저하게 불공정한 합병비율을 정한 합병계약은 사법관계를 지배하는 신의성실의 원칙이나 공평의 원칙 등에 비추어 무효이고, 따라서 합병비율이 현저하게 불공정한 경우 합병할 각 회사의 주주 등은 상법 제529조에 의하여 소로써 합병의 무효를 구할 수 있다.

[3] 흡수합병 시 존속회사가 발행하는 합병신주를 소멸회사의 주주에게 배정·교부함에 있어서 적용할 합병비율은 자산가치 이외에 시장가치, 수익가치, 상대가치 등의 다양한 요소를 고려하여 결정되어야 하는 만큼 엄밀한 객관적 정확성에 기하여 유일한 수치로 확정할 수 없고, 그 제반 요소의 고려가 합리적인 범위 내에서 이루어졌다면 결정된 합병비율이 현저하게 부당하다고 할 수 없으므로, 합병당사자 회사의 전부 또는 일부가 주권상장법인인 경우 증권거래법과 그 시행령 등 관련 법령이 정한 요건과 방법 및 절차 등에 기하여 합병가액을 산정하고 그에 따라 합병비율을 정하였다면 그 합병가액 산정이 허위자료에 의한 것이라거나 터무니없는 예상 수치에 근거한 것이라는 등의 특별한 사정이 없는 한, 그 합병비율이 현저하게 불공정하여 합병계약이 무효가 된다고 볼 수 없다.

(해설)

X: 합병후 존속회사의 주주들(원고), Y: 합병후 존속회사(피고), A: 합병으로 소멸된 회사

경영난에 처한 A주식회사는 제지업을 하는 Y주식회사(피고)에게 흡수합병 되어 소멸되었습니다. 이런 흡수합병으로 존속회사 Y(피고)는 소멸회사 A의 주주에게 소멸회사의 주식 1주당 일정비율(합병비율)로 존속회사 Y(피고)의 주식을 발행·교부해 주었습니다.

그런데 존속회사 Y(피고)의 주주 X(원고)는 합병가액이 불공정하여 손해를 입었다고 주장하였습니다. 즉, 합병가액이 소멸회사의 순자산 가액을 초과하는 금액으로 산정되어, 합병후 존속회사 Y(피고)의 순자산 증가액보다 더 많은 금액이 소멸회사 A의 주주들에게 지급되어 존속회사 Y(피고) 입장에서는 손해이고, 그만큼 존속회사 Y(피고)의 주주 X(원고)들도 보유 주식의 가치가 감소되는 피해를 입었으므로 합병이 무효라면서 Y주식회사(피고)를 상대로 합병무효의 소송을 제기하였습니다.

이에 대해 대법원은 합병비율 산정 시 순자산가액 기준은 일응의 기준에 불과하다고 판시하면서 주주 X(원고)가 패소하였습니다.

B. 합병비율 산정에 대한 이사의 주의의무 정도

대법원 2015. 7. 23. 선고 2013다62278 판결[손해배상(기)]

흡수합병 시 존속회사가 발행하는 합병신주를 소멸회사의 주주에게 배정·교부함에 있어서 적용할 합병비율을 정하는 것은 합병계약의 가장 중요한 내용이고, 만일 합병비율이 합병할 각 회사의 일방에게 불리하게 정해진 경우에는 그 회사의 주주가 합병 전 회사의 재산에 대하여 가지고 있던 지분비율을 합병 후에 유지할 수 없게 됨으로써 실질적으로 주식의 일부를 상실하게 되는 결과를 초래하므로, **비상장법인 간 흡수합병의 경우 소멸회사의 주주인 회사의 이사로서는 합병비율이 합병할 각 회사의 재산 상태와 그에 따른 주식의 실제적 가치에 비추어 공정하게 정하여졌는지를 판단하여 회사가 합병에 동의할 것인지를 결정하여야 한다.**

다만, 비상장법인 간 합병의 경우 합병비율의 산정방법에 관하여는 법령에 아무런 규정이 없을 뿐만 아니라 합병비율은 자산가치 이외에 시장가치, 수익가치, 상대가치 등의 다양한 요소를 고려하여 결정되어야 하는 만큼 엄밀한 객관적 정확성에 기하여 유일한 수치로 확정할 수 없는 것이므로, 소멸회사의 주주인 회사의 이사가 합병의 목적과 필요성, 합병 당사자인 비상장법인 간의 관계, 합병 당시 각 비상장법인의 상황, 업종의 특성 및 보편적으로 인정되는 평가방법에 의하여 주가를 평가한 결과 등 합병에 있어서 적정한 합병비율을 도출하기 위한 합당한 정보를 가지고 합병비율의 적정성을 판단하여 합병에 동의할 것인지를 결정하였고, **합병비율이 객관적으로 현저히 불합리하지 아니할 정도로 상당성이 있다면, 이사는 선량한 관리자의 주의의무를 다한 것이다.**

(해설)

X: 소멸회사의 주주(원고), A: 합병으로 소멸된 회사, B: 합병 후 존속회사, Y: A회사의 이사(피고)

지역방송업을 하는 A주식회사가 경영난으로 B주식회사에 흡수합병되어 소멸하였고, B주식회사가 존속회사가 되었습니다. 그런데 A주식회사의 이사 Y(피고)들은 이런 흡수합병 안건에 대하여 이사회도 개최하지 않고 합병에 동의하였습니다. 이에 소멸회사 A의 주주 X(원고)들이 이사 Y(피고)들을 상대로 이사로서의 선량한 관리자로서의 의무를 위반하였다는 점을 근거로 손해배상 소송을 제기하였습니다.

이에 대해 대법원은 비록 이사 Y(피고)들이 합병당시 이사회를 개최하지 않아 이사로서의 의무를 위반한 사실은 인정되지만, 합병 당시 지역방송업의 실정, 그리고 회사평가절차 및 합병비율의 공정성이 제대로 확보되어 있으므로 이사 Y(피고)들이 주주 X(원고)들에 대하여 손해배상책임을 부담하는 것은 아니라고 판시하여 X(원고)가 패소하였습니다.

법령

▷ 상법

A. 삼각주식교환

제360조의3(주식교환계약서의 작성과 주주총회의 승인 및 **주식교환대가가 모회사 주식인 경우의 특칙**

⑥ 제342조의2제1항에도 불구하고 제3항제4호에 따라 완전자회사가 되는 회사의 주주에게 제공하는 재산이 **완전모회사가 되는 회사의 모회사 주식을 포함하는 경우에는 완전모회사가 되는 회사는 그 지급을 위하여 그 모회사의 주식을 취득할 수 있다.**

⑦ 완전모회사가 되는 회사는 제6항에 따라 취득한 그 회사의 모회사 주식을 주식교환 후에도 계속 보유하고 있는 경우 **주식교환의 효력이 발생하는 날부터 6개월 이내에 그 주식을 처분하여야 한다.**

B. 흡수합병

제523조(흡수합병의 합병계약서)

합병할 회사의 일방이 합병 후 존속하는 경우에는 합병계약서에 다음의 사항을 적어야 한다.

1. 존속하는 회사가 합병으로 인하여 그 발행할 주식의 총수를 증가하는 때에는 그 증가할 주식의 총수, 종류와 수
2. 존속하는 회사의 자본금 또는 준비금이 증가하는 경우에는 증가할 자본금 또는 준비금에 관한 사항
3. 존속하는 회사가 합병을 하면서 신주를 발행하거나 자기주식을 이전하는 경우에는 발행하는 신주 또는 이전하는 자기주식의 총수, 종류와 수 및 합병으로 인하여 소멸하는 회사의 주주에 대한 신주의 배정 또는 자기주식의 이전에 관한 사항
4. 존속하는 회사가 합병으로 소멸하는 회사의 주주에게 제3호에도

불구하고 그 대가의 전부 또는 일부로서 금전이나 그 밖의 재산을 제공하는 경우에는 그 내용 및 배정에 관한 사항

제522조의3(합병반대주주의 주식매수청구권)
① 제522조제1항에 따른 결의사항에 관하여 이사회의 결의가 있는 때에 그 결의에 반대하는 주주(의결권이 없거나 제한되는 주주를 포함한다. 이하 이 조에서 같다)는 주주총회 전에 회사에 대하여 서면으로 그 결의에 반대하는 의사를 통지한 경우에는 그 총회의 결의일부터 20일 이내에 주식의 종류와 수를 기재한 서면으로 회사에 대하여 자기가 소유하고 있는 주식의 매수를 청구할 수 있다.
② 제527조의2제2항의 공고 또는 통지를 한 날부터 2주 내에 회사에 대하여 서면으로 **합병에 반대하는 의사를 통지한 주주는 그 기간이 경과한 날부터 20일 이내에 주식의 종류와 수를 기재한 서면으로 회사에 대하여 자기가 소유하고 있는 주식의 매수를 청구할 수 있다.**

C. 삼각합병

제523조의2(합병대가가 모회사주식인 경우의 특칙)
① 제342조의2에도 불구하고 제523조제4호에 따라 소멸하는 회사의 **주주에게 제공하는 재산이 존속하는 회사의 모회사주식을 포함하는 경우에는 존속하는 회사는 그 지급을 위하여 모회사주식을 취득할 수 있다.**〈개정 2015. 12. 1.〉

② 존속하는 회사는 제1항에 따라 취득한 모회사의 주식을 합병 후에도 계속 보유하고 있는 경우 합병의 효력이 발생하는 날부터 6개월 이내에 그 주식을 처분하여야 한다.

10장

기업을 분할합병 하면 어떻게 될까?

– 분할합병

〔2018년 8월 24일〕 광주일보(출처: http://www.kwangju.co.kr)

현대重, 삼호중 분할합병 ··· 지주사 전환

현대중공업이 현대삼호중공업을 투자회사와 사업회사로 **분할한 뒤 투자회사를 현대중공업에 흡수합병하기로 했다.** 현재 현대중공업그룹의 지배구조는 '현대중공업지주 → 현대중공업(자회사) → 현대삼호중공업(손자회사) → 현대미포조선(증손회사)'으로 이어지는 형태인데 **분할합병을 거치면** 현대중공업 아래에 현대삼호중공업과 현대미포조선이 나란히 자회사로 들어가는 형태로 바뀐다.

1. 기업 분할합병의 필요성

각각의 기업분할, 기업합병에서 더 나아가 분할과 합병을 동시에 하는 것을 '기업 분할합병'이라 합니다.

기업합병은 해당 기업들의 전체를 서로 합치는 것이지만, 분할합병은 기업 전체가 아니라 기업 조직의 일부를 분리하여 다른 상대방 기업과 합치는 것입니다.

이는 경제 현실에서 당연히 필요한 제도입니다. 하지만 우리나라에서는 기업분할제도가 1998년 IMF 경제위기 시에 도입되었기 때문에, 분할합병도 이 시점부터 가능하게 되었습니다.

2. 분할합병의 유형

앞서 배운 기업분할과 기업합병의 유형을 다시 떠올려 봅시다.

▷ 기업분할

1) 소멸분할: 분할하는 기업 자체는 소멸하고, 나뉘는 사업부문들은 모두 새로운 기업으로 신설됨.

2) 존속분할: 분할하는 기업 자체는 소멸하지 않고 규모가 축소된 상태로 계속 존속하고(존속기업), 분리된 사업부문만 새로운 기업(신설기업)으로 신설됨.

• 물적분할: 신설기업의 주식을 '존속기업'에게 줌.
• 인적분할: 신설기업의 주식을 '존속기업의 주주'에게 줌.

▷ 기업합병

1) 흡수합병: 어느 한쪽 기업이 상대기업에 완전히 흡수되어 소멸하고, 상대기업은 흡수한 만큼 규모가 확대된 상태로 존재함.

2) 신설합병: 해당 기업이 모두 소멸하면서, 그 사업을 모두 새로 설립되는 기업으로 이전함.

분할과 합병을 동시에 진행하는 기업 분할합병은 위의 소멸분할, 존속분할, 흡수합병, 신설합병을 필요에 맞게 적절하게 조합을 이루어 진행됩니다.

3. 기업 분할합병은 어떤 과정을 통해 이루어질까?

먼저, 기업분할단계에서는 인적 조직과 물적 조직이 나뉘어져 새로운 신설기업으로 이전되고, 새로운 신설 기업의 주식은 기존 기업(물적분할)이나 그 주주(인적분할)에게 배정됩니다.

다음으로, 기업합병단계에서는 상대 기업을 흡수한 기업(흡수합병)이나 새롭게 신설되는 기업(신설합병)이 인적 조직과 물적 조직을 이전받고, 그 대가로 소멸되는 기업의 주주들에게는 합치는 몫만큼의 주식을 배정합니다.

분할합병에서는 위의 두 단계를 동시에 진행합니다.

4. 반대주주의 주식매수청구권

기업분할에서 기존의 한 기업이 둘 이상의 기업으로 나뉘어져 새로운 기업이 신설되어도, 기존 기업의 주주는 나누기 전과 비교하여 그 주식가치를 더 상실하는 것은 아닙니다. 따라서 그가 기업분할에 반대하더라도 기업 상대로 주식매수청구권을 행사할 수 없습니다.

그러나 기업합병은 서로 다른 별개의 법인격을 갖춘 기업 간에 일어나는 것으로, 합병을 하는 해당 기업들의 모든 주주 입장에서 보면 반드시 그 주식가치에 변동이 수반됩니다. 따라서 합병을 반대하는 주주들은 합병을 하는 자신의 기업을 상대로 주식매수청구권을 행사할 수 있습니다.

결국, 분할합병에서도 주식가치의 변동이 수반되는 기업합병이 포함되어 있으므로, 반대주주들은 주식매수청구권을 행사할 수 있습니다.

5. 맺음말

기업분할과 기업합병이 복합된 형태인 분할합병은 현실에서 매우 흔히 볼 수 있는 현상입니다. 분할합병에서는 분할과 합병에 대한 각각의 규정과 내용이 대부분 그대로 적용되며, 이를 잘 응용하여 여러 가지의 분할합병 결과를 만들어 낼 수 있습니다.

판례

A. 분할합병과 연대책임

대법원 2017. 5. 30. 선고 2016다34687 판결[대여금]

[1] 구 상법(2015. 12. 1. 법률 제13523호로 개정되기 전의 것) 제530조의9 제1항은 "분할 또는 **분할합병**으로 인하여 설립되는 회사 또는 존속하는 회사(이하 '수혜회사'라 한다)는 분할 또는 **분할합병** 전의 회사채무에 관하여 연대하여 변제할 책임이 있다."라고 정하고 있다(2015. 12. 1. 개정된 상법 제530조의9 제1항은 "분할회사, 단순분할신설회사, 분할승계회사 또는 **분할합병**신설회사는 분할 또는 **분할합병** 전의 분할회사 채무에 관하여 연대하여 변제할 책임이 있다."라고 정하여, '분할회사'와 '**분할합병**신설회사' 등이 동일한 분할회사 채무에 관해 연대책임을 부담한다는 점을 명시하고 있다).
이는 회사분할로 채무자의 책임재산에 변동이 생겨 채권 회수에 불리한 영향을 받는 채권자를 보호하기 위하여 부과된 법정책임을 정

한 것으로, 수혜회사와 분할 또는 분할합병 전의 회사는 분할 또는 분할합병 전의 회사채무에 대하여 부진정연대책임을 진다.

[2] 구 상법(2015. 12. 1. 법률 제13523호로 개정되기 전의 것)에서 제530조의9 제1항에 따라 채권자가 연대책임을 물을 수 있는 기간이나 금액에 대해서 아무런 제한규정을 두고 있지 않지만 채권자를 분할 또는 분할합병 이전의 상태보다 더욱 두텁게 보호할 필요는 없다. 분할 또는 분할합병으로 인하여 설립되는 회사 또는 존속하는 회사(이하 '수혜회사'라 한다)가 채권자에게 연대하여 변제할 책임을 부담하는 채무는 분할 또는 분할합병 전의 회사가 채권자에게 부담하는 채무와 동일한 채무이다. 따라서 수혜회사가 채권자에게 부담하는 연대채무의 소멸시효 기간과 기산점은 분할 또는 분할합병 전의 회사가 채권자에게 부담하는 채무와 동일한 것으로 봄이 타당하다. 결국, 채권자는 해당 채권의 시효 기간 내에서 분할로 인하여 승계되는 재산의 가액과 무관하게 연대책임을 물을 수 있다.

[3] 부진정연대채무에서는 채무자 1인에 대한 이행청구 또는 채무자 1인이 행한 채무의 승인 등 소멸시효의 중단사유나 시효이익의 포기가 다른 채무자에게 효력을 미치지 않는다. 따라서 채권자가 분할 또는 분할합병이 이루어진 후에 분할회사를 상대로 분할 또는 분할합병 전의 분할회사 채무에 관한 소를 제기하여 분할회사에 대한 관계에서 시효가 중단되거나 확정판결을 받아 소멸시효 기간이 연장된다고 하더라도 그와 같은 소멸시효 중단이나 연장의 효과는 다른 채무자인 분할 또는 분할합병으로 인하여 설립되는 회사 또는 존속하는 회사에 효력이 미치지 않는다.

(해설)

X: 대여 금융기관(원고), A: 분할 전 기업(차입기업), A': 분할 후 존속기업, B: 분할 후 신설기업(피고)

X금융기관(원고)은 A기업에게 대출을 하였는데, 그 변제기는 2009년 1월 21일이었습니다. A기업은 2009년 11월 4일에 기업분할을 하여 존속기업(A'), 신설기업(B)로 나뉘었고, B기업은 2009년 12월 30일 분할등기를 마친 상태였습니다. 그런데 A기업이 대여금을 갚지 않자 X금융기관은 2013년경 A'기업을 상대로 대여금청구소송을 제기하여 2014년 3월 4일 승소판결이 선고되었고, A'기업이 항소하지 않아 그 판결이 그대로 확정되었습니다.

2013년경 위 소송 후 X금융기관(원고)은 A'존속기업에 대하여 강제집행을 하고자 하였으나 A'존속기업이 충분한 재산이 없어서 위 판결금액을 받을 수가 없었습니다. 따라서 X금융기관(원고)은 분할 후 연대책임에 관한 상법 규정(제530조의9제1항)에 근거하여, 이제는 분할 후 신설기업인 B(피고)를 상대로 2014년 6월 2일 위 대여금 청구소송을 다시 제기하였습니다.

그러자 B신설기업(피고)은 위 대여금은 상사채권으로서 5년의 소멸시효가 적용되는데, 그 변제기인 2009년 1월 21일부터 5년인 2014년 1월 20일에 소멸시효가 완성되었고, 그럼에도 X금융기관(원고)은 그 후인 2014년 6월 2일에 B신설기업을 상대로 소송을 제기하였으므로 원고 청구는 기각되어야 한다면서 소멸시효 완성의 항변을 하였습니다. 이에 대해 X금융기관(원고)은 기업분할이 있었으므로 위 대여금의 원래 변제기인 2009년 1월 21일부터가 아니라 B신설기업의 분할등기일인 2009년 12월 30일부터 소멸시효가 진행된다고 주장하면서 그때부터 5년이 지나기 전에 소송을 제기하여 아직 시효가 소멸된 것이 아니라고 반박(재항변)을 하였습니다.

이에 대해 대법원은 기업분할 시 분할 전과 분할 후 채무의 동일성이 유지된다고 하면서, 분할 후 신설기업 B가 부담하는 대여금 채무는 분할 전 존속기업 A가 부담하는 대여금 채무와 동일하고, 따라서 변제기, 소멸시효 기간 및 기산점은 분할 전과 분할 후 모두 동일하다고 판시하였습니다. 따라서 B신설기업이 부담하는 대여금 채무도 A'존속기업이 부담하는 대여금 채무와 마찬가지로 변제기는 B 신설기업의 분할등기일이 아니라 본래 대여금의 변제기인 2009년 1월 21일이고, 소멸시효도 그다음 날부터 5년 동안 진행하는 것으로 보았습니다.

대법원은 또한 상법 제560조의9 제1항에 의해 B신설기업이 A'존속기업과 함께 부담하는 연대책임은 진정 연대채무가 아니라 부진정 연대채무이므로, 설사 X금융기관(원고)이 2013년경에 A'존속기업을 상대로 소송을 제기하였더라도 이는 상대적 효력밖에 없어서 존속기업 A'에 대하여만 시효중단의 효력이 있고, 분할 후 신설기업 B에 대하여는 소제기로 인한 시효중단의 효력이 인정되지 않는다고 판시하였습니다.

결국 X금융기관(원고)의 청구는 소멸시효 완성으로 기각되어 X(원고)가 패소하였습니다.

B. 분할합병시 공동수급업체의 구성원 지위 승계여부

대법원 2011. 8. 25. 선고 2010다44002판결[계약상대자구성원으로서의 지위확인]

[1] 상법 제530조의10은 분할 또는 **분할합병**으로 인하여 설립되는 회사 또는 존속하는 회사는 분할하는 회사의 권리와 의무를 분할계획서 또는 **분할합병**계약서가 정하는 바에 따라서 승계한다고 규정하고 있다. 즉 회사의 **분할합병**이 있는 경우에는 **분할합병**계약서에 따라 피분할 회사의 권리의무는 사법상 관계나 공법상 관계를 불문하고 성질상 이전을 허용하지 않는 것을 제외하고는 **분할합병**으로 인하여 존속하는 회사에게 포괄승계 된다.

한편 공동수급체는 기본적으로 민법상의 조합의 성질을 가지고, 공동수급체의 구성원 사이에서 구성원 지위를 제3자에게 양도할 수 있기로 약정하지 아니한 이상, 공동수급체의 구성원 지위는 상속이 되지 않고 다른 구성원들의 동의가 없으면 이전이 허용되지 않는 귀속상의 일신전속적인 권리의무에 해당하므로, 공동수급체의 구성원 지위는 원칙적으로 회사의 분할합병으로 인한 포괄승계의 대상이 되지 아니한다.

[2] 갑 주식회사와 을 주식회사가 공동수급체를 형성하여 한국전력공사와 공사도급계약을 체결하였고, 공동수급협정서에 협정서상 권리·의무를 제3자에게 양도할 수 없도록 되어 있었는데, 그 후 갑 회사의 전기공사업 부분과 전문소방시설공사업 부분이 병 주식회사에 분할합병 된 사안에서, 갑 회사와 을 회사가 건설공동수급체로서 도급받은 공

사도급계약 구성원 지위는 성질상 이전이 허용되지 않는 귀속상의 일신전속적인 권리의무에 해당하므로, 공사도급계약에 관한 공동수급체 구성원 지위가 분할합병으로 인한 포괄승계 대상이 되지 않음에도, 병회사가 갑 회사의 위 공사계약에 관한 계약상대자 구성원 지위를 승계하였다고 본 원심판결을 파기한 사례이다.

(해설)
A, B: 건설업체(공동수급업체), Y: 공기업(도급회사)(피고), X: A회사를 흡수합병 한 회사(원고)

건설업체인 A주식회사와 B주식회사는 Y공기업(한국전력공사)(피고)으로부터 전기선로공사를 공동으로 수주받았습니다. 즉, A, B는 공동수급업체입니다. 그런데 A주식회사가 도중에 전기공사사업 부문과 소방시설사업 부문을 A주식회사로부터 따로 분할하여, 두개의 사업 부문은 X주식회사(원고)에 합병되었습니다. 이후, X주식회사(원고)는 자신이 분할합병으로 A주식회사의 전기공사 부문을 합병하였으므로 A 대신에 X주식회사(원고)가 B주식회사와 공동수급업체의 지위를 가진다고 주장하며 Y공기업(피고)을 상대로 공동수급업체지위 확인소송을 제기하였습니다.
이에 대해, 대법원은 상법(제530조의 10)에 의해 분할합병 시 분할회사(A)의 권리와 의무는 합병 후 존속회사(X)에 포괄승계가 된다고 규정하고 있지만, 위 상법규정에도 불구하고 공동수급업체의 지위는 민법상 조합원의 지위로서 일신전속적이므로, 상속이 되지 않고 다른 조합원의 동의가 없으면 양도도 되지 않는다고 판시하였습니다. 따라서 공동수급인업체는 여전히 A와 B이지, X(원고)는 아니라면서 X주식회사(원고)의 확인청구를 기각하여 X주식회사(원고)가 패소하였습니다.

C. 분할합병무효의 소에 대한 재량기각

대법원 2010. 7. 22. 선고 2008다37193 판결[분할합병무효등]

[1] 상법 제530조의11 제1항 및 제240조는 **분할합병**무효의 소에 관하여 상법 제189조를 준용하고 있고 상법 제189조는 "설립무효의 소 또는 설립취소의 소가 그 심리 중에 원인이 된 하자가 보완되고 회사의 현황과 제반 사정을 참작하여 설립을 무효 또는 취소하는 것이 부적당하다고 인정한 때에는 법원은 그 청구를 기각할 수 있다"고 규정하고 있으므로, 법원이 **분할합병**무효의 소를 재량기각하기 위해서는 원칙적으로 그 소 제기 전이나 그 심리 중에 원인이 된 하자가 보완되어야 할 것이나, **그 하자가 추후 보완될 수 없는 성질의 것인 경우에는 그 하자가 보완되지 아니하였다고 하더라도 회사의 현황 등 제반 사정을 참작하여 분할합병무효의 소를 재량기각할 수 있다.**

[2] 분할합병계약의 승인을 위한 주주총회를 개최하면서 소수주주들에게 소집통지를 하지 않음으로 인하여 위 주주들이 주식매수청구권 행사 기회를 갖지 못하였으나, 주식매수청구권은 분할합병에 반대하는 주주로 하여금 투하자본을 회수할 수 있도록 하기 위해 부여된 것

인데, 분할합병무효의 소를 제기한 소수주주가 자신이 보유하고 있던 주식을 제3자에게 매도함으로써 그 투하자본을 이미 회수하였다고 볼 수 있고, 위 분할합병의 목적이 독점규제 및 공정거래에 관한 법률상 상호출자관계를 해소하기 위한 것으로 위 분할합병을 무효로 함으로 인하여 당사자 회사와 그 주주들에게 이익이 된다는 사정이 엿보이지 아니하는 점 등을 참작해 볼 때, 분할합병무효청구를 기각한 원심판단을 수긍한 사례

(해설)

Y 1: 유통업체(분할 전 회사)(피고 1), Y 2: Y 1의 투자부문을 합병한 회사(Y 1의 계열사)(피고 2), X: Y 1회사의 소수주주들로부터 지분을 양수한 자(원고)

Y 1주식회사(유통업체)(피고 1)는 투자 부문을 인적분할하여 계열사인 Y 2주식회사(피고 2)에 합병시키기로 하고 Y 2주식회사와 분할합병계약을 체결하였습니다. 이후 Y 1주식회사(피고 1)가 분할합병계약에 대해 주주들의 승인을 얻기 위해 임시주주총회를 개최하여 주주총회결의를 하였으나 이 당시 소수주주(약9% 지분 보유)들에게는 주주총회 소집통지를 하지 않았습니다. 한편, 소수주주들은 보유지분을 제3자 X(원고)에게 양도하였습니다. 이후, X(원고)가 위 주주총회 결의가 소집통지상의 하자로 인해 부존재한다고 주장하고, 따라서 하자 있는 주주총회결의에 따른 이 사건 분할합병은 당연 무효라면서 Y 1, Y 2(피고

1, 2)를 상대로 분할합병 무효의 소송을 제기하였습니다.

이에 대해, 대법원은 보유지분 9%의 소수주주에 대한 주주총회 소집 통지상의 하자는 주주총회결의 취소 사유에 불과하고 부존재 사유는 아니라고 판시하였습니다(주주총회결의 부존재확인 소송은 제소 기간의 제한이 없으나, 취소 소송은 주주총회결의일로부터 2개월 이내에 제기하여야 합니다. 그러나 이 사건 X(원고)는 결의일로부터 2개월의 제소 기간이 이미 지났으므로 주주총회결의 취소소송을 제기하지 못하고, 분할합병에 대한 무효확인소송을 제기하였습니다).

그런데 분할합병무효의 소송에서는 분할합병절차의 안정을 위해 설사 무효사유가 있더라도 하자보완 없이도 제반 사정을 감안하여 법원에 의해 재량기각이 가능하므로, 이 사건에서도 대법원은 여러 사정을 감안하여 X(원고)의 청구를 재량기각 하여 원고(X)가 패소하였습니다 (주주총회결의 부존재확인 소송은 법원에 의한 재량기각이 불가능함).

▷ **상법**

제530조의2(회사의 분할·분할합병)

① 회사는 분할에 의하여 1개 또는 수개의 회사를 설립할 수 있다.

② **회사는 분할에 의하여 1개 또는 수개의 존립 중의 회사와 합병(이**

하 "分割合倂"이라 한다)할 수 있다.

③ 회사는 분할에 의하여 1개 또는 수개의 회사를 설립함과 동시에 분할합병 할 수 있다.

④ 해산 후의 회사는 존립중의 회사를 존속하는 회사로 하거나 새로 회사를 설립하는 경우에 한하여 분할 또는 분할합병 할 수 있다.

제530조의6(분할합병계약서의 기재사항 및 분할합병대가가 모회사주식인 경우의 특칙)

① 분할회사의 일부가 다른 회사와 합병하여 그 다른 회사(이하 "분할합병의 상대방 회사"라 한다)가 존속하는 경우에는 분할합병계약서에 다음 각 호의 사항을 기재하여야 한다.

④ 제342조의2제1항에도 불구하고 제1항제4호에 따라 분할회사의 주주에게 제공하는 재산이 분할승계회사의 모회사 주식을 포함하는 경우에는 분할승계회사는 그 지급을 위하여 모회사 주식을 취득할 수 있다.

⑤ 분할승계회사는 제4항에 따라 취득한 모회사의 주식을 분할합병 후에도 계속 보유하고 있는 경우 분할합병의 효력이 발생하는 날부터 6개월 이내에 그 주식을 처분하여야 한다.

제530조의9(분할 및 분할합병 후의 회사의 책임)

① 분할회사, 단순분할신설회사, 분할승계회사 또는 분할합병신설회사는 분할 또는 분할합병 전의 분할회사 채무에 관하여 연대하여 변제할 책임이 있다.

② 제1항에도 불구하고 분할회사가 제530조의3제2항에 따른 결의로

분할에 의하여 회사를 설립하는 경우에는 **단순분할신설회사는 분할회사의 채무 중에서 분할계획서에 승계하기로 정한 채무에 대한 책임만을 부담하는 것으로 정할 수 있다.** 이 경우 분할회사가 분할 후에 존속하는 경우에는 단순분할신설회사가 부담하지 아니하는 채무에 대한 책임만을 부담한다.

③ 분할합병의 경우에 분할회사는 제530조의3제2항에 따른 결의로 분할합병에 따른 출자를 받는 분할승계회사 또는 분할합병신설회사가 분할회사의 채무 중에서 분할합병계약서에 승계하기로 정한 채무에 대한 책임만을 부담하는 것으로 정할 수 있다. 이 경우 제2항 후단을 준용한다.

④ 제2항의 경우에는 제439조제3항 및 제527조의5를 준용한다.

제530조의10(분할 또는 분할합병의 효과)

단순분할신설회사, 분할승계회사 또는 분할합병신설회사는 분할회사의 권리와 의무를 분할계획서 또는 분할합병계약서에서 정하는 바에 따라 승계한다.

4부

정상을 향해 올라가기:
기업그룹 형성단계

기업이 경쟁에서 살아남기 위해 기업그룹을 형성하는
방법에는 무엇이 있을까?
수직적 연쇄출자, 상호출자, 순환출자에 대해 알아보자. 그리고
투명하게 기업그룹을 형성할 수 있는 지주회사, 포괄적 주식교환,
포괄적 주식이전에 대해서도 살펴보자.

11장

편법적으로 기업그룹을 만들면 어떻게 될까?

– 수직적 연쇄출자, 상호출자, 순환출자

〔2018년 8월 27일〕 연합인포맥스(출처: http://news.einfomax.co.k)

공정위, 순환출자 규제 '후퇴' … 삼성·현대차 '안도'
삼성·현대차 등 기존 순환출자는 규제대상에서 벗어나

공정거래위원회가 기존에 순환출자를 보유한 경우에 대해서는 추가적인 순환출자 규제를 적용하지 않기로 했다. 27일 공정위가 입법예고한 공정거래법 개정안에 따르면 공정위는 신규로 상호출자제한기업집단으로 지정되는 기업집단에 한해 기존 순환출자에 대한 의결권을 제한하기로 했다.

1. 기업은 어떻게 만들어질까?

직원과 임원들이 구성되고(인적 조직), 자산, 부채, 자본이 구성되면 (물적 조직) 하나의 기업이 탄생하며, 이는 생산, 소비, 분배의 순환을 하는 국민경제에서 생산의 주체가 됩니다.

이렇게 정상적인 과정을 통해서 기업이 만들어지기도 하지만, 출자라는 방식을 통해 마치 어미가 새끼치기하는 것처럼, 기업이 기업을 낳아서 기업집단(그룹)을 형성할 수도 있습니다.

국민경제에서 하나의 기업이 단독으로 생산활동을 담당하는 것도 좋습니다. 하지만 만약 그 단독 기업이 출자방식으로 여러 개의 기업을 생성하여 규모가 매우 큰 기업그룹을 형성하여 규모의 경제를 이루어 생산활동을 확대할 수 있다면, 국민경제의 성장에 더 큰 도움이 되는 긍정적인 효과가 있을 것입니다.

2. 출자라는 것은 무엇일까?

본래 출자의 의미는 기업에 종자돈(자본)을 제공하는 것입니다.

출자는 투자금으로, 출자를 받은 자는 변제 의무가 없습니다. 출자를 제공한 자는 출자를 받은 기업이 해산하여 청산할 때 일반 채권자들이 모두 변제받고 잔여재산이 있을 시, 그 재산에 대해 최후순위로 분배를 받을 수 있는 권리만 있습니다(잔여재산분배청구권).

물론, 기업이 활동하는 도중에 이익이 발생하면 출자자는 일종의 이자처럼 배당금을 받을 수 있습니다. 하지만 손해가 발생하면 그런 배당금도 없으므로, 무조건적으로 이자를 받을 수 있는 대여금과는 성질이 다릅니다.

결국, 출자금은 대여금과는 다르게 원금손실의 가능성이 있고 이자도 지급할 필요가 없습니다. 따라서 출자자로부터 출자금을 제공받은 기업은 이를 종자돈(자본)으로 삼아서 원금상환이나 이자상환의 부담 없이, 안정적으로 기업 활동을 영위하여 국민경제 내에서 생산의 주체로서의 역할을 다할 수 있게 됩니다.

3. 출자받은 기업이 그 출자금을 다른 기업에 다시 출자하면 어떻게 될까?(수직적 연쇄출자)

만약, 최초에 출자자로부터 종자돈(자본)인 출자금을 받아서 설립된 기업(A)이, 그 출자금을 자신의 영업활동에 사용하는 것이 아니라 다른 기업을 만드는 종자돈(자본)으로 사용하면 어떻게 될까?

예를 들어, 최초의 출자자(x)가 100원을 출자하여 A기업을 설립하였는데, A기업이 그 출자금 100원을 전액 출자하여 B기업을 설립한다고 가정합시다. 이때, A기업은 B기업에 대한 출자자가 됩니다. B기업이 다시 그 출자금을 C기업에 제공하면 연쇄적으로 B기업이 C기업에 대한 출자자가 됩니다.

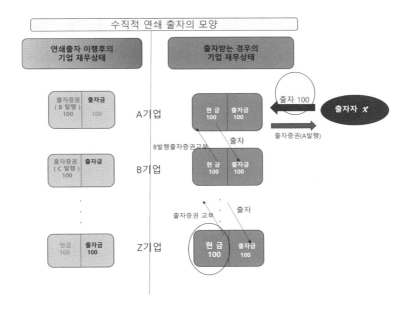

수직적 연쇄 출자의 모양

출자자는 출자대가로 기업으로부터 출자증권을 받아 보유하며, 출자받은 기업에 대해 출자자로서의 공익적 권리와 재산상의 권리(잔여재산 분배청구권 등)를 행사할 수 있습니다.

이와 같은 연쇄적인 출자에 의해, 최초의 출자자(x)가 최초의 출자금만 제공하면, 이후에 A, B, C, D, …… Z 등 무한대의 기업을 계속해서 창조해 기업그룹을 형성할 수 있습니다. 이와 같이 만들어진 기업들을 실무상 흔히 '계열사'라고 표현합니다.

결국, 최초의 출자자(x)가 제공한 출자금은 설립된 각 기업의 출자금에서 빠져나간 후, 최종적으로 출자를 받은 기업(Z)이 현금 100원을 보유하게 됩니다. 즉, 최초의 기업(A)을 포함한 중간 기업들(B, C, D……)

의 현금 출자금은 모두 해당 기업들로부터 유출되고(전액 출자 시), 출자받은 기업으로부터 대가로 수령한 출자증권만 자산(투자유가증권)으로 보유하게 됩니다.

이런 출자증권은 출자받은 기업을 상대로 하는 법적인 청구권에 불과하고, 해당 기업이 영업에 사용할 수 있는 영업용 자산은 아닙니다. 이에 상환부담이 없이 자유롭게 영업활동에 사용될 수 있는 종자돈(자본)으로서의 출자금의 기능은 사라지게 됩니다(최종 출자를 받은 기업은 제외).

만약, 최종 출자받은 기업(Z)이 파산하고 잔여재산도 남아 있지 않는다면, Z에게 출자한 상위 기업은 자신이 보유한 Z기업의 출자증권이 아무런 가치도 없는 휴지조각이 되고, 연쇄적으로 최초의 출자기업 A에게까지 악영향을 미칠 것입니다.

물론, 기업에는 물적 조직뿐만 아니라 인적 조직도 있으며, 물적 조직에서도 출자금이 아닌 부채로 자금을 조달하여 자산을 구성할 수 있습니다. 이를 통해 기업의 영업활동을 계속할 수 있기는 합니다. 하지만 해당 기업에서 본래의 영업자본인 출자금을 모두 유출시키며 기업그룹을 형성하는 연쇄출자방식은 과연 어느 범위까지 허용되어야 할까?

4. 출자받은 기업이 출자해 준 기업에게 역으로 다시 출자하면 어떻게 될까?(상호출자)

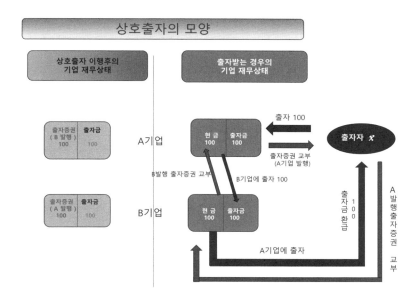

출자자(x)로부터 종자돈(자본)인 출자금을 받아서 설립된 기업(A)이 그 출자금을 B기업에 출자하고, B기업은 그 출자금을 역으로 A기업에 다시 출자하여 A기업의 출자증권을 양수받는다고 가정합시다. 이 경우, A기업은 B기업의 출자증권을 보유하게 되고 B기업도 A기업의 출자증권을 보유하게 됩니다.

이는 제3항에서 본 수직적인 연쇄출자와는 달리, 출자받은 기업(B)이 원래의 출자기업(A)에 역으로 다시 출자하는 것이므로, '상호출자'라고 합니다.

상호출자에서 B기업이 A기업의 출자증권을 양수받기 위해서는, A기업으로부터 받은 출자금을 A기업의 출자자(x)에게 지급해야 합니다. 그 대가로 x로부터 A기업에 대한 출자증권을 양수받게 됩니다.

　결국, A기업에 대한 출자자(x)는 B기업에게 A기업 출자증권을 양도하는 대신에 B기업으로부터 출자금을 돌려받게 되므로, 더 이상 x는 A기업에 대한 출자자가 아닙니다. x로부터 A기업 출자증권을 양수받은 B기업이, A기업에 대한 출자자가 됩니다.

　결과적으로, A기업은 B기업에게 출자금을 제공하면서 B기업에 대한 출자증권을 보유하게 되고, B기업은 x에게 그 출자금을 제공해 A기업에 대한 출자증권을 양수받게 됩니다. A기업과 B기업이 각각 상대방에 대한 출자증권 보유자가 되어, 서로가 모기업이 되고 자기업이 됩니다.

　한편, x는 출자금을 회수하여 이들 기업으로부터 떠난 상태가 됩니다.

　다시 말해, 출자금은 A, B기업으로부터 떠나 최초의 출자자 x에게 환급이 되고, A기업과 B기업은 출자금 없이 출자증권만을 각자 자산으로 보유하게 됩니다. 출자 지분의 환급이 일어남과 동시에 자본의 공동화 현상이 발생한 것입니다.

　하지만 회계상으로는 A, B기업 모두 출자금(100원)이 자본액으로 한 번 계상되었으며, A기업의 경우 출자자가 x에서 B기업으로만 변경된 것입니다. 따라서 A, B기업 모두 재무제표상으로는 자본금 100원, 자산(투자유가증권) 100원을 보유하는 기업으로 존재합니다.

만약, 법률에서 상호출자를 특별히 금지하지 않는다면 이렇게 실질적으로 출자금이 없는 기업들이 무작위로 생길 수 있게 됩니다. 따라서 상법에서는 주식회사에서의 상호출자를 엄격하게 규제하고 있습니다.

특히, 모회사(A)가 자회사(B)에게 50% 이상 출자하고 있는 상황에서는 자회사(B)는 원래의 모회사 주식(투자유가증권)을 취득하는 것이 금지되고 있습니다(모회사, 자회사간 상호주금지)(상법 제342조의2 제1항).

그리고 모회사의 자회사 지분율이 10~50%인 경우에는 상호주 취득 행위 자체는 금지되어 있지 않지만, 모회사 주식을 투자유가증권으로 가진 자회사는 그 모회사 주식에 대해 의결권을 행사할 수 없습니다(비모자회사간 상호주 의결권 금지)(상법 제369조 제3항).

이렇게 상법은 모자회사 간에만 상호주 소유를 금지하고 있습니다. 한편, 공정거래법은 자산총액이 10조원 이상인 기업집단에 속하는 회사들 간에는 이러한 상호출자를 아예 금지하고 있습니다(상호출자제한 기업집단)(공정거래법 제9조 제1항).

이와 같이, 상호출자방식으로 기업을 새끼 쳐서 기업그룹을 형성하려는 행위는 출자금 환급에 의한 자본의 공동화 현상이 발생하기 때문에 엄격하게 규제되고 있습니다.

5. 수직적 연쇄출자에서 최종 출자를 받은 기업(Z)이 최초로 출자해 준 기업(A)에 다시 출자하면 어떻게 될까?(순환출자)

만약, 제3항의 수직적인 연쇄출자에 의해 최종 출자를 받은 기업(Z)이 그 출자금을 다시 최초의 A기업의 출자자(x)에게 지급하고, 그 대가로 A기업에 대한 출자증권을 x로부터 양수받는다고 가정합시다.

결과적으로 최초의 출자자 x는 출자금을 회수해서 A기업으로부터 떠나가고, 최초의 기업(A)에 대한 출자증권은 최종적인 기업(Z)이 보유하게 됩니다.

결국, 출자금은 A기업으로부터 유출되고, A, B, C, D …… Y까지의 기업은 하위 출자기업에 대한 출자증권만을 보유하게 되어, 제4항에서 본 상호출자와 동일한 결과가 발생합니다.

이런 출자방식은 최종 출자기업이 최초 기업에 다시 출자한 것이므로, 직접적인 상호출자와 구별하여 '고리형 상호출자' 또는 '순환출자'라고 부릅니다.

순환출자도 상호출자와 마찬가지로 최종적으로는 최초의 출자자 x가 출자금을 환급받아 출자금이 대외로 유출되는 현상이 발생합니다. 상법에서는 이런 순환출자에 대한 금지규정이 없고, 공정거래법에서 규제하고 있습니다.

즉, 상호출자제한기업집단에 속하는 계열사들은 2014년 7월 25일 이후부터는 신규로 순환출자를 형성하는 것이 금지되어 있으며, 기존에 존재하는 순환출자는 더 이상 더 강화시킬 수 없도록 규제하고 있습니다(공정거래법 제9조의2 제2항).

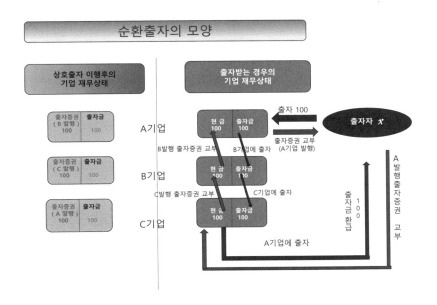

6. 맺음말

국민경제에서 기업을 만들기 위해 출자자들이 각자의 자금을 출자하고, 각 기업은 그 출자금으로 본래의 설립 취지에 맞게 상환부담 없이 안정적으로 영업활동을 하는 것이 원칙적인 모습입니다.

하지만 앞에서 본 것과 같이 어느 한 기업에서 시작하여 수직적인 출자가 연쇄적으로 있는 경우, 출자금을 보유한 기업은 하나에 불과하고, 나머지 기업들은 실제 출자금을 보유하지 않아 기업그룹 자체가 불안정할 수밖에 없습니다.

더욱이 상호출자나 순환출자의 경우에는 아예 출자금이 최초의 출자자 x에게 환급되어 기업그룹 내 출자금 자체가 존재하지 않게 됩니다.

생산활동을 더 촉진시키기 위해 출자를 통해 기업그룹을 형성함으로써 국민경제 규모를 늘리는 것도 중요하지만, 출자금과 관련한 기업의 불안정성을 어느 정도의 범위에서 허용할 것인지는 논의가 필요한 부분입니다.

판례

A. 상호출자금지와 주식신탁의 관계

대법원 2006. 5. 12. 선고 2004두312 판결[시정명령등취소]

· 판시사항

[1] 구 독점규제 및 공정거래에 관한 법률 제9조 제2항에서 정한 '처분'의 의미

[2] 증권회사가 종합금융회사를 흡수 합병하면서 취득하게 된, 계열회

사인 생명보험회사의 주식을 은행에 신탁한 경우, 구 독점규제 및 공정거래에 관한 법률 제9조 제2항에서 정한 '처분'에 해당하지 않는다고 본 원심의 판단을 수긍한 사례

• 판결요지

[1] 구 독점규제 및 공정거래에 관한 법률(2002. 8. 26. 법률 제6705호로 개정되기 전의 것) 제9조 제1항이 **계열회사 사이의 상호출자를 금지하고 있는 취지가 그로 인하여 회사의 자본적 기초가 위태롭게 되고, 기업의 지배구조가 왜곡되며, 기업집단이 쉽게 형성·확장되는 것을 방지하고자 하는 데 있는 점**, 같은 법 제9조 제2항의 취지도 회사의 합병 등으로 부득이하게 계열회사 사이에 **상호출자**의 상태가 발생하게 된 경우 조속히 이를 해소함으로써 계열회사 사이에 **상호출자**의 상태가 유지되는 것을 막고자 하는 데 있는 점, 같은 법 제7조의2가 같은 법의 규정에 의한 주식의 취득 또는 소유는 취득 또는 소유의 명의와 관계없이 실질적인 소유관계를 기준으로 하도록 규정하고 있는 점 등에 비추어 보면, 같은 법 제9조 제2항에서 말하는 '처분'이란 회사의 합병 등으로 취득 또는 소유하게 된 계열회사의 주식에 대하여 그 의결권 행사를 잠정적으로 중단시키는 조치를 취하거나 그 주식을 다른 금융기관 등에 신탁하는 것만으로는 부족하고, 상호출자의 상태를 완전히 해소할 수 있도록 그 주식을 다른 사람에게 실질적으로 완전히 소유권이전 하여 주는 것을 의미한다.

[2] 증권회사가 종합금융회사를 흡수 합병하면서 취득하게 된, 계열회사인 생명보험회사의 주식을 은행에 신탁한 경우, 구 독점규제 및 공정

거래에 관한 법률(2002. 1. 26. 법률 제6651호로 개정되기 전의 것) 제9조 제2항에서 정한 '처분'에 해당하지 않는다고 본 원심의 판단을 수긍한 사례

(해설)

X: 증권회사(원고), A: 종합금융회사, B: 생명보험회사, C: 은행, Y: 공정거래위원회(피고)

X증권회사(원고)는 A종합금융회사를 흡수합병 하였습니다. 흡수합병된 A종합금융회사는 합병 전에 B생명보험회사가 발행한 주식을 보유하고 있었는데, 흡수합병으로 인해 자산이 이전되면서 동 주식은 X증권회사(원고)로 승계되었습니다. 그런데 B보험회사는 이전부터 X증권회사(원고)가 발행한 주식을 보유하고 있었습니다. 결국 흡수합병으로 인해 X증권회사(원고)와 B생명보험회사는 상호 간에 서로가 발행한 주식을 보유한 상태, 즉 상호출자상태가 되었습니다. 그러자 X증권회사(원고)는 독점금지법의 상호출자금지 규정을 준수하기 위해 B생명보험회사 발행 주식을 C은행에 신탁하였습니다. 이에 대해 Y공정거래위원회(피고)가 신탁은 처분이 아니라면서 독점금지법 위반을 이유로 X증권회사(원고)를 상대로 시정명령 및 과징금을 부과하자, X(원고)가 Y(피고)를 상대로 동 처분의 취소소송을 제기하였습니다.

합병으로 인해 부득이하게 상호출자가 되는 주식을 취득한 경우에는 독점금지법에 의해 6개월 이내에 "처분"해야 할 의무가 있는데, 대법원

은 독점금지법상의 "처분"은 상호출자상태를 완전히 해소할 수 있도록 실질적으로 완전히 소유권을 이전시키는 것을 의미한다면서, 주식 신탁은 비록 대외적으로 소유권이 수탁자에게 이전은 되지만, "처분"은 아니라고 판시하여 X(원고)의 청구를 기각하여 원고(X)가 패소하였습니다.

신탁의 경우에는 단순한 매매와는 달리, 신탁 후에도 신탁자가 신탁계약에 따라서 수탁자를 상대로 신탁해지권을 행사할 수 있고, 그 경우 다시 주식의 소유권이 신탁자에게 복귀될 수 있는 가능성이 있기 때문에 독점금지법이 규정한 "처분"에는 해당하지 않는 것으로 판시한 것으로 해석됩니다.

B. 상호출자 방식의 기업지배와 업무상배임죄

대법원 2008. 5. 15. 선고 2005도7911 판결[특정경제범죄가중처벌등에관한법률위반(배임)(예비적죄명:업무상배임)·업무상배임·증권거래법위반·주식회사의외부감사에관한법률위반]

재벌그룹 소속의 상장법인인 회사의 이사들이 대표이사이자 대주주인 병에게 자사주를 매각한 사안에서, **병이 사실상 지배·보유하고 있는 의결권 있는 보통 주식의 일정 부분이 의결권이 제한된 상태에서 회사의 지배구조에 상당한 영향을 미칠 수 있는 정도의 자사주 매각거래를 하면서**, 적절한 매각 상대방을 선정하고 매각조건 등을 결정하는 절차를 거치는 등의 노력을 하지 않은 채 회사에는 별다른 이익이 없는 반면, 병에게 일방적으로 유리한 매각조건으로 자사주 매각을 단행한 점 및 매수인인 병의 이익과 편의를 가져온 거래의 제반 상황에 비추어, 위 자사주 매각행위는 회사를 위한다는 경영상의 판단에 기초한 것이 아닌 병의 개인적 이익을 위한 것으로서 배임죄의 고의와 본인인 회사의 재산 상태에 손해를 가하는 결과가 발생하였다는 점을 모두 인정한 사례

(해설)

Y: 재벌그룹 회장, A회사의 대표이사이자 대주주(피고인), A: 그룹계열사, B, C, D, E: 그룹계열사들

재벌그룹 회장인 Y회장(피고인)은 상호출자 방식을 통해 그룹 계열사를 지배하고 있었습니다. Y회장(피고인)은 계열사 중의 하나인 A주식회사의 대표이사이자 대주주인데, 그는 A주식회사를 지배하기 위해 그룹 계열사인 다른 B, C, D, E 등의 계열사로 하여금 A주식회사 주식을 소유하게 함으로써 이들 계열사를 통해 간접적으로 A주식회사를 지배하고 있었습니다. 그런데 B, C, D, E 등의 계열사는 공정거래법의 상호출자 주식의 의결권 금지조항에 의해 A주식회사 주식에 대하여 의결권 행사에 제한을 받고 있었습니다.
대법원은 이런 상호출자로 인한 의결권 제약 상황에서 Y회장(피고인)이 A주식회사에 대한 지배력 강화를 위해 A주식회사가 가지고 있는

자사주를 경영권 프리미엄도 받지 않고 비정상적인 가격으로 A주식회사로부터 헐값에 매수하여 지배력을 강화시킨 행위에 대하여, 당시 A주식회사의 위와 같은 상황을 고려하여 업무상 배임죄의 성립을 인정하였습니다.

법령

▷ 상법

제342조의2(자회사에 의한 모회사주식의 취득)

① 다른 회사의 발행주식의 총수의 100분의 50을 초과하는 주식을 가진 회사(이하 "母會社"라 한다)의 주식은 다음의 경우를 제외하고는 그 다른 회사(이하 "子會社"라 한다)가 이를 취득할 수 없다.

  1. 주식의 포괄적 교환, 주식의 포괄적 이전, 회사의 합병 또는 다른 회사의 영업전부의 양수로 인한 때

  2. 회사의 권리를 실행함에 있어 그 목적을 달성하기 위하여 필요한 때

② 제1항 각호의 경우 자회사는 그 주식을 취득한 날로부터 6월 이내에 모회사의 주식을 처분하여야 한다.

③ 다른 회사의 발행주식의 총수의 100분의 50을 초과하는 주식을 모회사 및 자회사 또는 자회사가 가지고 있는 경우 그 다른 회사는 이 법의 적용에 있어 그 모회사의 자회사로 본다.

제342조의3(다른 회사의 주식취득)

회사가 다른 회사의 발행주식총수의 10분의 1을 초과하여 취득한 때에는 그 다른 회사에 대하여 지체 없이 이를 통지하여야 한다.

제369조(의결권)

① 의결권은 1주마다 1개로 한다.

② 회사가 가진 자기주식은 의결권이 없다.

③ 회사, 모회사 및 자회사 또는 자회사가 다른 회사의 발행주식의 총수의 10분의 1을 초과하는 주식을 가지고 있는 경우 그 다른 회사가 가지고 있는 회사 또는 모회사의 주식은 의결권이 없다.

▷ 독점규제 및 공정거래에 관한 법률(약칭: 공정거래법)[시행 2018. 6. 12.]

제9조(상호출자의 금지등)

① 상호출자제한기업집단에 속하는 회사는 자기의 주식을 취득 또는 소유하고 있는 계열회사의 주식을 취득 또는 소유하여서는 아니 된다. 다만, 다음 각 호의 어느 하나에 해당하는 경우에는 그러하지 아니하다.

  1. 회사의 합병 또는 영업전부의 양수

  2. 담보권의 실행 또는 대물변제의 수령

② 제1항 단서의 규정에 의하여 출자를 한 회사는 당해주식을 취득 또는 소유한 날부터 6월 이내에 이를 처분하여야 한다. 다만, 자기의

주식을 취득 또는 소유하고 있는 계열회사가 그 주식을 처분한 때에는 그러하지 아니하다.

③ 상호출자제한기업집단에 속하는 회사로서 「중소기업창업 지원법」에 의한 중소기업창업투자회사는 국내 계열회사주식을 취득 또는 소유하여서는 아니 된다.

제9조의2(순환출자의 금지)

② 상호출자제한기업집단에 속하는 회사는 순환출자를 형성하는 계열출자를 하여서는 아니 된다. 상호출자제한기업집단 소속 회사 중 순환출자 관계에 있는 계열회사의 계열출자대상회사에 대한 추가적인 계열출자[계열출자회사가 「상법」 제418조제1항에 따른 신주배정 또는 제462조의2제1항에 따른 주식배당(이하 "신주배정등"이라 한다)에 따라 취득 또는 소유한 주식 중에서 신주배정등이 있기 전 자신의 지분율 범위의 주식, 순환출자회사집단에 속하는 계열회사 간 합병에 의한 계열출자는 제외한다] 또한 같다. 다만, 다음 각 호의 어느 하나에 해당하는 경우에는 그러하지 아니하다.

③ 제2항 단서에 따라 계열출자를 한 회사는 다음 각 호의 어느 하나에 해당하는 기간 내에 취득 또는 소유한 해당 주식(제2항제3호부터 제5호까지의 규정에 따른 경우는 신주배정등의 결정, 재산출연 또는 유상증자 결정이 있기 전 지분율 초과분을 말한다)을 처분하여야 한다. 다만, 순환출자회사집단에 속한 다른 회사 중 하나가 취득 또는 소유하고 있는 계열출자대상회사의 주식을 처분하여 제2항의 계열출자에 의하여 형성 또는 강화된 순환출자가 해소된 경우에는 그러하지 아

니한다.

1. 제2항제1호 또는 제2호에 따라 계열출자를 한 회사는 해당 주식을 취득 또는 소유한 날부터 6개월
2. 제2항제3호에 따라 계열출자를 한 회사는 해당 주식을 취득 또는 소유한 날부터 1년
3. 제2항제4호 또는 제5호에 따라 계열출자를 한 회사는 해당 주식을 취득 또는 소유한 날부터 3년

/ 12장 /
투명하게 기업그룹을 형성하는 방법은 없을까? I
- 지주회사 제도

〔2018년 9월 5일〕 조선비즈(출처:http://biz.chosun.com)

효성, 지주사 전환 3개월 … 날개 단 효성화학

효성은 지배구조를 투명하게 하고 경영의 효율성을 높이기 위해 회사를 지주회사와 4개의 사업회사로 분할하는 안건을 지난 4월 27일 임시 주주총회에서 가결했다. 이후 6월 1일 회사가 분할돼 기존 회사는 지주회사인 ㈜효성이 됐고, 각각의 사업 부문은 효성티앤씨(섬유·무역), 효성중공업(중공업·건설), 효성첨단소재(산업 자재), 효성화학(화학) 등 4개의 별도 회사로 분할됐다.

1. 무분별한 기업그룹 형성의 폐단

기업은 생산, 소비, 분배의 순환을 하는 국민경제에서 생산의 주체가 되어 국민이 필요로 하는 재화와 용역을 만들어 내는 중요한 역할을 합니다.

따라서 가능하면 많은 수의 기업들이 만들어져 더 많은 생산품을 산출하도록 하는 것이 국민경제에 바람직하다고 생각할 수 있습니다.

만약 기업이 정상적인 절차를 거쳐 독립적으로 설립되어 그에 걸맞은 생산활동을 담당하는 경제주체가 되면 별 문제가 없을 것입니다. 하지만 우리나라는 과거에 산업화시대를 거치면서 기업 종자돈(출자금)으로 '수직적 연쇄출자', '상호출자', '순환출자'와 같이 편법적인 출자 방식을 이용하여 거대한 기업그룹을 형성하는 일이 많았습니다.

이른바 '재벌'에 속하는 기업 그룹에서는 특정 1인이 기업 우두머리(총수)가 되어 이렇게 편법적인 출자방식으로 만들어진 수많은 하위의 기업들을 손쉽게 지배해 왔습니다.

어떤 면으로는 수많은 단독 기업이 각기 개별적, 독립적으로 생산활동을 하는 것 보다는, 여러 기업이 하나의 기업 그룹으로 묶여져 있는 것이 규모의 경제나 효율성 면에서 유리한 점도 있습니다.

그러나 1997년에 발생한 IMF 사태에서 경험한 바와 같이, 재벌그룹은 소속 기업 어느 하나가 무너지면 그 여파가 그룹 전체로 퍼져 오히려 국민경제 전체의 안정성에 심각한 위협을 주었습니다. 문제가 발생된 특정 기업을 따로 구조조정 하고자 해도 상호출자나 순환출자와 같은 편법적인 출자로 서로 복잡하게 얽혀져 있어 그마저도 어려웠습니다.

한편, 이 당시 우리나라에도 국제 경쟁력 있는 기업을 육성할 필요성이 높아짐에 따라, 1999년 4월 상대적으로 그 편법성이 적다고 볼 수 있는 '연쇄출자' 방식에 의한 기업그룹 형성, 즉 지주회사의 설립을 전격적으로 허용하게 되었습니다.

즉, 일률적으로 편법적인 기업그룹 형성방식(수직적 연쇄출자, 상호출자, 순환출자)을 전부 금지시키는 것보다는, 이 중에서 상대적으로 지배구조의 투명성이 보장될 수 있는 수직적 연쇄출자 방식에 의한 기업 그룹 형성 방식(지주회사 제도)을 일정 요건하에 허용하여, 규모의 경제나 효율성을 살리면서 국민경제의 성장을 이루고자 하였습니다.

2. 투명한 기업그룹 형성을 위해서는 어떻게 해야 하나?(지주회사의 설립요건)

투명한 기업그룹 형성 방식은 '상호출자'나 '순환출자'가 없는 것을 말합니다.

즉, 일정한 요건하에 '수직적 연쇄출자' 방식에 의한 기업그룹 형성을 허용한다는 것이며, 특히나 모회사(지주회사)가 자신의 자본금 전액을 100% 출자하여 자회사를 만들면 모회사의 자본이 실질적으로 전액 공동화되어도 문제가 없다는 것입니다.

수직적 연쇄출자 방식도 편법적인 기업그룹 형성방식이지만, 상호출자나 순환출자처럼 최초의 자본금이 완전히 대외적으로 유출되어 최초의 출자자에게 환급이 일어나는 것이 아니라, 적어도 최초의 자본금이 마지막 단계의 자회사에 남아 있기 때문에, 상대적으로 자본의 공동화라는 문제점이 적어서 허용됩니다.

이런 수직적 연쇄출자방식으로 출자를 하는 최초의 모회사를 '지주회사(holding company)'라고 하는데, 공정거래법은 이를 "주식소유를 통해 국내 회사의 사업 내용을 지배하는 것을 주된 사업으로 하는 회사"라고 정의하고 있습니다.

지주회사 중에서 오직 자회사에 대한 출자만을 업으로 하는 회사를 '순수지주회사(pure holding company)'라고 하고, 일반사업도 겸업하는 회사를 '사업지주회사(operating company)'라고 합니다.

(1) 자회사에 대한 출자비율

수직적 연쇄출자 방식은 지주회사의 자회사에 대한 의무적인 출자 비율(지분율)이 정해집니다. 비상장 자회사에 대한 경우는 출자 지분율이 40% 이상이어야 하며, 상장 자회사에 대한 지분율의 경우는 지분 분산으로 인한 지분취득의 어려움을 고려하여 20% 이상이면 됩니다.

또한 수직적 연쇄출자는 수직적으로 자회사, 손자회사, 증손자회사까지의 3단계까지만 허용하며, 특히 마지막 단계인 손자회사의 증손자회사에 대한 지분율은 100%가 되어야 합니다.

(2) 지주회사 자신에 대한 요건

공정거래법의 적용을 받는 대상은 자산규모 5천억 원 이상인 회사이며, 자회사에 대한 출자액이 자신의 자산 중 50%가 넘어야 합니다.

지주회사가 부채를 조달해 연쇄 출자를 확대하는 것을 방지하기 위해, 지주회사의 부채비율이 200%를 넘는 것은 금지됩니다. 또한 지주회사는 자회사 아닌 타 회사에 대하여는 5% 이상의 지분을 취득할 수 없습니다.

더 나아가 금융자본과 산업자본 분리원칙(금산분리원칙)에 의해, 금융지주회사는 금융회사 또는 보험회사만을 자회사로 두어야 하며, 반대로 일반지주회사도 금융회사나 보험회사를 자회사로 두는 것이 금지됩니다.

3. 맺음말

현재 공정거래법에서는 과도한 경제력 집중을 억제하기 위해 자산 규모가 일정 규모(10조 원) 이상인 기업집단은 '상호출자제한 기업집단'으로 지정하여, 기업집단 소속 계열사들이 상법상의 모자회사 관계(모회사의 자회사에 대한 지분이 50%이상)가 아니더라도 상호출자 행위를 금지하고 있습니다. 2014년 7월 25일부터는 신규 순환출자의 생성을 원천적으로 금지하고 있으며 채무보증도 금지하고 있습니다.

이런 제한 속에서 지주회사제도를 이용한 기업그룹 형성은 상대적으로 투명한 기업지배구조라는 평가를 받으며, 1999년 이래로 많은 재벌그룹들이 지주회사 체제로 전환해 왔습니다.

이에 따라, 그동안 많은 기업들이 최초의 출자자에 대한 지분의 환급이 일어나지는 않아 그나마 상대적으로 편법성이 적은 '수직적인 연쇄출자' 방법이나, 상법에 특별히 정해 놓은 물적분할, 포괄적 주식교환, 포괄적 주식이전과 같은 합법적이고 투명한 방법을 이용해 모자관계를 만들어 지주회사 그룹을 형성하여 왔습니다.

하지만 자산규모가 작아서 상호출자제한 기업집단에 속하지 않은 기업들은 위에서 설명한 공정거래법에 규정된 여러 제한을 받지 않고 있기에, 향후 지주회사 체제로 전환할 것인지, 말 것인지에 대한 고민을 계속해서 할 것입니다(물론, 상호출자제한을 받은 기업집단도 지주회사 설립이나 전환이 강제사항은 아님).

판례

A. 지주회사 설립 및 전환 장려와 세제혜택

대법원 2017. 4. 13. 선고 2016두59713 판결[취득세등부과처분취소]

지주회사를 간주취득세 부과대상에서 제외하고 있는 구 조세특례제한법(2010. 12. 27. 법률 제10406호로 개정되기 전의 것) 제120조 제6항 제8호(이하 '감면조항'이라 한다)의 입법 취지는 **지주회사의 설립이나 지**

주회사로의 전환에 대하여 세제혜택을 줌으로써 소유와 경영의 합리화를 위한 기업의 구조조정을 지원하려는 데에 있다. 그렇다면 이미 독점규제 및 공정거래에 관한 법률(이하 '공정거래법'이라 한다)에 따른 지주회사로 설립 내지는 전환되었더라도 국내 회사를 자회사로 새로이 편입하여 국내 회사에 대한 지주회사가 되는 기업구조조정이 있는 경우에는 새로 지주회사를 설립하는 경우와 마찬가지로 여전히 감면조항에 따른 세제혜택을 부여할 필요가 있다. 그리고 일반지주회사가 사업내용을 지배할 목적으로 일정한 요건을 갖추어 계열회사가 아닌 국내 회사를 자회사로 새로이 편입하기 위하여 해당 국내 회사의 주식을 일시에 취득함으로써 지주회사 및 과점주주가 되는 것은 공정거래법상 원칙적으로 허용된다.

이와 같은 감면조항의 문언과 아울러 지주회사에 대한 세제혜택의 취지 및 공정거래법에 의하여 허용되는 지주회사의 자회사 편입 유형 등을 종합하여 보면, 이미 공정거래법에 따라 설립 내지는 전환된 지주회사가 계열회사가 아닌 국내 회사의 주식을 일시에 취득함으로써 국내 회사를 자회사로 새로 편입하여 국내 회사의 과점주주가 된 경우에도, 감면조항에서 정하고 있는 '지주회사가 된 경우'에 해당한다.

(해설)

X: 지주회사로 기전환된 기업(원고), Y: 구청장(피고)

구 지방세법 제105조 제6항은 어느 법인이 다른 기업의 주식을 취득하여 새로 과점주주가 된 경우, 그 과점주주가 된 법인은 다른 기업의 보유 부동산도 취득한 것으로 보아 부동산 취득세를 납부하도록 규정되어 있습니다(간주취득세). 그러나 구 조세특례제한법 제120조 제6항 제8호는 지주회사의 신규 설립이나 신규 전환을 지원하기 위해, 이러한 과정에서 지주회사가 과점주주가 되는 경우에는 부동산 취득세를 감면받도록 규정하고 있습니다.

대법원은 이러한 조세감면혜택은 지주회사의 신규 설립이나 신규 전환뿐만 아니라, 이 사건과 같이 과점주주가 되기 이전에 이미 공정거래법에 따른 지주회사로 기 전환된 X기업(원고)에 대하여도 지주회사 제도의 장려취지상 동일하게 적용되어야 한다면서, X기업(원고)을 대상으로 간주취득세를 부과한 Y구청장(피고)의 과세부과처분이 부당하다고 판시하여 X(원고)가 승소하였습니다.

B. 사모투자전문회사나 투자목적회사가 지주회사인지 여부

대법원 2014. 1. 23. 선고 2011두19178 판결[취득세부과처분취소]

지주회사를 간주취득세 부과대상에서 제외하고 있는 이 사건 법률조항의 입법 취지는 **지주회사의 설립이나 지주회사로의 전환에 대하여 세제혜택을 줌으로써 소유와 경영의 합리화를 위한 기업의 구조조정을 지원**하려는 데에 있다. 그런데 구 간접투자법상의 사모투자전문회사나 투자목적회사는 투자한 회사의 기업가치를 높여 창출한 수익을

투자자에게 배분하는 것을 주된 목적으로 하여 설립된 회사로서, **수직**
적 출자구조를 통하여 자회사의 사업을 지속적으로 지배함으로써 소
유와 경영의 합리화를 도모하려는 목적으로 설립된 공정거래법상의
지주회사와는 설립목적이나 기능 등에서 많은 차이가 있다. 이러한
이유로 구 간접투자법상의 사모투자전문회사나 투자목적회사의 경우
에는 공정거래법 제2조 제1호의2 등에서 정한 지주회사의 요건을 형식
적으로 갖추었다고 하여 이를 모두 지주회사로 취급하여 공정거래법
상의 각종 행위제한에 관한 규정을 적용하는 것이 적절하지 아니하므
로, 구 간접투자법 제144조의17 제1항은 위에서 본 바와 같이 일정한 요
건을 충족하는 사모투자전문회사나 투자목적회사에 대하여는 10년간
공정거래법의 지주회사에 관한 규정을 적용하지 아니하도록 규정하고
있다.

(해설)

X: 세금부과처분을 받은 회사(원고), Y: 과세관청(피고)

이 사건도 앞에서 살펴 본 A판례와 비슷하게 과점주주에 대한 간주취
득세 감면 여부에 관한 사례입니다. 그런데 이 사건은 Y과세관청(피고)
으로부터 간주취득세 부과처분을 받은 X회사(원고)가 지주회사가 아
니라 사모투자전문회사나 투자목적회사라는 점에서 차이가 있습니다.
대법원은 공정거래법상 지주회사는 "수직적 출자구조를 통하여 자회
사의 사업을 지속적으로 지배함으로써 소유와 경영의 합리화를 도모

하려는 목적으로 설립된 회사"이며, 구 간접투자자산운용업법상 사모투자전문회사는 "회사의 재산을 주식 또는 지분 등에 투자하여 경영권 참여, 사업구조 또는 지배구조의 개선 등의 방법으로 투자한 기업의 가치를 높여 그 수익을 사원에게 배분하는 목적으로 설립된 합자회사로서 일정한 요건을 갖춘 회사"를 말하고, 투자목적회사는 "그 주주 또는 사원의 전부가 사모투자전문회사이고 사모투자전문회사 재산의 운용방법과 동일하게 투자하는 주식회사 또는 유한회사"이므로 서로 차이점이 있다고 판시하였습니다.

결국, 대법원은 지주회사처럼 간주취득세 감면 혜택을 주장하는 X사모투자전문회사(원고)의 주장을 배척하고 Y과세관청(피고)의 간주취득세 부과처분이 정당하다고 판시하여 X(원고)가 패소하였습니다.

C. 지주회사의 자회사의 행위제한 내용

대법원 2006. 11. 23. 선고 2004두8583 판결[시정명령등취소]

구 독점규제 및 공정거래에 관한 법률(2004. 12. 31. 법률 제7315호로 개정되기 전의 것) 제8조의2 제2항은 **일반지주회사의 자회사가 다른 국내회사의 주식을 소유하는 것 그 자체를 금지하는 것이 아니라, 다른 국내회사의 주식을 '지배목적'으로 소유하는 것만을 금지하고 있는데,** 자회사가 당해 지주회사의 주식을 '지배목적'으로 소유하는 경우를 상정하기 어려운 점 및 **위 규정의 입법 취지는 지주회사가 자회사**

알기 쉬운 기업법 이야기 기업 산책

를 통하여 계열기업을 확장하는 것을 억제하기 위하여 자회사가 그 사업내용과 밀접한 관련이 없는 손자회사를 두는 행위를 금지하고자 하는 데 있는 점에 비추어 볼 때, 같은 법 제8조의2 제2항 소정의 '다른 국내회사'에 자회사의 당해 지주회사는 포함되지 않는다고 해석함이 상당하다.

(해설)

A: 일반지주회사, X: A지주회사에 새로 편입된 자회사(원고), Y: 공정거래위원회(피고)

A기업은 일반지주회사로서 X기업(원고)을 자회사로 편입하였습니다. 그런데, A기업이 일반지주회사가 되기 이전부터 X기업(원고)은 A기업 주식을 보유하고 있었습니다. 그러자 Y공정거래위원회(피고)는 자회사인 X기업(원고)이 보유하고 있던 A기업 주식에 대해, 공정거래법상 일반지주회사의 자회사가 "지배" 목적으로 다른 국내회사의 주식을 소유할 수 없도록 한 규정을 위반했다고 하여 X기업(원고)을 대상으로 시정명령 및 과징금을 부과하였습니다.

이에 대해 대법원은 공정거래법에서 규정하고 있는 "지배" 목적이란 다른 회사의 의결권을 획득하여 경영권을 지배하는 것을 의미한다고 판시하였습니다. 그러면서, 대법원은 상법 제369조 제3항에 회사가 다른 회사의 발행주식의 총수의 10분의 1을 초과하는 주식을 가진 경우, 그 다른 회사가 가진 그 회사의 주식은 의결권이 없다고 규정하고 있다는 점, 그리고 실제로 지주회사는 통상 자회사의 발행주식 총수의 10분의 1을 초과하여 주식을 가지고 있는 경우가 일반적이므로 자회사가 가진 당해 지주회사의 주식은 위 상법 규정에 의해 의결권이 없을 것이라는 점을 종합하여, 자회사 X기업(원고)이 보유하고 있는 지주회사 A기업의 주식은 "지배" 목적이 없으므로, Y공정거래위원회(피고)의 처분은 부당하다고 판시하여 X(원고)가 승소하였습니다.

법령

▷ **공정거래법**

제8조(지주회사 설립·전환의 신고)
지주회사를 설립하거나 지주회사로 전환한 자는 대통령령이 정하는 바에 의하여 공정거래위원회에 신고하여야 한다.

제8조의2(지주회사 등의 행위제한 등)
② 지주회사는 다음 각 호의 어느 하나에 해당하는 행위를 하여서는 아니 된다.

   1. 자본총액(대차대조표상의 자산총액에서 부채액을 뺀 금액을 말한다. 이하 같다)의 2배를 초과하는 부채액을 보유하는 행위. 다만, 지주회사로 전환하거나 설립될 당시에 자본총액의 2배를 초과

하는 부채액을 보유하고 있는 때에는 지주회사로 전환하거나 설립된 날부터 2년간은 자본총액의 2배를 초과하는 부채액을 보유할 수 있다.

2. **자회사의 주식을 그 자회사 발행주식총수의 100분의 40**[자회사가 「자본시장과 금융투자업에 관한 법률」에 따른 주권상장법인(이하 **"상장법인"이라 한다**)인 경우, 주식 소유의 분산요건 등 상장요건이 같은 법에 따른 증권시장으로서 대통령령으로 정하는 국내 증권시장의 상장요건에 상당하는 것으로 공정거래위원회가 고시하는 국외 증권거래소에 상장된 법인(이하 "국외상장법인"이라 한다)인 경우, 공동출자법인인 경우 또는 벤처지주회사의 자회사인 경우에는 **100분의 20으로 한다.** 이하 이 조에서 "자회사주식보유기준"이라 한다] **미만으로 소유하는 행위.**

3. **계열회사가 아닌 국내회사**(「사회기반시설에 대한 민간투자법」제4조(민간투자사업의 추진방식)제1호부터 제4호까지의 규정에 정한 방식으로 민간투자사업을 영위하는 회사를 제외한다. 이하 이 호에서 같다)**의 주식을 당해 회사 발행주식총수의 100분의 5를 초과하여 소유하는 행위**(소유하고 있는 계열회사가 아닌 국내회사의 주식가액의 합계액이 자회사의 주식가액의 합계액의 100분의 15 미만인 지주회사에 대하여는 적용하지 아니한다) 또는 **자회사 외의 국내계열회사의 주식을 소유하는 행위.** 다만, 다음 각 목의 1에 해당하는 사유로 인하여 주식을 소유하고 있는 계열회사가 아닌 국내회사나 국내계열회사의 경우에는 그러하지 아니하다.

4. **금융업 또는 보험업을 영위하는 자회사의 주식을 소유하는 지주**

회사(이하 "金融持株會社"라 한다)인 경우 금융업 또는 보험업을 영위하는 회사(金融業 또는 保險業과 밀접한 관련이 있는 등 大統領令이 정하는 기준에 해당하는 會社를 포함한다)외의 국내회사의 주식을 소유하는 행위. 다만, 금융지주회사로 전환하거나 설립될 당시에 금융업 또는 보험업을 영위하는 회사 외의 국내회사 주식을 소유하고 있는 때에는 금융지주회사로 전환하거나 설립된 날부터 2년간은 그 국내회사의 주식을 소유할 수 있다.

5. 금융지주회사외의 지주회사(이하 "一般持株會社"라 한다)인 경우, 금융업 또는 보험업을 영위하는 국내회사의 주식을 소유하는 행위. 다만, 일반지주회사로 전환하거나 설립될 당시에 금융업 또는 보험업을 영위하는 국내회사의 주식을 소유하고 있는 때에는 일반지주회사로 전환하거나 설립된 날부터 2년간은 그 국내회사의 주식을 소유할 수 있다.

③ 일반지주회사의 자회사는 다음 각 호의 어느 하나에 해당하는 행위를 하여서는 아니 된다.

1. 손자회사의 주식을 그 손자회사 발행주식총수의 100분의 40(그 손자회사가 상장법인 또는 국외상장법인이거나 공동출자법인인 경우에는 100분의 20으로 한다. 이하 이 조에서 "손자회사주식보유기준"이라 한다) 미만으로 소유하는 행위. 다만, 다음 각 목의 어느 하나에 해당하는 사유로 인하여 손자회사주식보유기준에 미달하게 된 경우에는 그러하지 아니하다.

2. 손자회사가 아닌 국내계열회사의 주식을 소유하는 행위. 다만, 다음 각 목의 어느 하나에 해당하는 사유로 인하여 주식을 소유하

고 있는 국내계열회사의 경우에는 그러하지 아니하다.

  3. 금융업이나 보험업을 영위하는 회사를 손자회사로 지배하는 행위. 다만, 일반지주회사의 자회사가 될 당시에 금융업이나 보험업을 영위하는 회사를 손자회사로 지배하고 있는 경우에는 자회사에 해당하게 된 날부터 2년간 그 손자회사를 지배할 수 있다.

④ 일반지주회사의 손자회사는 국내계열회사의 주식을 소유하여서는 아니 된다. 다만, 다음 각 호의 어느 하나에 해당하는 경우에는 그러하지 아니하다.

  1. 손자회사가 될 당시에 주식을 소유하고 있는 국내계열회사의 경우로서 손자회사에 해당하게 된 날부터 2년 이내인 경우

  2. 주식을 소유하고 있는 계열회사가 아닌 국내회사가 계열회사에 해당하게 된 경우로서 당해 회사가 계열회사에 해당하게 된 날부터 1년 이내인 경우

  3. 자기주식을 소유하고 있는 손자회사가 회사분할로 인하여 다른 국내계열회사의 주식을 소유하게 된 경우로서 주식을 소유한 날부터 1년 이내인 경우

  4. 손자회사가 국내계열회사(금융업 또는 보험업을 영위하는 회사를 제외한다) 발행주식 "총수"를 소유하고 있는 경우

⑤ 제4항제4호에 따라 손자회사가 주식을 소유하고 있는 회사(이하 "증손회사"라 한다)는 국내계열회사의 주식을 소유하여서는 아니 된다. 다만, 다음 각 호의 어느 하나에 해당하는 경우에는 그러하지 아니하다.〈신설 2007. 8. 3.〉

⑥ 제2항제1호 단서, 제2항제2호가목, 제2항제3호가목, 제2항제4호 단

서, 제2항제5호 단서, 제3항제1호가목, 제3항제2호가목, 제3항제3호 단서, 제4항제1호 및 제5항제1호를 적용함에 있어서 각 해당 규정의 유예기간은 주식가격의 급격한 변동 등 경제여건의 변화, 주식처분금지계약, 사업의 현저한 손실 그 밖의 사유로 인하여 부채액을 감소시키거나 주식의 취득·처분 등이 곤란한 경우에는 공정거래위원회의 승인을 얻어 2년을 연장할 수 있다.

⑦ 지주회사는 대통령령이 정하는 바에 의하여 당해 지주회사·자회사·손자회사 및 증손회사(이하 "지주회사등"이라 한다)의 주식소유현황·재무상황 등 사업내용에 관한 보고서를 공정거래위원회에 제출하여야 한다.

투명하게 기업그룹을 형성하는 방법은 없을까? Ⅱ

– 물적분할, 포괄적 주식교환, 포괄적 주식이전

〔2018년 7월 15일〕위키트리(출처: http://www.wikitree.co.kr)

광주은행, JB금융지주와 포괄적 주식교환 추진
"그룹 내 주력 회사로 발돋움 계기 마련, 경영안정성 한층 강화돼"

광주은행(은행장 송종욱)은 13일 이사회를 열고 JB금융지주와 광주은행 일반주주가 소유하고 있는 43.03%의 주식을 JB금융지주 주식으로 교환한다는 포괄적 주식교환 계약을 의결했다고 공시했다. 주식교환방식은 JB금융지주가 광주은행 주주들로부터 주식을 취득하는 대신 JB금융지주의 신주를 교부하는 방식으로, 광주은행의 보통주식 1주당 JB금융지주 보통주식 1.8872주를 교환하며, 9월말 임시 주주총회를 거쳐 10월중 주식교환이 이루어질 예정이다.

〔2018년 6월 19일〕비즈워치(출처: http://news.bizwatch.co.kr)

우리은행, 주식이전 방식 지주사 전환 … "가볍고 빠르게"

우리은행이 지주회사 전환을 위한 시동을 걸었다. 19일 우리은행은 이사회를 열고 지주체제 전환을 위한 '주식이전 계획서' 승인을 결의했다. 우리은행은 이 방식을 통해 '빠르고 가볍게' 지주사로 전환하겠다는 계획이다. 우리은행 관계자는 "인적·물적 분할 등 여러 가지 지주사 전환방식을 검토하다 최종적으로 주식이전을 택했다"며 "주식이전의 장점은 절차가 간편해 가장 신속하게 지주사로 전환할 수 있고 과세 부담도 덜하다"고 설명했다.
우리은행은 신속한 지주사 전환을 위해 '가벼운' 자회사부터 주식이전을 추진하기로 했다.

1. 기업그룹을 투명하게 만드는 다른 방법은 없을까?

앞의 글(지주회사)을 통해, 편법성이 있기는 하지만 일정한 요건 하에 수직적 연쇄출자 방식으로 지주회사 그룹 형성을 장려한다는 것을 알았습니다. 한편, 합법적인 방식이 전혀 없는 것은 아닙니다.

상법에서 규정하고 있는 물적분할, 포괄적 주식교환, 포괄적 주식이전이라는 제도가 있는데, 이 방법을 이용하면 합법적이고 투명한 방법으로 모자관계의 기업을 만들어서 지주회사 그룹을 형성할 수 있습니다.

2. 물적분할 방법

'물적분할'을 이용하면, 기업분할로 인해 새로 만들어지는 신설기업의 주식을 분할 전 존속기업의 '주주'가 아니라 '존속기업' 자체에게 모두 이전하게 됩니다. 이를 통해 존속기업은 모기업이 되고 신설기업은 그 자기업이 됩니다. 이런 물적분할 방법은 상법에서 허용하는 합법적인 기업그룹 형성 방법입니다.

이렇게 모기업(존속기업)은 자기업(신설기업)의 지분 100%를 갖게 되므로, 최종적으로 앞에서 설명한 '수직적 연쇄출자' 방식과 동일한 결과가 발생합니다.

다만, '물적분할'은 하나의 기업(존속기업)이 분할되어 새로운 자기업이 만들어지는 것이고(존속기업은 분할된 만큼 재산규모가 축소된 상태가 됨), '수직적 연쇄출자'는 기업은 그대로 존재하면서 자금을 출자하여 새로운 자기업을 만드는 것(모기업은 재산규모가 축소되지 않고 그대로임)이라는 차이점만 있습니다.

※ 물적분할에 대한 자세한 설명은 기업분할 부분의 글을 참고하시기 바랍니다.

3. 포괄적 주식교환 방법

(1) 개념

주식교환에 의해서도 기업 간에 모자관계가 합법적으로 성립되어 지주회사 그룹을 만들 수 있습니다.

매매는 물건을 매도하는 대가로 금전을 받는 것이지만, 교환은 그 대가로 금전이 아닌 다른 것(재산적 권리)을 받는 것을 의미합니다. 따라서 주식교환은 주식을 이전해 주는 대가로 금전이 아닌 다른 재산권(여기서는 주식)을 받는다는 것을 의미합니다. 즉, 주식 간의 교환입니다.

한편, '포괄적'이라는 말은 각각의 교환자가 각기 개별적인 계약으로 주식을 상대방과 교환하는 것이 아닙니다. 교환자들의 총회(주식회사의 경우 주주들의 총회, 즉 주주총회)에서 단체적으로 교환 결의를 하면, 개별적으로 교환 계약을 체결할 필요도 없이 법률상 당연히 모든 주식이 상대방과 교환이 된다는 것을 의미합니다.

물론, 교환 결의에 반대하는 주주들은 자기의 보유주식을 기업에 매도하고 현금을 받아 떠날 수 있으며, 기업은 교환에 반대하는 주주들의 주식을 매수하여 상대방과의 교환에 제공합니다.

(2) 주식교환 모양

이제 주식을 교환하는 모양을 살펴봅시다.

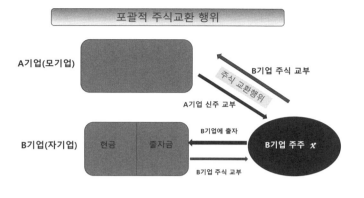

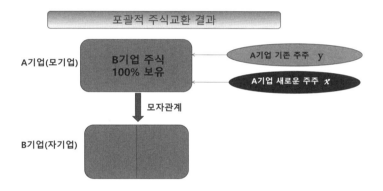

 A기업, B기업이 있는데, 이 2개의 회사를 모자관계로 만들어 지주 회사 그룹을 형성하려고 합니다. A기업이 모기업이 되려면, 당연히 A기업이 B기업의 주식을 100% 취득하면 됩니다.

 A기업이 B기업의 주식을 취득하기 위해서는 B기업의 주식을 가지고 있는 자(B기업의 주주)(x)들로부터 개별적으로 주식을 매수하여야 합니다(혹은 공개매수를 하기도 합니다).

 그러나 이렇게 개별적 매수를 할 경우, 매수에 응하지 않은 자가 생기기 때문에 A기업이 아무리 매매대금을 높인다고 해도 B기업의 주식을 100% 취득하지 못하는 경우가 생깁니다.

이런 경우를 해결하기 위해 상법에서는 포괄적 주식교환을 허용하였습니다. 주주총회에서 B기업의 주주(x)들이 A기업과 주식교환결의를 하면 이들(x)이 가진 모든 주식은 100% A기업에게 제공되고, 그 결과 A기업은 B기업의 100% 주식을 가진 모기업이 됩니다. 여기서 당연히 교환계약의 당사자는 B기업의 주주(x)와 A기업입니다.

A기업은 교환의 대가로 B기업의 주주(x)에게 현금이 아니라 A기업의 신주나 기존의 자사주를 제공합니다. 이제, x는 A기업의 주식을 받았으므로, 더 이상 B기업의 주주가 아닌 A기업의 주주가 됩니다.

이렇게 포괄적인 주식교환으로 기존에 존재하는 두 별개 기업이 100% 모자관계로 변하여 합법적이고 투명하게 지주회사 그룹을 형성할 수 있게 됩니다.

4. 포괄적 주식이전 방법

포괄적인 주식이전은 앞에서 설명한 포괄적 주식교환과 유사하게 모자관계를 형성시킬 수 있는 방법입니다. 다만, 주식교환이 B기업의 주주(x)와 기존에 존재하는 A기업 간의 주식교환 계약이라면, 주식이전은 B기업의 주주(x)가 주식을 이전해 줄 기업이 신설된다는 점에서 다릅니다.

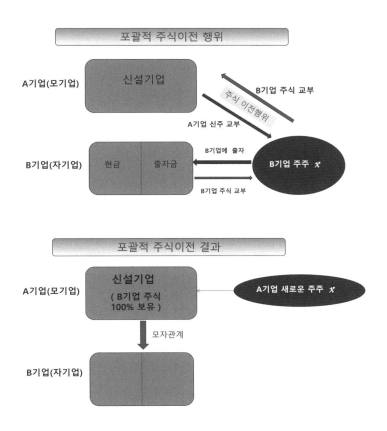

주식이전은 B기업 주주(x)들의 일방적인 의사로 자신들이 가지고 있는 주식을 전부(100%) 어떤 A기업에게 이전하여, 이를 자본으로 A기업을 모기업으로 신설하는 행위입니다. 이처럼 주식이전은 기존에 존재하는 기업과 주식을 교환하는 것이 아닙니다.

즉, 주식이전 할 당시에는 교환계약을 체결할 기업이 존재하지 않으므로 '주식교환'은 불가능하고, 주식이전의 결과로 새로운 기업(A)이 설립되는 것입니다.

주식이전에 의해 신설되는 A기업은 x로부터 B기업의 주식을 100% 이전받았으므로, B기업에 대해 완전한 모기업이 됩니다.

물론, B기업의 주식을 신설기업(A)에 이전한 B기업 주주(x)들은 그 대가로 신설 A기업의 신주를 받으므로, 주식교환과 마찬가지로 A기업의 주주로 바뀝니다.

여기서 주식이전은 '포괄적'인 방법으로 행해집니다. 따라서 포괄적 주식교환처럼 주식이전에 대한 주주총회 결의가 이루어지면, 주식이전에 반대하더라도 모두 A기업으로 이전됩니다(주식이전에 반대하는 자들은 주식을 반환하고 현금을 받아 떠남).

5. 각 방법의 차이점

'수직적 연쇄출자'는 모기업(A) 자체는 나누어지지 않고 그대로 존재하면서, 모기업이 자신의 자금을 자기업(B)에 출자하여 모자관계가 되는 방식입니다. 따라서, 모기업은 출자금만큼 현금 자산이 소멸되나, 그 대가로 출자증권을 다시 자산으로 보유하게 되므로 명목적인 재산 규모 자체는 축소되지 않고 유지됩니다.

반면에, '물적분할'은 한 기업(존속기업)(A)이 분할하여 새로운 자기업(B)이 신설되는 방식으로, 모기업인 존속기업(A)은 분할된 만큼 재산규모가 축소된 상태가 됩니다.

  '포괄적 주식교환'은 모기업(A)이 나누어지거나 자기업(B)에 출자하는 것이 아니라, 자기업(B)의 주주(x)들이 자발적으로 자신의 주식을 교환으로 기존에 존재하는 A기업에 제공함으로써, A기업이 B기업의 주식을 100% 취득하는 모기업이 되는 방식입니다. 따라서 주식교환의 당사자는 자기업(B)의 주주(x)들과 모기업(A)입니다.

  '포괄적 주식이전'은 모기업(A)이 처음에는 아예 존재하지 않으므로 주식교환이 불가능하며, 자기업(B) 주주(x)들의 일방적인 주식이전 행위로 모기업(A)이 신설되는 방식입니다. 모기업을 신설하는 당사자도 자기업(B) 자체가 아닌 그 주주(x)들입니다.

6. 맺음말

  위는 모두 기업 간 모자관계를 형성할 수 있는 상법상의 방법으로, 합법적이고 투명하게 100% 모자관계가 되는 지주회사 그룹을 형성할 수 있습니다. 1999년도 이래로 많은 기업들이 이러한 방법들을 합법적으로 사용하여 투명하게 지주회사 그룹을 형성하여 왔습니다. 어느 방법을 사용하든지 결국은 모기업이 자기업에 출자하는 모자관계의 결과가 발생합니다.

A. 주식의 포괄적 교환과 증여의제

대법원 2018. 3. 29. 선고 2012두27787 판결[증여세등부과처분취소]

상법상 주식의 포괄적 교환은 완전자회사가 되는 회사의 주식이 완전모회사가 되는 회사에 이전되는 거래와, 완전자회사가 되는 회사의 주주가 완전모회사가 되는 회사로부터 완전자회사가 되는 회사의 주식과 대가관계에 있는 신주를 배정받아 완전모회사가 되는 회사의 주주가 되는 거래가 결합하여 일체로 이루어진다.

또한 완전자회사가 되는 회사의 주주가 주식의 포괄적 교환을 통하여 이익을 얻었는지는, 완전자회사가 되는 회사의 주주가 완전모회사가 되는 회사에 이전한 완전자회사가 되는 회사의 주식에 대한 상속세 및 증여세법상의 평가액과, 완전모회사가 되는 회사로부터 배정받은 신주에 대한 상속세 및 증여세법상의 평가액의 차액, 즉 교환차익이 존재하는지 여부에 따라 결정된다.

이러한 상법상 주식의 포괄적 교환의 거래 구조와 특성, 그리고 관련 규정의 문언 내용과 입법 취지 및 체계 등을 종합하여 보면, 상법상 주식의 포괄적 교환에 의하여 완전자회사가 되는 회사의 주주가 얻은 이익에 대하여는 "재산의 고가양도에 따른 이익의 증여"에 관한 구 상속세 및 증여세법(2007. 12. 31. 법률 제8828호로 개정되기 전의 것) 제35조 제1항 제2호, 제2항이나 "신주의 저가발행에 따른 이익의 증여"에 관한 같은 법 제39조 제1항 제1호 (다)목을 적용하여 증여세를 과세할 수는 없고, "법인의 자본을 증가시키는 거래에 따른 이익의 증여"에 관한 같은 법 제42조 제1항 제3호를 적용하여 증여세를 과세하여야 한다.

최초로 증여의제 대상이 되어 과세되었거나 과세될 수 있는 명의신탁 주식의 매도대금으로 취득하여 다시 동일인 명의로 명의개서된 주식에 대하여 다시 구 상속세 및 증여세법 제45조의2 제1항을 적용하여 증여세를 과세할 수 없다.

(해설)

A: 명의신탁자, B회사의 주주, B: 엔터테인먼트회사, C: B의 모회사, X: 명의수탁자(원고), Y: 세무서장(피고)

A(명의신탁자)는 B엔터테인먼트 회사의 주주인데, B회사가 발행한 주식을 X(명의수탁자)(원고)에게 명의신탁 하여 X(원고)명의로 보유하고 있었습니다. 이후, B회사는 C회사와 포괄적 주식교환계약을 체결하여 B회사가 C회사의 완전자회사가 되기로 하였습니다. 이에 따라 X(원고)는 C회사에게 B회사의 주식을 전부 이전하고 그 대가로 C회사가 발행한 신주를 그 교환대가로 받게 되었습니다.

그런데 X(원고)가 C회사에게 이전한 B회사 주식과 X(원고)가 C회사로부터 받은 C회사 신주 간의 교환비율이 B회사의 주식가치에 비하여 X(원고)에게 너무 유리하게 책정되어 있었습니다. 그러자 Y세무서장(피고)은 명의신탁 시의 증여의제에 관한 상속 및 증여세법을 적용하여 X(원고)가 최초로 A로부터 명의신탁을 받은 B회사의 주식에 대하여 증여세를 부과하였을 뿐만 아니라, X(원고)가 포괄적 주식교환에 의해 C회사로부터 교환대가로 받은 C회사 신주에 대하여도 증여세를 부과하였습니다. 이에 X(원고)는 증여세가 자신에게 이중으로 부과되었음을 이유로 Y세무서장(피고)을 상대로 증여세부과처분 취소소송을 제기하였습니다.

이에 대해 대법원은 X(원고)가 A로부터 명의수탁을 받은 B회사 주식과 C회사 신주는 각각 별개의 새로운 명의신탁 대상이라고 볼 수 있지만, C회사 주식은 B회사 주식을 교환한 대가로 받은 것이므로 B회사 주식뿐만 아니라 C회사 주식에 대하여도 증여의제 규정을 적용하는 것은 부당하다고 판시하여, X(원고)가 승소하였습니다.

B. 포괄적 주식교환과 업무상 배임죄

대법원 2012. 11. 15. 선고 2010도11382 판결[특정경제범죄가중처벌등에관한법률위반(배임)]

갑 주식회사 대표이사인 피고인이 갑 회사를 우회상장하기 위한 방안으로 을 주식회사 대표이사 병과 포괄적 주식교환계약을 체결하면서, 갑 회사의 매출액을 부풀려 허위 계상한 회계자료를 평가기관인 회계법인에 제공하는 방법으로, 갑 회사의 주식가치가 과대평가되도록 하여 주식교환비율을 유리하게 정한 다음, 을 회사의 대표이사로 취임한 후 위 계약에 따라 주식교환을 실시함으로써 을 회사에 손해를 가하였다고 하여 구 특정경제범죄 가중처벌 등에 관한 법률(2012. 2. 10. 법률 제11304호로 개정되기 전의 것) 위반(배임)으로 기소된 사안.

포괄적 주식교환계약의 이행 사무를 처리할 당시 피고인은 을 회사 대표이사의 지위에 있었고, 허위 매출자료 등에 의하여 갑 회사의 주당가치가 증가되었다는 사정과 포괄적 주식교환계약을 그대로 실시하면 을 회사가 주당가치에 상당 정도 미달하는 갑 회사의 주식을 인수하고 그 대가로 을 회사의 신주를 갑 회사 주주들에게 발행하게 되어 을 회사가 상당한 재산상 손해를 입게 되리라는 사정을 잘 알고 있었으므로, 을 회사의 사무를 처리하는 지위에 있었던 **피고인에게는 을 회사의 이사회나 주주총회를 소집하여 위와 같은 사정을 알리고 기망을 이유로 포괄적 주식교환계약을 취소하는 등 선량한 관리자로서 을 회사가 입을 재산상 손해를 방지하고 을 회사에 최선의 이익이 되도록 직무를 충실하게 수행할 업무상 임무가 있었다고 보아야 하고,** 그런데도 피고인이 이러한 조치를 취하지 아니하고 오히려 사기적인 포괄적 주식교환계약에 의하여 계획된 갑 회사 내지 그 주주들을 위한 부당한 이익을 실현하기 위해서 그 계약을 이행한 것은 을 회사의 대표이사로서 당연히 하여야 할 것으로 기대되는 행위를 하지 아니한 것으로서 본인인 을 회사와 신임관계를 저버리는 행위를 한 것으로 보기에 충분하다는 이유로, 이와 달리 보아 무죄를 인정한 원심판결에 업무상 배임죄의 성립 및 기망을 이유로 한 계약취소에 관한 법리를 오해하고 필요한 심리를 다하지 아니한 위법이 있다.

(해설)

Y: A, B 회사의 대표이사(피고인), A: 비상장회사, B: 상장회사

Y(피고인)는 비상장회사인 A회사의 대표이사인데, 포괄적 주식교환을 이용하여 A회사를 우회상장하기로 계획하고 상장회사인 B회사와 포괄적 주식교환계약을 체결하는 업무를 수행하였습니다. 그런데 Y(피고인)는 이러한 포괄적 주식교환계약에서 A회사가 이익을 얻을 수 있도록 할 목적으로 가공의 세금계산서를 사용하여 A회사의 매출액을 과대계상하여, 주식교환비율이 A회사에 부당하게 유리하게 조작하였습니다.

이후, Y(피고인)는 이러한 사정을 모두 잘 알고 있는 상태에서 상장회사인 B회사의 대표이사로 취임하여 위 포괄적 주식교환계약을 그대로 이행하는 업무를 수행하여 결과적으로 B회사에 손해를 끼치게 되었습니다.

이에 대해 대법원은 Y(피고인)가 포괄적 주식교환 체결 당시에는 비록 B회사의 대표이사로 취임하기 이전이었다고 하더라도, 그 계약체결 이후에 B회사 대표이사로 취임하여 B회사에 부당하게 불리한 포괄

적 주식교환계약을 취소하지 않고 그대로 이행하는 행위를 하는 것은 B회사의 입장에서 이사로서의 임무에 위배하여 업무상 배임죄에 해당한다고 판시하였습니다.

법령

▷ 상법

A. 물적분할

제530조의2(회사의 분할·분할합병)

① 회사는 분할에 의하여 1개 또는 수개의 회사를 설립할 수 있다.

② 회사는 분할에 의하여 1개 또는 수개의 존립 중의 회사와 합병(이하 "分割合倂"이라 한다)할 수 있다.

③ 회사는 분할에 의하여 1개 또는 수개의 회사를 설립함과 동시에 분할합병 할 수 있다.

④ 해산후의 회사는 존립중의 회사를 존속하는 회사로 하거나 새로 회사를 설립하는 경우에 한하여 분할 또는 분할합병 할 수 있다.

제530조의12(물적분할)

이 절의 규정은 분할되는 회사가 분할 또는 분할합병으로 인하여 설립되는 회사의 주식의 총수를 취득하는 경우에 이를 준용한다.

B. 포괄적 주식교환

제360조의2(주식의 포괄적 교환에 의한 완전모회사의 설립)
① 회사는 이 관의 규정에 의한 주식의 포괄적 교환에 의하여 다른 회사의 발행주식의 총수를 소유하는 회사(이하 "완전모회사"라 한다)가 될 수 있다. 이 경우 그 다른 회사를 "완전자회사"라 한다.
② 주식의 포괄적 교환(이하 이 관에서 "주식교환"이라 한다)에 의하여 완전자회사가 되는 회사의 주주가 가지는 그 회사의 주식은 주식을 교환하는 날에 주식교환에 의하여 완전모회사가 되는 회사에 이전하고, 그 완전자회사가 되는 회사의 주주는 그 완전모회사가 되는 회사가 주식교환을 위하여 발행하는 신주의 배정을 받거나 그 회사 자기주식의 이전을 받음으로써 그 회사의 주주가 된다.

제360조의5(반대주주의 주식매수청구권)
① 제360조의3제1항의 규정에 의한 승인사항에 관하여 이사회의 결의가 있는 때에 그 결의에 반대하는 주주(의결권이 없거나 제한되는 주주를 포함한다. 이하 이 조에서 같다)는 주주총회전에 회사에 대하여 서면으로 그 결의에 반대하는 의사를 통지한 경우에는 그 총회의 결의일로부터 20일 이내에 주식의 종류와 수를 기재한 서면으로 회사에 대하여 자기가 소유하고 있는 주식의 매수를 청구할 수 있다.

② 제360조의9제2항의 공고 또는 통지를 한 날부터 2주내에 회사에 대하여 서면으로 주식교환에 반대하는 의사를 통지한 주주는 그 기간이 경과한 날부터 20일 이내에 주식의 종류와 수를 기재한 서면으로 회사에 대하여 자기가 소유하고 있는 주식의 매수를 청구할 수 있다.

제360조의7(완전모회사의 자본금 증가의 한도액)

① **완전모회사가 되는 회사의 자본금은 주식교환의 날에 완전자회사가 되는 회사에 현존하는 순자산액에서 다음 각호의 금액을 뺀 금액을 초과하여 증가시킬 수 없다.**

　1. 완전자회사가 되는 회사의 주주에게 제공할 금전이나 그 밖의 재산의 가액

　2. 제360조의3제3항제2호에 따라 완전자회사가 되는 회사의 주주에게 이전하는 자기주식의 장부가액의 합계액

② 완전모회사가 되는 회사가 주식교환 이전에 완전자회사가 되는 회사의 주식을 이미 소유하고 있는 경우에는 완전모회사가 되는 회사의 자본금은 주식교환의 날에 완전자회사가 되는 회사에 현존하는 순자산액에 그 회사의 발행주식총수에 대한 주식교환으로 인하여 완전모회사가 되는 회사에 이전하는 주식의 수의 비율을 곱한 금액에서 제1항 각호의 금액을 뺀 금액의 한도를 초과하여 이를 증가시킬 수 없다.

제360조의8(주권의 실효절차)

① 주식교환에 의하여 완전자회사가 되는 회사는 주주총회에서 제360조의3제1항의 규정에 의한 승인을 한 때에는 다음 각호의 사항을 주식

교환의 날 1월전에 공고하고, 주주명부에 기재된 주주와 질권자에 대하여 따로 따로 그 통지를 하여야 한다.

  1. 제360조의3제1항의 규정에 의한 승인을 한 뜻

  2. 주식교환의 날의 전날까지 주권을 회사에 제출하여야 한다는 뜻

  3. 주식교환의 날에 주권이 무효가 된다는 뜻

C. 포괄적 주식이전

제360조의15(주식의 포괄적 이전에 의한 완전모회사의 설립)

① 회사는 이 관의 규정에 의한 주식의 포괄적 이전(이하 이 관에서 "주식이전"이라 한다)에 의하여 완전모회사를 설립하고 완전자회사가 될 수 있다.

② 주식이전에 의하여 완전자회사가 되는 회사의 주주가 소유하는 그 회사의 주식은 주식이전에 의하여 설립하는 완전모회사에 이전하고, 그 완전자회사가 되는 회사의 주주는 그 완전모회사가 주식이전을 위하여 발행하는 주식의 배정을 받음으로써 그 완전모회사의 주주가 된다.

제360조의18(완전모회사의 자본금의 한도액)

설립하는 완전모회사의 자본금은 주식이전의 날에 완전자회사가 되는 회사에 현존하는 순자산액에서 그 회사의 주주에게 제공할 금전 및 그 밖의 재산의 가액을 뺀 액을 초과하지 못한다.

5부

정상을 지키기:
기업 방어 및 재건단계

기업을 서로 차지하기 위해 공격하고 방어하는 내용에는
무엇이 있을까?
일반적인 기업 M&A와 방어전략, 부정한 공격방법인 LBO 방식의
M&A, 소수주주의 보호방안, 기업을 살려내기 위한
구조조정에 대하여 알아보자.

14장

기업 쟁탈전에서 기업 방어전략은 무엇일까?

- 기업 M&A와 방어전략

〔2018년 9월 8일〕 뉴스웍스(출처: http://www.newsworks.co.kr)

엘리엇의 도 넘은 현대차 공격 … "경영권 방어제도 시급"
법 어겨가며 지배구조개편 논의하자 … "고수익 달성 위한 꼼수"

현대차그룹의 지배구조 개편작업에 제동을 걸었던 미국 헤지펀드 엘리엇이 또 다시 공격을 재개했다. 이에 따라 엘리엇 같은 헤지펀드들의 주주 역할의 한계를 넘어선 공격을 막아낼 '포이즌 필 제도' 등 경영권 방어를 위한 제도 도입이 시급하다는 주장이 나오고 있다. 업계 관계자는 "엘리엇의 잇따른 공격으로 현대차그룹이 추진하는 지배구조 개편작업은 흔들릴 수밖에 없는 상황"이라며 "**차등의결권 주식과 포이즌 필 제도 등 이미 보편화된 경영권 방어수단을 서둘러 도입해 경영권을 방어할 수 있도록 해야 한다**"고 강조했다.

1. 기업의 주인은 누구일까?

기업(주식회사에 한정함)은 인적 조직(임직원)과 물적 조직(자산, 부채, 자본)으로 이루어진 사회적, 경제적 활동체입니다. 부동산에 그 주인(소유자)이 있듯이 기업에도 주인(소유자)이 있습니다.

기업의 주인(소유자)은 기업에 종자돈(자본)을 제공한 투자자(주주)들입니다.

채권자는 기업에 자금을 빌려주고 다시 그 이자와 원금을 상환받는 것을 목적으로 하고 있을 뿐, 기업운영에 관여할 법적인 수단은 가지고 있지 않기에 기업의 소유자라고 할 수 없습니다.

또한 기업의 근로자도 기업의 인적 조직이기는 하지만, 근로자는 기업으로부터 위임을 받고 경영진의 지시를 받아 업무를 수행하는 수임인의 지위에 있을 뿐, 기업의 소유자는 아닙니다.

마찬가지로, 이사와 같은 기업 경영자도 주주총회에 의해 선임되어 기업으로부터 위임을 받아 경영업무를 수행하는 수임인의 지위에 있을 뿐입니다.

결국, 주주총회를 통해 기업의 중요한 의사결정을 하고 기업 경영자를 선임할 권한이 있는 주주들이 기업의 진정한 소유자라고 할 수 있습니다.

2. 기업의 주인을 바꿀 수 있나?

주식회사 제도에서 주주는 기업에 출자한 액수에 상응하는 지분을 가지고 있고, 그 지분만큼 기업에 대한 소유권을 가지고 있기에, 주식 지분을 누가 더 많이 확보해서 해당 기업의 대주주가 되느냐에 따라 기업의 지배자가 결정됩니다.

자본주의에서 기업에 자본을 제공한 투자자(주주)는 증권시장(유통시장)에서 주식을 매각하여 언제든지 투자 자본을 회수하고 자유롭게 주주의 지위에서 벗어날 수 있습니다. 따라서 대주주는 언제든지 바뀔 가능성이 있으며, 이렇게 기업의 주인이 바뀔 수 있는 것은 자본주의에서 자연스러운 현상입니다.

그렇지만 만약 대주주의 변경이 기존 대주주(현 주인)가 예기치 못한 방법으로 이루어지면, 그의 입장에서는 자신에 대한 공격으로 여길 수 있어 이에 대한 방어책을 강구하려고 할 것입니다.

이에 따라 대주주의 변경을 어느 범위에서 허용하는 것이 해당 기업과 국가경제에 도움이 될 것인지는 항상 중요한 이슈가 되고 있습니다.

기존 대주주(현 주인)의 경영권을 보장하여 기업이 안정적인 기반 위에서 성장할 수 있도록 도와주는 것이 국민경제에 바람직한지, 아니면 자유로운 대주주의 변경을 촉진하여 기업운영의 효율성을 제고하는 것이 국민경제에 더 바람직할지, 그 판단은 우리나라 기업의 운영 현황과 국민경제의 상황에 따라 달라질 것입니다.

3. 기업을 어떻게 방어할까?

원칙적으로 자본주의에서 증권시장을 통해 주식을 매매하는 것은 자유이기 때문에, 증권시장에서 어느 기업의 주식을 대량으로 매수하여 새로운 대주주가 되는 것을 금지할 수는 없습니다.

다만, 기존 대주주에게 아무런 방어의 기회도 주지 않고 갑자기 대량의 주식을 매수하여 새로운 대주주가 출현하는 것을 방지하는 차원에서, 상장사의 경우에는 발행주식총수의 5% 이상 취득하는 자는 금융위원회와 증권거래소에 보고하도록 되어 있습니다(5% 보고의무). 또한 주식을 장외시장에서 불특정 다수인으로부터 공개 매수할 경우, 자본시장법에서 정한 절차와 방법에 따라서 진행해야 합니다(tender offer 공개매수제도).

그러나 이런 제도는 단순히 기존 대주주에게 기업 공격 가능성에 대한 경각심을 일으켜 주는 효과만 있을 뿐, 실제적으로 기업을 방어할 수단은 제공하지 못합니다.

만약, 기존 대주주가 기업의 경영권을 안정적으로 계속 유지하는 것이 국민경제에 바람직하다고 본다면, 기존 대주주가 가진 주식에 대해 특별한 혜택을 줌으로써 그가 기업을 쉽게 방어할 수 있도록 도와주는 방법이 사용될 것입니다.

아직 현행법상 우리나라에 도입되어 있지는 않지만, 오랫동안 재계에서 도입을 제안하고 있는 기업 방어수단으로는 포이즌 필(poison pill), 황금주(golden share), 차등의결권 등이 있습니다.

그러나 이런 기업 방어수단은 우리나라 상법의 근본이념인 '주주평등의 원칙'과 '1주당 1의결권 원칙'을 침해할 소지가 매우 커, 과연 어느 범위까지 방어수단을 인정해야 할 것인지에 대해 항상 논란이 되고 있습니다.

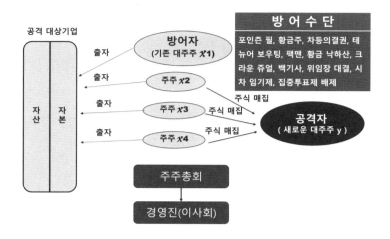

(1) 포인즌 필(poison pill)

포이즌 필은 기업을 빼앗기 위해 기업 주식을 대량으로 매수하는 공격이 시도될 경우, 공격자를 제외한 기존 주주들에게 매우 낮은 가격(예: 시가의 10분의 1)으로 기업 신주를 취득할 권리(신주인수권)나 기업의 자기주식을 매수할 권리(자기주식 매수권), 즉 콜옵션(call option)을 부여하는 것입니다.

이와 같이, 특정 주주가 새로운 대주주가 되어 기업을 빼앗고자 공격하는 경우, 기존 주주들이 포인즌 필을 행사하여 매우 저가로 신주나 자기주식을 추가 취득하면 기존 주주들의 지분율을 이전보다 더 올릴 수 있고, 이에 상응하여 기업을 공격하는 측의 지분율은 반대로 그만큼 감소되는 효과가 발생하므로(이러한 의미에서 독약이라는 용어가 사용됨) 새로운 대주주의 출현이 매우 어렵게 됩니다.

하지만 포인즌 필은 특혜적인 권리를 기존 주주들에게만 배정하여 '주주평등의 원칙'을 침해하는 근본적인 문제점을 가지고 있습니다. 더 나아가 신주가 매우 저가로 발행되어 기업 재산에 손해를 끼치는 면이 있기에 아직까지 우리나라에서는 시행되지 않고 있습니다.

(2) 황금주(golden share)

황금주는 주주총회결의 시, 거부권을 행사할 수 있는 특혜적인 권한을 어느 특정 주식에게 부여합니다.

현재 우리나라 상법에서는 '1주당 1의결권 원칙'을 기본이념으로 하여, 주주총회결의 시에 모든 주주는 자기의 지분율만큼의 투표권을 행사할 수 있습니다. 하지만 황금주는 기업을 빼앗으려고 하는 특정 안건에 대하여 지분율과 관계없이 단 1주만으로도 거부권을 행사할 수 있게 하여, 기업의 주인이 바뀌는 주총결의가 통과되지 못하게 합니다.

이는 특정 주주에게 과도한 특혜를 주는 결과가 발생하므로, 우리나라에서 황금주를 인정하는 것은 그렇게 쉽지 않을 것입니다.

(3) 차등의결권 주식(dual-class share)

차등의결권 주식은 황금주처럼 주주총회결의 시 거부권을 행사할 수 있는 특혜적인 권한까지는 아니지만, 일반적인 보통주보다 몇 배 많은 차등의결권을 배정하는 것입니다.

차등의결권 주식도 황금주보다 상대적으로 덜하기는 하지만, 기존 주주의 주식에 대하여 특혜적으로 '1주당 1의결권 원칙'의 예외를 인정하는 것으로, 우리나라 현행법상 불가능합니다.

(4) 테뉴어 보우팅(tenure voting)

테뉴어 보우팅은 기업의 주식을 장기간 보유한 주주에게는 더 많은 의결권을 배정하는 것입니다. 갑자기 기업을 빼앗기 위해 등장하는 기업 공격자의 경우 주식 보유 기간이 기존 대주주에 비하여 상대적으로 단기간일 수밖에 없으므로, 그만큼 기존 주주들이 기업을 방어하기가 쉬워지는 효과가 있습니다.

테뉴어 보우팅도 주식의 보유 기간에 따라 의결권 배정에 차등을 두는 것이므로 차등의결권 주식과 같이 '1주당 1의결권 원칙'의 예외에 해당하여, 아직까지 우리나라 현행법상 인정되지 않고 있습니다.

그러나 테뉴어 보우팅은 주식 보유 기간의 차이라는 합리적인 근거를 두고 의결권의 차이를 인정하고 있으므로, 단순히 기존 대주주라는 기득권에게 특혜를 부여하는 다른 기업 방어수단들보다 우리 나라에서 도입 가능성이 더 높다고 할 수 있습니다.

(5) 팩맨(pack man)

팩맨은 공격을 당하는 기존의 대주주가 오히려 공격자의 기업의 주식을 역매수하는 방법입니다.

우리나라 상법은 상호출자에 의한 자본의 공동화가 초래되는 것을 방지하기 위해 모기업(A)이 자기업(B) 지분 50% 이상을 취득한 경우, 자기업(B)이 모기업(A)의 주식을 취득하는 행위 자체를 금지합니다(상호주 금지). 설사 모기업의 자기업(B) 지분이 50% 이상이 되지 않더라도 자기업(B) 지분이 10% 이상인 경우에는 그 자기업(B)이 모기업(A)의 주식을 취득하더라도 의결권을 배제하고 있습니다.

기업을 빼앗기 위한 시도가 있을 경우, 방어기업(A) 측에서 위 상법규정을 이용하여 상대방 공격기업(B)의 주식을 10% 이상 취득하면, 공격기업(B)에서 취득한 방어기업(A)의 주식에는 의결권이 배제되어 있어서 주식 취득에 아무런 의미가 없게 됩니다.

이런 팩맨은 현행 우리나라 상법에서 인정되고 있는 기업 방어수단입니다. 다만, 공격자 기업의 주식을 10% 이상 취득하기 위해서는 그만큼 자금 부담을 해야 한다는 문제가 있습니다.

(6) 황금 낙하산(golden parachute)

황금 낙하산은 공격자가 기업을 빼앗아 기존 경영진을 해임시키는 경우, 그에 대한 보상으로 해임되는 자에게 거액의 퇴직금이나 스톡옵션(stock option)을 지급하도록 미리 정관에 규정하는 것입니다. 이렇게 되면 기업을 빼앗기 위해 많은 보상금을 지급해야 하므로 기업을 공격하려는 동기가 그만큼 줄어들 것입니다.

황금낙하산 제도는 '주주평등의 원칙'이나 '1주 1의결권 원칙'과는 무관하고 단지 이사의 보수와 관련되기 때문에, 정관에 규정하여 주주총회결의를 통과하면 실행될 수 있는 제도입니다.

그러나 단지 공격기업에 의한 해임이라는 이유만으로, 퇴임하는 이사에게 과도한 보수를 지급하도록 하는 정관 규정이나 주주총회결의는 자본충실 원칙에 위반하여 기업 재산에 부당한 손해를 입히는 배임적인 요소가 있어 무효가 될 소지가 있으므로 주의해야 합니다.

(7) 크라운 쥬얼(crown jewel)

크라운 쥬얼은 방어기업이 핵심이 되는 재산이나 사업 부분(crown jewel)을 아예 대외로 처분해 버려 공격자가 기업을 빼앗을 유인을 없애 버리는 간접적인 방법입니다. 이는 주식의 의결권과는 무관합니다.

(8) 백기사(white knight)

백기사는 방어기업이 자신에게 우호적인 제3의 세력에 도움을 청하여 공격자의 공격을 막는 방법으로, 나중에 백기사가 공격을 당할 경우에 방어기업이 도움을 주기로 하는 이면계약이 많이 존재합니다.

(9) 위임장 대결(proxy contest)

위임장 대결은 공격자와 방어자가 주식수를 추가로 취득하지 않고, 단지 주주총회에서 중립적인 주주로부터 자신을 지지하는 위임을 많이 받아 내는 방법입니다.

방어자는 자신을 지지하는 위임장을 많이 확보하여 주총 의결권 대결에서 공격자를 이기려는 것으로, 공격자도 동일한 경쟁을 할 수 있으므로 공격수단이면서 방어수단이기도 합니다.

(10) 시차 임기제(staggered board)

시차 임기제는 경영진인 이사들의 임기가 한꺼번에 만료되지 않고, 시차를 두어 만료되도록 이사를 선임해 두는 방법입니다. 설사 공격자가 기업주식을 많이 확보하여 새로 대주주가 된다고 해도, 공격자가 원하는 이사를 선임하기 위해서는 임기가 만료되는 이사가 있을 때까지 기다려야 하므로, 공격자가 기업을 공격할 유인을 그만큼 줄일 수 있는 간접적인 방어수단입니다.

그러나 시차임기제가 시행되면 주총결의 시에 선임해야 할 이사의 수가 적어지므로, 소수주주가 집중투표제를 이용하여 자신이 원하는 이사를 선임할 가능성도 그만큼 줄어드는 단점이 있습니다.

(11) 집중투표제(cumulative voting)의 배제

집중투표제를 실시하면 단순다수결에 비해 적은 지분을 가지고서도 자신이 원하는 이사로 선임할 가능성이 더 커지게 됩니다. 따라서 정관으로 집중투표제의 도입을 배제시키면 기존 대주주의 경영권이 더 안정적으로 유지될 수 있습니다. 이는 간접적인 방어수단입니다.

4. 맺음말

기업(주식회사)은 지분을 가진 주주들이 주인입니다. 주주는 자신이 가진 지분율에 비례하여 주주총회에서 의결권을 행사하므로, 지분율이 많은 대주주가 기업의 주인이 되어 자신이 원하는 이사들을 경영진으로 선임해 기업을 경영하게 됩니다.

자본주의에서 주식의 매매는 자유이고, 따라서 모든 기업마다 지분율의 변동가능성이 항상 존재하여 기존의 대주주는 언제든지 새로운 대주주로 바뀔 가능성이 존재합니다.

이런 상황에서, 기존 대주주들이 기업을 계속 안정적으로 유지하기 위해 기업을 방어할 수 있는 수단을 어느 정도까지 허용할 것인지는 우리나라 국민경제와 기업의 상황에 대한 정확한 분석이 전제가 됩니다.

상속에 의해 특정 가족의 지배권이 대를 이어 유지되는 우리나라 재벌기업의 특수성을 생각하면, 주주평등 원칙과 1주당 1의결권의 대원칙을 버리면서까지 방어수단을 허용하는 것은 부당합니다.

반면에 우리나라 기업의 지배권을 공격하여 단기간의 이익을 얻은 후 다시 본국으로 빠져나가는 외국자본의 행태(소위 '먹튀')를 생각하면, 주주평등 원칙과 1주당 1의결권 원칙을 일부 완화하여 예외를 인정하여 기존 대주주의 경영을 안정적으로 보장해 줄 필요성도 있습니다.

판례

A. 1주1의결권 원칙의 강행규정성

대법원 2009. 11. 26. 선고 2009다51820 판결[주주총회결의취소]

• 판시사항

[1] 1주 1의결권의 원칙을 정한 상법 제369조 제1항이 강행규정인지 여부(적극)

[2] "최대주주가 아닌 주주와 그 특수관계인 등"이 일정 비율을 초과하여 소유하는 주식에 관하여 감사의 선임 및 해임에 있어서 의결권을 제한하는 내용의 정관 규정이나 주주총회결의의 효력(무효)

• 판결요지

[1] 상법 제369조 제1항에서 주식회사의 주주는 1주마다 1개의 의결권을 가진다고 하는 1주 1의결권의 원칙을 규정하고 있는바, 위 규정은 강행규정이므로 법률에서 위 원칙에 대한 예외를 인정하는 경우를 제외하고, 정관의 규정이나 주주총회의 결의 등으로 위 원칙에 반하여 의결권을 제한하더라도 효력이 없다.

[2] 상법 제409조 제2항·제3항은 "주주"가 일정 비율을 초과하여 소유하는 주식에 관하여 감사의 선임에 있어서 그 의결권을 제한하고 있고, 구 증권거래법(2007. 8. 3. 법률 제8635호 자본시장과 금융투자업에 관한 법률 부칙 제2조로 폐지) 제191조의11은 "최대주주와 그 특수관계인 등"이 일정 비율을 초과하여 소유하는 주권상장법인의 주식에 관하여 감사의 선임 및 해임에 있어서 의결권을 제한하고 있을 뿐이므로, "최대주주가 아닌 주주와 그 특수관계인 등"에 대하여도 일정 비율을 초과하여 소유하는 주식에 관하여 감사의 선임 및 해임에 있어서 의결권을 제한하는 내용의 정관 규정이나 주주총회결의 등은 무효이다.

(해설)

Y: 사건 회사(피고), X: Y사의 주주(원고)

Y회사(피고)는 회사 정관에 주주 및 그 특수관계인의 지분이 3%를 초과할 경우 그 초과하는 주식은 감사 선임 결의에 있어서 의결권을 배제하는 내용을 규정하였습니다. 실제로 Y회사(피고)는 감사 선임을 위한 주주총회 결의 시에 3%를 초과하는 지분을 가진 X주주(원고) 및 그 특수관계인에 대하여 의결권을 배제시켰습니다. 이에 대해 X주주(원고)가 Y회사(피고)를 상대로 주주총회결의 취소소송을 제기하였습니다.

대법원은 상법 제369조 제1항에 규정된 1주 1의결권 원칙은 강행규정이고, 당시의 구 증권거래법은 일반 주주가 아닌 '최대주주' 및 그 특수관계인의 3% 초과주식에 대하여만 감사선임시 의결권을 배제하고 있을 뿐이고, X(원고)와 같은 최대주주 아닌 '일반 주주'에 대하여는 의결권 제한규정이 없다는 점을 이유로 들어서, 동법 Y회사(피고)의 정관규정은 법령에 위반하여 무효이고, 무효인 정관에 근거한 주주총회결의도 무효라고 판시하여 X(원고)가 승소하였습니다.

B. 경영권 방어목적의 제3자에 대한 신주인수권부사채배정의 효력

대법원 2015. 12. 10. 선고 2015다202919 판결[신주인수권부사채발행무효확인]

상법 제418조 제1항, 제2항은 회사가 신주를 발행하는 경우 원칙적으로 기존 주주에게 배정하고 정관에 정한 경우에만 제3자에게 신주배정을 할 수 있게 하면서, 사유도 신기술의 도입이나 재무구조의 개선 등 경영상 목적을 달성하기 위하여 필요한 경우에 한정함으로써 기존 주주의 신주인수권을 보호하고 있다. **따라서 회사가 위와 같은 사유가 없음에도 경영권 분쟁이 현실화된 상황에서 경영진의 경영권이나 지배권 방어라는 목적을 달성하기 위하여 제3자에게 신주를 배정하는 것은 상법 제418조 제2항을 위반하여 주주의 신주인수권을 침해하는 것이다.** 그리고 이러한 법리는 신주인수권부사채를 제3자에게 발행하는 경우에도 마찬가지로 적용된다(상법 제516조의2 제4항 후문, 제418조 제2항 단서).

신주 발행을 사후에 무효로 하는 것은 거래의 안전을 해할 우려가 크기 때문에 신주발행무효의 소에서 무효원인은 엄격하게 해석하여야 하나, 신주 발행에 법령이나 정관을 위반한 위법이 있고 그것이 주식회사의 본질 또는 회사법의 기본원칙에 반하거나 기존 주주들의 이익과 회사의 경영권 내지 지배권에 중대한 영향을 미치는 경우에는 원칙적으로 신주의 발행은 무효이다. 신주인수권부사채는 미리 확정된 가액으로 일정한 수의 신주 인수를 청구할 수 있는 신주인수권이 부여된 사채로서 신주인수권부사채 발행의 경우에도 주식회사의 물적 기초와 기존 주주들의 이해관계에 영향을 미친다는 점에서 사실상 신주를 발행하는 것과 유사하므로, 신주발행무효의 소에 관한 상법 제429조가 유추·적용되고, 신주발행의 무효원인에 관한 법리 또한 마찬가지로 적용된다.

(해설)

X: Y회사의 주주(원고), Y: 사건회사(피고)

X(원고)는 Y회사(피고)의 주주인데, Y회사(피고)가 정관에서 정한 긴급한 자금조달의 필요가 있어서 주주가 아닌 제3자를 대상으로 신주인수권부사채를 발행하여 자금을 조달하였습니다. 이에 대해 X주주(원고)는 기존 주주의 신주인수권이 침해되었다고 주장하면서 Y회사(피고)를 상대로 신주발행무효의 소송을 제기하였습니다.

대법원은 경영권 분쟁이 현실화된 상황에서 경영진의 경영권이나 지배권을 방어하기 위한 목적으로 제3자에게 신주나 신주인수권부사채를 배정하는 것은 상법 제418조 제2항을 위반하여 주주의 신주인수권을 침해하는 것이라고 판시하면서, 다만 이 사건은 Y회사(피고)가 그러한 경영권 방어목적이 없이 정관에 정한 긴급한 자금조달의 필요 때문에 제3자를 대상으로 신주인수권부사채를 발행한 것이므로 유효하다고 보아 X(원고)가 패소하였습니다.

C. 자회사의 모회사 주식 취득에 의한 경영권 방어

대법원 2001. 5. 15. 선고 2001다12973 판결[주주총회결의부존재확인]

상법 제342조의3에는 "회사가 다른 회사의 발행주식 총수의 10분의 1을 초과하여 취득한 때에는 그 다른 회사에 대하여 지체 없이 이를 통지하여야 한다."라고 규정되어 있는바, 이는 회사가 다른 회사의 발행주식 총수의 10분의 1 이상을 취득하여 의결권을 행사하는 경우 경영권의 안정을 위협받게 된 그 다른 회사는 역으로 상대방 회사의 발행주식의 10분의 1 이상을 취득함으로써 이른바 상호보유주식의 의결권 제한 규정(상법 제369조 제3항)에 따라 서로 상대 회사에 대하여 의결권을 행사할 수 없도록 방어조치를 취하여 다른 회사의 지배가능성을 배제하고 경영권의 안정을 도모하도록 하기 위한 것으로서, 특정 주주총회에 한정하여 각 주주들로부터 개별안건에 대한 의견을 표시하게 하여 의결권을 위임받아 의결권을 대리행사 하는 경우에는 회사가 다른 회사의 발행주식 총수의 10분의 1을 초과하여 의결권을 대리행사할 권한을 취득하였다고 하여도 위 규정이 유추·적용되지 않는다.

상법 제337조 제1항의 규정은 기명주식의 취득자가 주주명부상의 주주 명의를 개서하지 아니하면 스스로 회사에 대하여 주주권을 주장할 수 없다는 의미이고, 명의개서를 하지 아니한 실질상의 주주를 회사 측에서 주주로 인정하는 것은 무방하다.

주주총회에서 의안에 대한 심사를 마치지 아니한 채 법률상으로나 사실상으로 의사를 진행할 수 있는 상태에서 주주들의 의사에 반하여 의장이 자진하여 퇴장한 경우 주주총회가 폐회되었다거나 종결되었다고 할 수는 없으며, 이 경우 의장은 적절한 의사운영을 하여 의사일정의 전부를 종료하게 하는 등의 직책을 포기하고 그의 권한 및 권리행사를 하지 아니하였다고 볼 것이므로, 퇴장 당시 회의장에 남아 있던 주주들이 임시의장을 선출하여 진행한 주주총회의 결의도 적법하다고 할 것이다.

(해설)

X: Y회사의 주주이자 대표이사(원고), Y: 사건회사(피고), A: 기존 경영진에 반대하는 Y사의 다른 주주, B: A주주가 추천한 대표이사후보

X(원고)는 Y회사(피고)의 주주이자 대표이사인데, Y회사(피고)가 정기주주총회를 열면서 이사 및 감사 선임 안건을 총회 안건에 포함시켰습니다. 그런데, 기존 경영진에 반대하는 A주주는 다른 주주를 대상으로 총회안건에 대한 의결권 대리행사를 권유하여 이들로부터 위임장을 제출받아 주주총회에 참석하였습니다. 이 당시 A주주에게 의결권 대리행사를 위임한 주주의 총의결권은 Y회사(피고) 발행주식총수의 10%를 초과하였습니다.

X(원고)는 총회 안건 중 이사 및 감사 선임 안건이 기존 경영진에게 불리하여 동 안건을 총회에서 철회하고자 하였으나 A주주 등이 반대하여 철회되지 않자 회의장을 떠났고, 이후 X(원고)가 불출석한 상태에서 임시의장이 선출되어 A주주 측의 추천 인사(B)를 새로운 대표이사로 하는 이사선임결의가 통과되었습니다.

이에 대해 X(원고)가 당시의 이사선임 주주총회결의 시에 의결권대리행사를 A주주에게 위임한 주주들의 주식수가 Y회사(피고) 발행주식총수의 10%를 넘었는데도 이들이 이러한 사실을 사전에 Y회사(피고)에 통지하지 않았다면서, 상법 제342조의3이 규정한 주식 10% 초과취

득 시의 통지의무 위반을 원인으로 Y회사(피고)를 상대로 주주총회결의 부존재확인소송을 제기하였습니다.

대법원은 상법 제342조의3에 규정된 주식 10% 초과취득 시의 통지의무는 경영권 위협에 처한 회사의 방어를 용이하게 하기 위한 것으로서, 이 사건과 같이 특정 주주총회에 한정하여 개별안건에 대해 주주로부터 의결권대리행사를 10%를 초과하여 위임받는 경우에는 주식 자체를 취득하는 것과는 구별되므로 그러한 통지의무가 없다고 판시하여 X(원고)가 패소하였습니다.

D. 공개매수에 관한 미공개정보 이용행위

대법원 2017. 10. 31. 선고 2015도8342 판결[자본시장과금융투자업에관한법률위반]

구 자본시장법 제174조 제1항 제6호와 제2항 제6호는, 상장법인의 업무 등과 관련된 미공개중요정보 또는 주식 등에 대한 공개매수의 실시 또는 중지에 관한 미공개정보를 공개매수자를 포함하여 각항 제1호부터 제5호까지의 어느 하나에 해당하는 내부자로부터 '받은 자'를 정보수령자로 보아, 위 정보들에 대한 정보수령자의 이용행위를 금지하고 있다. 그런데 구 자본시장법 제174조 제1항 제6호와 제2항 제6호의 입법 취지 역시 구 자본시장법 제174조 제3항 제6호의 그것과 다를 바 없다. 또한 구 자본시장법 제174조의 조문 체계나 규정 형식, 문언

등으로 보아 위 제1항 제6호와 제2항 제6호의 미공개중요정보 또는 미공개정보를 "받은 자"와 위 제3항 제6호의 미공개정보를 "알게 된 자"를 다르게 보아야 할 합리적인 이유도 찾을 수 없다.

(해설)
Y: 회사경영자(피고인), A: 거래처 회사, B: A사를 인수하려는 회사, C: B회사 회장, D: B회사의 상무이사

Y(피고인)는 회사를 경영하고 있었는데 거래처인 A회사가 곧 매각될 것이라는 소식을 듣게 되었습니다. 이에 Y(피고인)는 B회사의 회장(C)에게 이 소식을 알려주었고, 자신은 A회사의 주식을 집중적으로 매수하였습니다. 한편 며칠 후 B회사는 A회사를 인수하기로 합의하였습니다. 이후 얼마 안 되어서 Y(피고인)는 A회사 건물에서 B회사의 상무이사(D)를 우연히 만났는데, Y(피고인)가 "웬일이냐?"고 묻자 D는 "실사를 나왔다."라고만 말하였고, 실사대상이 A회사라는 사실은 말하지 않았습니다.
이에 대해 검사는 B회사의 상무이사(D)가 Y(피고인)에게 "실사를 나왔다."라고 말한 것은 A회사 인수에 관한 내부정보를 Y(피고인)에게 알려준 것으로서, 이로써 Y(피고인)는 미공개정보 수령자로서 자본시장법상 미공개정보 이용금지조항을 위반하였다면서 공소를 제기하였습니다.
대법원은 당시 D가 Y(피고인)에게 "실사를 나왔다."라는 말을 할 당시, B 회사가 어느 회사의 M&A를 검토하고 있다는 것을 넘어 A회사라는 상장법인 주식의 대량취득에 관한 미공개정보를 Y(피고인)에게

제공한다는 사실에 대한 인식이 있었다고 보기 어렵고, Y(피고인)가 D와 나눈 대화는 우연히 만난 지인들 사이에 있을 수 있는 간단한 인사나 응답에 지나지 않고, A회사가 실사의 대상임을 전제로 말만으로는 Y(피고인)가 구체성 있는 미공개정보를 전달받았다고 볼 수 없다고 판시하면서 Y(피고인)의 무죄를 인정하였습니다.

E. 경영권 방어목적의 회사자금 대여행위와 업무상 배임죄

대법원 2012. 7. 12. 선고 2009도7435 판결[특정경제범죄가중처벌등에관한법률위반(배임)·증권거래법위반]

회사의 이사 등이 타인에게 회사자금을 대여한 행위가 배임죄를 구성하는 경우 및 이때 타인이 자금지원 회사의 계열회사인 경우에도 동일한 법리가 적용되는지 여부(적극)

업무상배임죄의 주관적 요건으로서 "고의"의 의미 및 이익을 취득하는 제3자가 같은 계열회사이고 계열그룹 전체의 회생을 위한다는 목적에서 이루어진 행위라도 배임의 고의를 인정할 수 있는지 여부(한정 적극)
그런데 ○○○그룹은 2004. 12. 27. 주권상장법인인 공소외 5 주식회사의 주식에 대하여 공개매수를 시도하였다가(공개매수 신청기간 2004. 12. 31.부터 2005. 1. 19.까지) 2005. 1. 20. 이를 철회하고, 그 이후 공소외 3 주식회사의 2대 주주인 공소외 1과 제휴하여 공소외 3 주식회사의 직원주주들로부터 그 주식을 매입하기 시작하여 11.74%의 주식을 매입하는 등 적대적 인수·합병을 추진하였고(중략).

피고인의 행위는 공소외 5 주식회사에 재산상 손해 발생의 위험을 초래한 행위로서 위 회사에 대한 임무위배행위가 된다고 볼 여지가 충분하고, 그것이 ○○○그룹의 적대적 인수·합병 시도와 공소외 1과의 경영권 분쟁에서 피고인의 경영권을 방어하기 위한 것이라고 하더라도 달리 볼 수는 없을 것이다.

그럼에도 불구하고, 원심이 그 판시와 같은 사정만으로 이 사건 자금대여 행위는 ○○○그룹 등의 적대적 인수·합병 시도로부터 공소외 5 주식회사 및 △△△△그룹의 기업가치를 보호하기 위한 적절한 방어수단으로서 이사의 임무위배가 아니라거나 재산상 손해 발생의 위험이 발생하지 아니하였다고 판단하여 이 부분 공소사실에 관하여 무죄를 선고하였으니, 이 부분 원심의 판단에는 업무상배임죄의 임무위배행위 및 손해에 관한 법리를 오해한 위법이 있고, 이러한 위법은 판결에 영향을 미쳤음이 명백하다.

(해설)

Y: A회사의 주주 겸 경영자. B회사의 대표이사(피고인), A: 백화점 인수회사, B: A회사가 설립한 회사로서 C회사에 무담보 대여한 회사 , C: B회사로부터 대여금을 지원받아 A회사 주식을 매입한 회사, D: 공개매수에 의한 적대적 M&A를 시도한 회사

Y(피고인)는 A회사의 주주로서 사실상의 경영자였는데, A회사가 ○○ 백화점을 분할인수 하여 B회사를 설립하였고, A회사는 B회사를 지배 하게 되었습니다. 그리고 Y(피고인)는 B회사의 대표이사가 되었습니 다. 그런데 D그룹이 B회사를 대상으로 공개매수 방법에 의해 적대적 M&A를 시도하였고, 그것이 여의치 않자 다시 A회사를 대상으로 시도 하였습니다.

이에 Y(피고인)는 A회사의 경영권을 방어하기 위해 B회사의 대표이 사로서 B회사가 그 계열사인 C회사에게 40억 원의 자금을 무담보로 대여하게 하였고, C회사는 이 자금으로 A회사의 주식을 매입하였습니 다. 그 결과 D그룹의 A회사에 대한 지분율은 경영권 장악에 부족하여 Y(피고인)는 경영권 방어에 성공하였습니다.

대법원은 Y(피고인)가 경영권 방어를 위해서 B회사로 하여금 충분한 담보 없이 C회사에 자금을 대여하여 A회사의 주식을 매수할 수 있도 록 한 행위는 B회사에 재산상 손해발생의 위험을 초래하는 행위로서 업무상 배임죄에 해당한다고 판시하였습니다.

법령

▷ **자본시장법**

제133조(공개매수의 적용대상)

① 이 절에서 "공개매수"란 불특정 다수인에 대하여 의결권 있는 주식, 그 밖에 대통령령으로 정하는 증권(이하 "주식등"이라 한다)의 매수(다른 증권과의 교환을 포함한다. 이하 이 절에서 같다)의 청약을 하거나 매도(다른 증권과의 교환을 포함한다. 이하 이 절에서 같다)의 청약을 권유하고 증권시장 및 다자간매매체결회사(이와 유사한 시장으로서 해외에 있는 시장을 포함한다. 이하 이 절에서 같다) 밖에서 그 주식등을 매수하는 것을 말한다.

③ 주식등을 대통령령으로 정하는 기간 동안 증권시장 밖에서 대통령령으로 정하는 수 이상의 자로부터 매수등을 하고자 하는 자는 그 매수등을 한 후에 본인과 그 특별관계자(대통령령으로 정하는 특별한 관계가 있는 자를 말한다. 이하 같다)가 보유(소유, 그 밖에 이에 준하는 경우로서 대통령령으로 정하는 경우를 포함한다. 이하 이 절 및 제2절에서 같다)하게 되는 주식등의 수의 합계가 그 주식등의 총수의 100분의 5 이상이 되는 경우(본인과 그 특별관계자가 보유하는 주식등의 수의 합계가 그 주식등의 총수의 100분의 5 이상인 자가 그 주식등의 매수등을 하는 경우를 포함한다)에는 공개매수를 하여야 한다. 다만, 매수등의 목적, 유형, 그 밖에 다른 주주의 권익침해 가능성 등을 고려하여 대통령령으로 정하는 매수등의 경우에는 공개매수 외의 방법으로 매수등을 할 수 있다.

제134조(공개매수공고 및 공개매수신고서의 제출)
① 공개매수를 하고자 하는 자는 대통령령으로 정하는 방법에 따라 다음 각 호의 사항을 공고(이하 "공개매수공고"라 한다)하여야 한다.

1. 공개매수를 하고자 하는 자

2. 공개매수를 할 주식등의 발행인(그 주식등과 관련된 증권예탁증권, 그 밖에 대통령령으로 정하는 주식등의 경우에는 대통령령으로 정하는 자를 말한다. 이하 이 절에서 같다)

3. 공개매수의 목적

4. 공개매수를 할 주식등의 종류 및 수

5. 공개매수기간·가격·결제일 등 공개매수조건

6. 매수자금의 명세, 그 밖에 투자자 보호를 위하여 필요한 사항으로서 대통령령으로 정하는 사항

제139조(공개매수의 철회 등)

① 공개매수자는 공개매수공고일 이후에는 공개매수를 철회할 수 없다. 다만, 대항공개매수(공개매수기간 중 그 공개매수에 대항하는 공개매수를 말한다)가 있는 경우, 공개매수자가 사망·해산·파산한 경우, 그 밖에 투자자 보호를 해할 우려가 없는 경우로서 대통령령으로 정하는 경우에는 공개매수기간의 말일까지 철회할 수 있다.

④ 공개매수대상 주식등의 매수의 청약에 대한 승낙 또는 매도의 청약(이하 "응모"라 한다)을 한 자(이하 "응모주주"라 한다)는 공개매수기간 중에는 언제든지 응모를 취소할 수 있다. 이 경우 공개매수자는 응모주주에 대하여 그 응모의 취소에 따른 손해배상 또는 위약금의 지급을 청구할 수 없다.

제140조(공개매수에 의하지 아니한 매수등의 금지)

공개매수자(그 특별관계자 및 공개매수사무취급자를 포함한다)는 공개매수공고일부터 그 매수기간이 종료하는 날까지 그 주식등을 공개매수에 의하지 아니하고는 매수등을 하지 못한다. 다만, 공개매수에 의하지 아니하고 그 주식등의 매수등을 하더라도 다른 주주의 권익 침해가 없는 경우로서 대통령령으로 정하는 경우에는 공개매수에 의하지 아니하고 매수등을 할 수 있다.

제141조(공개매수의 조건과 방법)

① 공개매수자는 공개매수신고서에 기재한 매수조건과 방법에 따라 응모한 주식등의 전부를 공개매수기간이 종료하는 날의 다음 날 이후 지체 없이 매수하여야 한다. 다만, 다음 각 호의 어느 하나에 해당하는 조건을 공개매수공고에 게재하고 공개매수신고서에 기재한 경우에는 그 조건에 따라 응모한 주식등의 전부 또는 일부를 매수하지 아니할 수 있다.

제147조(주식등의 대량보유 등의 보고)

① 주권상장법인의 주식등(제234조제1항에 따른 상장지수집합투자기구인 투자회사의 주식은 제외한다. 이하 이 절에서 같다)을 대량보유(본인과 그 특별관계자가 보유하게 되는 주식등의 수의 합계가 그 주식등의 총수의 100분의 5 이상인 경우를 말한다)하게 된 자는 그 날부터 5일(대통령령으로 정하는 날은 산입하지 아니한다. 이하 이 절에서 같다) 이내에 그 보유상황, 보유목적(발행인의 경영권에 영향을 주기 위한 목적 여부를 말한다), 그 보유 주식등에 관한 주요계약내

용, 그 밖에 대통령령으로 정하는 사항을 대통령령으로 정하는 방법에 따라 **금융위원회와 거래소에 보고하여야 하며,** 그 보유 주식등의 수의 합계가 그 주식등의 총수의 100분의 1 이상 변동된 경우(그 보유 주식등의 수가 변동되지 아니한 경우, 그 밖에 대통령령으로 정하는 경우를 제외한다)에는 그 변동된 날부터 5일 이내에 그 변동내용을 대통령령으로 정하는 방법에 따라 금융위원회와 거래소에 보고하여야 한다. 이 경우 그 보유 목적이 발행인의 경영권에 영향을 주기 위한 것(임원의 선임·해임 또는 직무의 정지, 이사회 등 회사의 기관과 관련된 정관의 변경 등 대통령령으로 정하는 것을 말한다)이 아닌 경우와 전문투자자 중 대통령령으로 정하는 자의 경우에는 그 보고내용 및 보고시기 등을 대통령령으로 달리 정할 수 있다.

▷ 상법

제369조(의결권)
① 의결권은 1주마다 1개로 한다.
② 회사가 가진 자기주식은 의결권이 없다.
③ 회사, 모회사 및 자회사 또는 자회사가 다른 회사의 발행주식의 총수의 10분의 1을 초과하는 주식을 가지고 있는 경우 그 다른 회사가 가지고 있는 회사 또는 모회사의 주식은 의결권이 없다.

/ 15장 /

부정한 방법으로 기업을 공격하면 어떻게 될까?

– LBO 방식의 M&A

〔2018년 1월 17일〕 서울경제(출처: http://www.sedaily.com)

투자조합 앞세운 무자본 M&A 판쳐 ⋯ 멍드는 코스닥시장
돈 한 푼 없이 대출받아 기업사냥 후 240억대 손실 끼친 3명 구속기소

코스닥 시장에서 시세조종 등과 같은 전통적인 부정거래는 줄어들고 있는 반면 '무자본 M&A'나 '투자조합 악용 상장사 인수' 등 기획형 불공정거래가 기승을 부리고 있다. 서울남부지검 금융조사 2부는 코스닥 상장사 인수·운영 과정에서 240억대 손해를 입힌 혐의(배임 등)로 카지노업체 전 대표 서씨와 최고재무책임자 이 모 씨(46), 무자본 인수합병(M&A)전문가 윤 모 씨(56) 등 3명을 구속 기소했다고 7일 밝혔다.

1. LBO 방식의 M&A

다른 기업(인수대상기업)을 인수하기 위해서는 인수자가 스스로 자금을 마련하여 다른 기업의 주식을 취득하는 것이 일반적입니다. 또한 취득하는 주식의 지분율이 많아 대주주가 되어야 대상 기업을 확실하게 지배할 수 있습니다.

그런데 인수자 자신의 자금이 충분하지 않다면 역으로 인수대상기업의 자산을 금융기관에 담보로 제공하여 금융기관으로부터 자금을 차입해 인수 대금을 마련하는 경우가 있습니다. 이를 'Leveraged BuyOut' 방식에 의한 M&A라고 합니다.

즉, LBO 방식의 M&A는 자신의 자금이 아닌 타인의 자금, 그것도 인수대상기업의 재산을 담보로 이용하여 인수자금을 마련하는 것을 의미합니다.

2. LBO 방식의 M&A는 정당할까?

대법원은 LBO 방식의 M&A에 대해 인수자가 인수대상기업의 재산을 담보로 제공한 경우, 담보제공만으로도 나중에 담보권이 실행되어 인수대상기업에 손해가 발생할 가능성이 있으므로, 해당 행위를 한 인수자는 업무상배임죄가 성립한다고 판시하고 있습니다.

기업을 인수하기 위해서는 인수자가 인수대상기업의 주식을 대량으로 취득하여 최대주주가 되어야 합니다. 이렇게 되려면 주식을 인수할 자금이 필요합니다.

인수자가 인수자금을 마련하는 방법은 원칙적으로 제한이 없습니다. 자기자금, 타인자금, 아니면 콘소시엄을 구성하여 자금을 마련하는 등 인수자의 선택에 달려 있습니다. 다만, 인수대상기업의 재산으로 자금을 빌려 인수대금을 마련하는 경우에는 좀 더 자세히 생각해 볼 필요가 있습니다.

기업을 매각하는 기존 대주주는 주식을 새로운 인수자에게 매각하고 기존 투자금을 회수하면 아무런 손해가 없습니다. 기업을 매각하기로 결정한 이상, 기존 투자주식을 매각하여 투자금을 회수하기만 하면 기업이 어떻게 운영되든 상관할 바가 아닌 것입니다.

　그러나 기업의 대주주, 즉 기업의 주인이 바뀐다고 해도 기업 자체는 투자자인 주주와 별개로 존재하는 하나의 독립된 법인체로서 법적인 보호를 받을 이익을 가지고 있습니다.

　따라서 인수자가 인수대상기업의 새로운 대주주로서 인수대상기업을 지배하여 인수대상기업이 자체 영업 활동과는 무관하게 인수자의 인수자금 상환을 도와주도록 담보제공 행위를 하게 하는 경우, 이는 당연히 인수대상기업의 법적인 이익을 침해하는 것입니다.

　만약 인수대상기업의 담보제공행위가 인수자의 인수자금 마련을 위한 것이 아니라 인수대상기업의 본래의 영업활동의 일환으로 이루어진 것이라면, 설사 담보제공 행위로 인해 장차 주채무 불이행시 담보권이 실행되어 기업재산이 감소되는 손해가 발생할 가능성이 있다고 하여도 업무상 배임죄를 구성하지 않는다고 보아야 합니다.

　이는 기업 본연의 영업활동을 지원할 목적이 있으므로, 임무에 위배하여 기업에 손해를 끼칠 배임의 고의성을 인정할 수 없기 때문입니다.

3. 맺음말

  M&A를 적극 활성화시켜 한계기업의 기업구조조정을 원활히 하도록 장려한다고 해도, 인수자가 인수대상기업의 재산을 이용하여 인수대금을 마련하는 경우는 결과적으로 재무적인 편법수단만을 이용하여 M&A를 하는 것입니다.

  이는 인수대상기업의 독자적인 법인체로서의 이익을 침해할 소지가 크다는 점에서 법적인 규제를 할 필요성이 있습니다.

판례

A. LBO 방식의 M&A와 배임죄가 인정되는 사례

대법원 2008. 2. 28. 선고 2007도5987 판결[특정경제범죄가중처벌등에관한법률위반(배임)]

[1] 기업인수에 필요한 자금을 마련하기 위하여 인수자가 금융기관으로부터 대출을 받고, 나중에 피인수회사의 자산을 담보로 제공하는 방식, 이른바 LBO(Leveraged Buyout) 방식을 사용하는 경우, 피인수회사로서는 주채무가 변제되지 아니할 경우에는 담보로 제공되는 자산을 잃게 되는 위험을 부담하게 되는 것이므로, 인수자가 피인수회사의 위

와 같은 담보제공으로 인한 위험부담에 상응하는 대가를 지급하는 등의 반대급부를 제공하는 경우에 한하여 허용될 수 있다 할 것이다.

만일 인수자가 피인수회사에 아무런 반대급부를 제공하지 않고 임의로 피인수회사의 재산을 담보로 제공하게 하였다면, 인수자 또는 제3자에게 담보가치에 상응한 재산상 이익을 취득하게 하고 피인수회사에게 그 재산상 손해를 가하였다고 봄이 상당하다. 이는 인수자가 자신이 인수한 주식, 채권 등이 임의로 처분되지 못하도록 피인수회사 또는 금융기관에 담보로 제공함으로써 피담보채무에 대한 별도의 담보를 제공한 경우라고 하더라도 마찬가지이다.

[2] 이른바 LBO(Leveraged Buyout) 방식의 기업인수 과정에서, 인수자가 제3자가 주채무자인 대출금 채무에 대하여 아무런 대가 없이 피인수회사의 재산을 담보로 제공하였다면, 설사 주채무자인 제3자가 대출원리금 상당의 정리채권 등을 담보로 제공하고 있었다고 하더라도, 피인수회사로서는 이로 인하여 그 담보가치 상당의 재산상 손해를 입었다고 할 것이므로 배임죄가 성립한다고 한 사례

피고인 1이 공소외 10 회사를 통해 공소외 12 회사를 인수하는 데 필요한 자금을 마련하기 위하여 공소외 10 회사 명의로 금융기관으로부터 대출을 받고 이에 대한 담보로 공소외 12 회사의 부동산에 근저당권을 설정해 준 것은, 피인수회사인 공소외 12 회사로서는 주채무가 변제되지 아니할 경우에는 담보로 제공되는 자산을 잃게 되는 위험을 부담

하게 되므로 인수자인 공소외 10 회사에게 담보 가치에 상응한 재산상 이익을 취득하게 하고 피인수회사인 공소외 12 회사에 그 재산상 손해를 가한 것에 해당하고, 공소외 12 회사가 금융기관에서 신용장을 개설할 때 공소외 10 회사가 근보증을 제공해 주었다는 등의 사정만으로는 인수자가 피인수회사의 위와 같은 담보제공으로 인한 위험 부담에 상응하는 대가를 지급하는 등의 반대급부를 제공한 것으로 볼 수 없다는 등의 이유로, 업무상배임죄에 해당한다고 한 사례.

(해설)

Y: M&A전문가. A건설사의 대표이사(피고인), A: 회사정리절차중인 건설회사, B: Y가 설립한 서류상의 회사, C: 금융기관

Y(피고인)는 회사정리절차가 진행 중인 도급순위 50위 상당의 A건설회사를 인수하기 위해 서류상 회사인 B회사를 설립하였습니다. Y(피고인)는 서류상의 회사인B가 주체가 되어 A건설회사를 인수하는 계획을 세웠습니다. 그런데 B회사는 서류상 회사로서 A건설회사를 인수할 자체 자금이 없었기 때문에, 일단은 C금융기관과 협의하여 B회사가 C금융기관으로부터 대출금을 받되, 그 담보제공은 A건설회사의 부동산에 근저당을 설정하는 것으로 합의가 되었습니다. 이 합의에 따라 B회사는 C금융기관으로부터 대출을 받아 그 자금으로 A건설사의 주식을 인수하여 대주주가 되었고, Y(피고인)는 A건설사의 대표이사로 취임하였습니다. Y(피고인)는 A건설사의 대표이사로 취임하자마자, C금융

기관과의 합의 내용에 따라 A건설사의 사옥 등 부동산을 B회사의 C금융기관에 대한 대출채무의 담보로 제공하였습니다.

이에 대해 검사가 Y(피고인)를 A건설사에 대한 업무상배임죄로 기소하자, Y(피고인)는 B회사가 인수한 A건설사의 주식을 B회사가 C금융기관 대출금의 상환 시까지 C금융기관에게 담보로 제공하여 임의로 처분되지 못하게 하였으므로, A건설사가 C금융기관에 제공한 부동산에 설정된 근저당이 실행될 가능성이 없으므로 A건설사에게 재산상 손해가 발생할 여지는 없다면서 무죄를 주장하였습니다.

대법원은 A건설사 입장에서는 B회사의 C금융기관에 대한 주채무가 변제되지 아니할 경우에는 담보로 제공한 부동산을 잃게 되는 위험을 부담하게 되는 것이므로, B회사가 피인수회사인 A건설사의 담보제공으로 인한 위험부담에 상응하는 대가를 직접 A건설사에 지급하는 등 반대급부를 제공하는 경우에 한하여만 무죄가 될 수 있는 것이고, 이 사건과 같이 B회사가 직접 반대급부를 피해자인 A건설사에 지급하지 않고 B회사가 인수한 주식을 C금융기관에 담보로 제공하더라도 A건설사의 재산상 손해발생 가능성이 여전히 존재한다고 판시하면서 Y(피고인)의 유죄를 인정하였습니다.

B. LBO방식의 M&A와 배임죄가 부정되는 사례

대법원 2010. 4. 15. 선고 2009도6634 판결[배임수재·특정경제범죄가중처벌등에관한법률위반(배임)·특정경제범죄가중처벌등에관한법

률위반(횡령)(인정된죄명:업무상횡령)·배임증재]

이른바 차입매수 또는 LBO(Leveraged Buy-Out의 약어)란 일의적인 법적 개념이 아니라 일반적으로 기업인수를 위한 자금의 상당 부분에 관하여 피인수회사의 자산을 담보로 제공하거나 그 상당 부분을 피인수기업의 자산으로 변제하기로 하여 차입한 자금으로 충당하는 방식의 기업인수 기법을 일괄하여 부르는 경영학상의 용어로, **거래현실에서 그 구체적인 태양은 매우 다양하다. 이러한 차입매수에 관하여는 이를 따로 규율하는 법률이 없는 이상 일률적으로 차입매수 방식에 의한 기업인수를 주도한 관련자들에게 배임죄가 성립한다거나 성립하지 아니한다고 단정할 수 없는 것이고, 배임죄의 성립 여부는 차입매수가 이루어지는 과정에서의 행위가 배임죄의 구성요건에 해당하는지 여부에 따라 개별적으로 판단되어야 한다.**

원심은 공소외 6 주식회사가 공소외 1 주식회사를 인수 및 합병한 경위와 과정에 관하여 그 판시와 같은 사실을 인정한 다음, 이는 피인수회사의 자산을 직접 담보로 제공하고 기업을 인수하는 방식과 다르고, 위 합병의 실질이나 절차에 하자가 없다는 사정 등을 들어 위 합병으로 인하여 공소외 1 주식회사가 손해를 입었다고 볼 수 없다고 판단하였다. 기록 및 관련 법리에 비추어 보면, 원심의 위와 같은 판단은 정당한 것으로 수긍이 간다. 거기에 상고이유 주장과 같은 합병형 차입매수에 있어서의 배임죄 성립에 관한 법리 오해 등의 위법이 없다.

(해설)

Y: ○○그룹의 투자사업본부장(피고인), A: 회사정리철차중인 부동산
개발회사, B: ○○그룹의 소속회사, C: B회사가 설립한 서류상의 회사

○○그룹의 투자사업본부장인 Y(피고인)는 회사정리절차가 진행 중
인 A부동산개발회사가 매각될 예정이라는 소문을 듣고 이를 LBO 방
식으로 인수할 계획을 세웠습니다. 그 계획에 의하면 ○○그룹 소속회
사인 B회사가 형식상 서류상의 회사인 C회사를 설립하고, C회사가 A
회사의 자산을 담보로 인수자금을 금융기관으로부터 차입하여 A회사
를 인수한 후, 최종적으로 B회사가 A회사를 합병하는 것이었습니다.
그런데 금융기관에서 이와 같은 LBO 방식에 의한 기업인수에 대한 자
금대출을 형사상 배임죄의 문제로 거부하자, Y(피고인)는 ○○그룹 소
속사의 재산과 B회사의 재산을 금융기관에 담보로 제공하여 자금대출
을 받는 것으로 인수계획을 수정하였습니다. 이후, Y(피고인)는 이러
한 인수계획에 따라 A회사 인수를 진행하였고, 최종적으로 A회사를 B
회사와 합병시켰습니다.
대법원은 이 사건은 일반적인 LBO 방식 기업인수처럼 피인수대상회
사를 경영할 의사는 없이 오로지 그 기업재산을 탈취(기업사냥)할 목
적만을 가진 경우와는 다르며, 실제로 인수자금 조달을 위한 자금도 피
인수대상회사와는 무관하게 인수회사가 스스로 금융기관에 담보를 제
공하면서 마련하였고, 이후의 합병과정도 절차적으로 정당하게 진행
된 점 등을 종합하여, Y(피고인)에 대하여 업무상배임죄는 무죄라고

인정하였습니다.

▷ 민법

제341조(물상보증인의 구상권)

타인의 채무를 담보하기 위한 질권설정자가 그 채무를 변제하거나 질권의 실행으로 인하여 질물의 소유권을 잃은 때에는 보증채무에 관한 규정에 의하여 채무자에 대한 구상권이 있다.

제357조(근저당)

① 저당권은 그 담보할 채무의 최고액만을 정하고 채무의 확정을 장래에 보류하여 이를 설정할 수 있다. 이 경우에는 그 확정될 때까지의 채무의 소멸 또는 이전은 저당권에 영향을 미치지 아니한다.

② 전항의 경우에는 채무의 이자는 최고액 중에 산입한 것으로 본다.

428조(보증채무의 내용)

① 보증인은 주채무자가 이행하지 아니하는 채무를 이행할 의무가 있다.

② 보증은 장래의 채무에 대하여도 할 수 있다.

▷ 형법

제355조(횡령, 배임)

① 타인의 재물을 보관하는 자가 그 재물을 횡령하거나 그 반환을 거부한 때에는 5년 이하의 징역 또는 1천 500만 원 이하의 벌금에 처한다.

② 타인의 사무를 처리하는 자가 그 임무에 위배하는 행위로써 재산상의 이익을 취득하거나 제삼자로 하여금 이를 취득하게 하여 본인에게 손해를 가한 때에도 전항의 형과 같다.

제356조(업무상의 횡령과 배임)

업무상의 임무에 위배하여 제355조의 죄를 범한 자는 10년 이하의 징역 또는 3천만 원 이하의 벌금에 처한다.

▷ 특정경제범죄 가중처벌 등에 관한 법률(약칭: 특정경제범죄법)

제3조(특정재산범죄의 가중처벌)

① 「형법」 제347조(사기), 제347조의2(컴퓨터등 사용사기), 제350조(공갈), 제350조의2(특수공갈), 제351조(제347조, 제347조의2, 제350조 및 제350조의2의 상습범만 해당한다), 제355조(횡령·배임) 또는 제356조(업무상의 횡령과 배임)의 죄를 범한 사람은 그 범죄행위로 인하여 취득하거나 제3자로 하여금 취득하게 한 재물 또는 재산상 이익의 가액(이하 이 조에서 "이득액"이라 한다)이 5억 원 이상일 때에는 다음 각

호의 구분에 따라 가중처벌 한다.

   1. 이득액이 50억 원 이상일 때: 무기 또는 5년 이상의 징역

   2. 이득액이 5억 원 이상 50억 원 미만일 때: 3년 이상의 유기징역

② 제1항의 경우 이득액 이하에 상당하는 벌금을 병과(倂科)할 수 있다.

16장

기업의 약자는 어떻게 보호할까?

- 소수주주 보호

〔2018년 3월 15일〕 뉴스핌(출처: http://www.newspim.com)

금융사 임추위에 CEO 참여 금지 ··· 소수주주권 강화
의결권 0.1% 이상·보유주식 1억 원 이상이면 주주제안

금융위원회는 15일 최종구 위원장 주재로 '금융회사 지배구조 개선방안 간담회'를 열고 '금융회사 지배구조 개선방안'을 발표했다. CEO 선출 의사 결정에 소수주주의 적극적인 참여를 유도하기 위해 주주제안권 행사요건을 완화하기로 했다. CEO 선출 의사결정에 소수주주의 적극적 참여를 유도하기 위해서다. 이를 위해 현행 '의결권 0.1% 이상'을 '의결권 0.1% 이상 또는 보유주식 액면가 1억 원 이상'으로 변경한다.

1. 다수결 원칙의 한계

기업(주식회사)은 출자를 한 주주들이 각자의 출자액에 따른 지분율에 의해 다수결 원칙으로 주주총회에서 의결을 합니다. 지분율에 따른 다수결 원칙은 출자액에 따른 자본의 집합체인 주식회사의 본질에서 당연히 파생되는 원칙이라고 할 수 있습니다.

그렇다면 지분이 적은 소수주주는 다수결 원칙이 지배하는 주식회사에서 항상 패배자로 남아 있어야만 할까? 기업운영에서 단순히 숫자의 많고 적음만을 기준으로 할 수 없는 특별한 경우가 있을 수 있으며, 그런 경우에 단순히 다수결 원칙만을 적용하는 것은 공평과 정의에 부합하지 않을 수 있습니다.

이런 문제점을 해소하기 위해 다음과 같은 여러 방안이 마련되었습니다.

▹ 특정 안건에 반대하는 소수주주들이 그 소수 지분을 기업에 되팔고 그 기업을 떠날 수 있는 퇴로를 열어주었습니다(**반대주주의 기업에 대한 주식매수청구권 부여**).

▹ 어떤 경우에는 기업의 소수주주에게도 기업의 중요 의사결정에 참여할 수 있도록 요건을 완화시켜주었습니다(**특정 안건 지분율 요건 완화**).

▹ 어떤 경우에는 특정 안건 반대 여부와 무관하게, 아예 소수주주가 지배주주에게 주식을 팔고 기업을 떠나도록 허용하여 지배주주와의 일종의 동업관계를 해소할 수 있는 기회를 주었습니다(**소수주주의 지배주주에 대한 주식매수청구권 부여**).

▹ 감사나 감사위원이 되는 이사 선임 시에는 소수주주를 보호하기

위해, 소수주주라고 볼 수 없는 일정 지분 이상을 가진 주주들의 의결권을 제한시킵니다(**소수주주 아닌 주주의 의결권 제한**).

▹ 이사 선임 시에 소수주주가 추천하는 이사가 선임될 수 있는 기회를 더 많이 주었습니다(**집중투표제**).

이와 같이, 단순하게 다수결 원칙만을 고수하는 것보다 소수주주의 권익을 보호하기 위해 현행법에서 다양한 장치를 마련하고 있으며, 이런 소수주주의 보호 문제는 앞으로의 연구과제이기도 합니다.

이제 소수주주 보호 방안에 대해 좀 더 자세히 살펴보도록 합시다.

(1) 반대주주의 기업에 대한 주식매수청구권

특정 안건에 대해서는 그 안건에 반대하는 주주에게 기업 주식을 매도하고 아예 기업을 떠날 수 있는 권리를 주기도 합니다. 즉, 기업에 구조적인 변화를 가져오는 어떤 특별결의 사항에 대해서는 비록 다수결 원칙에 의해 안건이 통과되더라도, 그 안건에 반대하는 소수주주들에게 퇴로의 기회를 주는 것입니다.

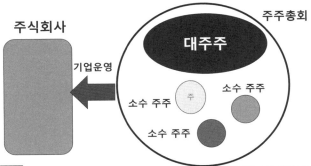

주식회사	주주총회
기업운영	대주주
	소수 주주 주 소수 주주
	소수 주주

| 소수 주주 보호 방안 | 반대주주 주식매수청구권, 특정안건에 대한 지분요건 완화, 지배주주에 대한 주식매수청구권, 대주주의 의결권 제한, 집중투표제 |

반대주주들이 소수라고 하여 그들이 기업에 주식을 매각하고 떠날 수 있는 퇴로를 차단한다면, 기업의 중대한 변화를 예상하지 못한 반대주주(대부분 소수주주)의 입장에서는 너무 과도한 손해를 감수해야 하는 것으로 느낄 수 있습니다. 그렇기에 그들에게 이런 주식매수청구권을 인정해 주는 것입니다.

상법에서 반대주주의 주식매수청구권을 인정해 주는 중대한 특별결의사항으로는 영업양도, 합병, 분할합병, 주식의 포괄적 교환 및 포괄적 이전이 있습니다.

이는 기업의 물적 조직에 근본적이고 구조적인 변화를 가져오는 사항으로, 주주 입장에서는 애당초 기업에 투자한 근본적인 이유에 변화가 생기는 셈입니다. 따라서 비록 다수결 원칙이 지배하는 주총 의결이기는 하지만, 이에 반대하는 주주(대부분 소수주주)가 기업에 그 주식을 매도하고 투자금을 회수할 기회를 보장하는 것이 공정합니다.

(2) 특정 안건 지분율 요건 완화

특정안건에 대해서는 지분율 요건을 완화하여 소수주주도 행사할 수 있는 기회를 더 많이 보장해 주기도 합니다.

그 예로, 주주총회 안건을 제안할 수 있는 주주 제안권, 집중투표 청구권, 이사나 감사 해임청구권, 청산인 해임청구권, 주주총회 소집 청구권, 회계장부 열람권, 업무 검사권 등이 있으며, 이는 지분이 3% 만 되면 소수주주가 행사할 수 있는 권한들입니다(지분율이 1% 이상 만 되어도 행사할 수 있는 종류의 권한도 있습니다).

이런 지분율 요건은 상장법인의 경우에 더 완화되어 있으며, 자본 금이 1천억 원 이상인 상장법인의 경우에는 그보다 더 완화시켜 소수 주주가 적은 지분으로도 행사할 수 있게 문호를 넓게 열어 놓고 있습 니다. 다만, 상장법인의 경우 소수주주권 행사가 남용되는 것을 방지 하기 위해, 지분율이 특정시점이 아니라 일정 기간 계속하여 유지되 고 있어야 합니다.

이와 같이, 소수주주권은 소수주주가 직접적인 주주총회 의결에서 의 결정권을 갖는 것이 아니라, 대부분 간접적인 기업운영과 관련된 사항에 대해 행사할 수 있는 권한들로 이루어져 있습니다.

(3) 소수주주의 지배주주에 대한 매수청구권

발행주식총수의 95% 이상을 보유하고 있는 지배주주가 있을 경우, 그 기업은 사실상 지배주주가 100% 지배하는 것과 유사하다고 볼 수 있습니다. 주주총회 의결 시에 100%의 찬성률이 요건이 되지 않는 이상, 기업운영의 대부분은 95%의 지분을 가진 지배주주의 의사대로 운영이 될 것입니다.

이런 현실을 반영하여 2011년 개정 상법은 특이하게 "경영상 목적을 달성하기 위하여 필요한 경우"에는 95%의 지배주주가 5%의 소수주주에게 매도청구를 할 수 있고, 역으로 5%의 소수주주도 95%의 지배주주에게 매수청구를 할 수 있도록 규정하고 있습니다. 이런 매도청구권이나 매수청구권은 제2항에서 설명한 반대주주의 매수청구권처럼 의사표시만으로 계약이 이루어지는 형성권입니다.

매도청구나 매수청구를 하게 되면 결과적으로 해당 기업에 소수주주는 없고 100%의 지배주주만이 있게 됩니다. 이런 제도는 지배주주에게는 기업 지배의 비용을 줄이고 운영의 효율을 달성할 수 있는 수단이 됩니다. 소수주주의 입장에서는 5% 이하의 지분으로는 애당초 기업운영에 대한 결정권을 행사할 수 없으므로, 지배주주에게 그 주식을 처분하고 투자금을 회수할 수 있는 좋은 기회를 제공하는 것이기도 합니다.

다만, 쌍방 간의 이익이 일치하지 않은 상황에서 위 권리를 행사한다면, 소수주주가 강제로 기업에서 축출되는 것과 마찬가지의 효과이므로 그 행사 요건은 신중한 판단이 요구됩니다.

(4) 소수주주 아닌 주주의 의결권 제한

감사나 감사위원이 되는 이사는 기업으로부터 독립적이고 객관적인 중립적 위치에서 기업운영을 감시하고 감독하는 중요한 기관입니다.

그런데 이런 임원을 선출하는 주주총회 의결 시에 단순히 다수결 원칙만을 관철하면, 다수결의 무기를 가지고 있는 대주주(지배주주)의 입김에서 자유로울 수 없게 됩니다. 결국에는 기업에 더 큰 문제를 야기할 수 있기 때문에, 이들 대주주의 의결권을 제한할 필요성이 대두됩니다.

이에 상법은 감사 선임 시에 발행주식총수(무의결권 주식은 제외)의 3%를 초과하는 주식을 가진 주주는 그 초과 주식에 대하여 의결권을 인정하지 않음으로써, 간접적으로 소수주주를 보호해 주고 있습니다. 상장법인의 경우에는 최대주주 1인의 소유주를 본인 주식뿐만 아니라 친족 등 특수관계인의 주식수까지 포함합니다. 이를 전제하에 3%를 초과한 주식의 의결권을 배제하기 때문에, 더 많은 배제효과를 낼 수 있습니다.

중립성은 감사위원이 되는 사외이사 선임 시에도 중요하므로, 위

감사 선임과 동일하게 주주 1인의 의결권이 3%까지로 제한시켜, 그만큼 간접적으로 소수주주의 의결권을 보장시켜 주는 효과를 냅니다.

(5) 집중투표제

집중투표제는 이사 선임 시, 선임할 이사의 수만큼 주주들에게 투표권을 부여한 후, 주주들이 그 투표권을 집중하여 행사할 수 있게 하는 투표방식입니다.

단순다수결 투표는 선임할 이사의 수만큼 투표권을 주지 않고, 각자의 본래의 지분율에 해당한 투표수를 매 이사 선임 시마다 행사할 수 있게 합니다. 이렇게 과반수 지분을 가진 주주는 매 이사 선임 시마다 항상 과반수를 행사하기에, 그가 추천한 이사는 그만큼 선임될 확률이 높아집니다.

이런 단순다수결의 문제점을 보완하기 위해 도입된 집중투표제는 소수주주가 자신이 추천한 이사를 선임할 수 있는 기회를 더 보장해 주는 방법이기도 합니다.

2. 맺음말(다수결의 한계를 극복하기 위하여)

위에서 본 바와 같이, 다수결 원칙이 지배하는 주식회사 제도하에

알기 쉬운 기업법 이야기 기업 산책

서 다수가 아닌 소수도 기업운영에 참여할 수 있는 기회를 주고, 경우에 따라서는 투자금을 회수하고 기업으로부터 탈퇴할 수 있게 하는 것이 더 타당할 수 있습니다.

이처럼 기업운영에서 다수결의 문제점을 극복하고 다수와 소수가 공존할 수 있는 소수주주의 보호방안을 연구할 필요성은 항상 있습니다.

판례

A. 소수주주의 지배주주에 대한 주식매수청구권

대법원 2017. 7. 14. 자 2016마230 결정[주식매매가액결정]

• 결정요지

자회사의 소수주주가 상법 제360조의25 제1항에 따라 모회사에게 주식매수청구를 한 경우에 모회사가 지배주주에 해당하는지 여부를 판단함에 있어, 상법 제360조의24 제1항은 회사의 발행주식총수를 기준으로 보유주식의 수의 비율을 산정하도록 규정할 뿐, 발행주식총수의 범위에 제한을 두고 있지 않으므로 자회사의 자기주식은 발행주식총수에 포함되어야 한다. 또한 상법 제360조의24 제2항은 보유주식의 수를 산정할 때에는 모회사와 자회사가 보유한 주식을 합산하도록 규정할 뿐, 자회사가 보유한 자기주식을 제외하도록 규정하고 있지 않으므로 자회사가 보유하고 있는 자기주식은 모회사의 보유주식에 합산되어야 한다.

(해설)

A: 코스닥상장회사, 나중에 상장폐지 됨, Y: A회사의 모회사(피신청인), X: A회사의 소수주주(신청인)

A회사는 2000년도에 설립된 회사로서 인터넷콘텐츠의 전송 및 처리 서비스업을 하는 회사인데, 2005년도에 코스닥 시장에 주식을 상장하였다가 2009년도에 상장폐지가 되었습니다. A회사에 대한 지분율은 모회사 Y(피신청인)가 84.96%을 가지고 있고, 소수주주인 X(신청인)는 0.04%를 가지고 있습니다. A회사는 자기가 발행한 주식(자사주)을 13.14% 보유하고 있습니다.

X(신청인)는 2014년도에 A회사의 지배주주인 모회사 Y(피신청인)를 상대로 상법 제360조의25 제1항에 규정한 소수주주의 지배주주에 대한 주식매수청구권에 의거하여 X(신청인)가 보유한 주식 0.04%의 매수를 청구하였으나 모회사 Y(피신청인)는 거절하였습니다. 이에 X(신청인)가 모회사 Y(피신청인)를 상대로 주식매수청구를 하며 법원에 주식매매가액 결정신청을 하였습니다. 재판에서 모회사 Y(피신청인)는 자신이 보유한 지분율은 84.96%밖에 되지 않아 위 상법에 규정한 95%에 미달하므로 X(신청인)의 주식을 매수할 의무가 없다고 항변하였습

니다.

이 사건에서는 지배주주의 주식수를 산정할 때 특수관계인의 보유주식수 합산에 대하여 상법 제360조의24제2항에 '모회사와 자회사가 보유한 주식을 합산한다'라고 규정하고 있는 것에 대한 해석이 쟁점이 되었습니다.

대법원은 상법 제360조의 24제1항과 제2항에 규정된 발행주식총수와 보유주식총수 계산 시에 자회사의 자기주식을 제외한다는 내용이 없으므로 자회사인 A회사가 보유한 자사주 지분 13.14%도 여기에 포함시켜야 한다고 판시하면서, 이를 포함하여 계산하면 모회사 Y(피신청인)의 보유지분은 84.96% + 13.14% = 98.1%로서 95%를 초과하므로 모회사 Y(피신청인)는 X(신청인)의 0.04%를 매수하여야 한다고 보아 X(신청인)가 승소하였습니다.

B. 감사 선임 시 3% 초과주식(의결권 없는 주식)이 발행주식총수 계산에 산입되는 지 여부

대법원 2016. 8. 17. 선고 2016다222996 판결[주주총회결의무효확인등]

• 판시사항

감사의 선임에서 상법 제409조 제2항의 의결권 없는 주식이 상법 제368조 제1항에서 말하는 "발행주식총수"에 산입되는지 여부(소극) 및 이는 자본금 총액이 10억 원 미만이어서 감사를 반드시 선임하지 않아

도 되는 주식회사의 경우에도 마찬가지인지 여부(적극)

• 판결요지

주주총회에서 감사를 선임하려면 우선 "출석한 주주의 의결권의 과반수"라는 의결정족수를 충족하여야 하고, 나아가 의결정족수가 "발행주식총수의 4분의 1 이상의 수"이어야 하는데, 상법 제371조는 제1항에서 "발행주식총수에 산입하지 않는 주식"에 대하여 정하면서 상법 제409조 제2항의 의결권 없는 주식(이하 "3% 초과 주식"이라 한다)은 이에 포함시키지 않고 있고, 제2항에서 "출석한 주주의 의결권 수에 산입하지 않는 주식"에 대하여 정하면서는 3% 초과 주식을 이에 포함시키고 있다.

그런데 만약 3% 초과 주식이 상법 제368조 제1항에서 말하는 "발행주식총수"에 산입된다고 보게 되면, 어느 한 주주가 발행주식총수의 78%를 초과하여 소유하는 경우와 같이 3% 초과 주식의 수가 발행주식총수의 75%를 넘는 경우에는 상법 제368조 제1항에서 말하는 '발행주식총수의 4분의 1 이상의 수'라는 요건을 충족시키는 것이 원천적으로 불가능하게 되는데, 이러한 결과는 감사를 주식회사의 필요적 상설기관으로 규정하고 있는 상법의 기본 입장과 모순된다. 따라서 감사의 선임에서 3% 초과 주식은 상법 제371조의 규정에도 불구하고 상법 제368조 제1항에서 말하는 "발행주식총수"에 산입되지 않는다. 그리고 이는 자본금 총액이 10억 원 미만이어서 감사를 반드시 선임하지 않아도 되는 주식회사라고 하여 달리 볼 것도 아니다.

(해설)

Y: 사건회사(피고), X: Y사의 주주(감사선임결의에 반대함)(원고), A, B: Y사의 주주(감사선임결의에 찬성)

Y회사(피고)가 발행한 주식 총수가 1,000주인데, X(원고)가 340주(34%), A가 330주(33%), B가 330주(33%)를 각 보유하고 있었습니다. Y회사는 감사 선임을 위한 임시주주총회를 열었는데, X, A, B 모두 총회에 출석하였고, X는 반대, A, B는 찬성을 하였습니다. 그런데 상법 제368조 제1항은 총회결의 시 상법이나 정관에 별도의 정함이 없는 경우에는 출석주주의 의결권의 과반수 찬성과, 발행주식총수의 4분의1 이상의 찬성으로 하도록 규정되어 있습니다. 또한 상법 제409조 제2항은 감사 선임 시 3% 초과 주식은 의결권을 배제하게 되어 있습니다.

따라서 Y회사는 위 상법 조항에 근거하여, 총회에 X, A, B는 각 3%씩만 출석한 것으로 보고 각자 30주씩, 총90주의 의결권이 출석한 것으로 보았습니다. 그리고 Y회사는 그 총 90주 중에서 A, B의 찬성 주식수가 합계 60주이므로 과반수를 넘었다고 보았고, Y회사의 발행주식총수도 90주로 보고 이 중에서 찬성 60주는 4분의 1 이상이 넘었다고 보아, 상법 제368조 제1항에 정한 의결요건을 모두 적법하게 준수하였다고 보았습니다.

이에 대해, 위 총회에서 반대투표를 한 X(원고)가 위 주주총회선임결의는 발행주식총수 1,000주를 기준으로 해서 4분의 1(250주)이상의 찬성이 있어야 하는데, 단지 60주만 찬성하였으므로 상법 제368조 제1항에 정한 4분의 1 이상 의결권 요건을 구비하지 못하여 무효라면서 Y회사(피고)를 상대로 주주총회결의 무효확인소송을 제기하였습니다.

대법원은 감사 선임 시 의결권이 배제되는 3% 초과 주식에 대하여, 이는 출석주주의 의결권에서 배제될 뿐만 아니라, 회사발행주식 총수의 4분1 이상 찬성요건 산정 시에도 배제되어야 한다고 판시하였습니다.

대법원은 그 이유로 총회결의가 통과되기 위해서는 총발행주식총수의 4분의1(25%) 이상의 찬성요건이 충족되어야 하는데, 만약 어느 주주가 3%를 초과하여 보유한 주식이 75% 이상인 경우(즉 총지분율 78% 이상), 출석주주의 의결권 계산 시에 상법 제409조 제2항에 의해 그 75% 이상 주식을 배제해야 하는데, 그렇게 되면 찬성 의결권의 수는 항상 25% 미만이 될 수밖에 없고, 결국 총발행주식수의 4분의1(25%) 이상 찬성은 항상 구조적으로 불가능하고, 그 결과 감사 선임 자체도 항상 불가능한 상황이 발생하기 때문이라고 판시하여 X(원고)가 패소하였습니다.

C. 소수주주의 주총소집청구권

대법원 2004. 12. 10. 선고 2003다41715 판결[주주총회결의취소]

상법 제366조에 의하면, 발행주식의 총수의 100분의 3 이상에 해당하는 주식을 가진 주주는 회의의 목적사항과 소집의 이유를 기재한 서면을 이사회에 제출하여 임시총회의 소집을 청구할 수 있고(제1항),

이 청구가 있은 후 지체 없이 총회 소집의 절차를 밟지 아니한 때에는 청구한 주주는 법원의 허가를 얻어 총회를 소집할 수 있으며(제2항), 한편 증권거래법 제191조의13 제5항에 의하면, 6월 전부터 계속하여 주권상장법인 또는 협회등록법인의 발행주식총수의 1000분의 30(대통령령이 정하는 법인의 경우에는 1000분의 15) 이상에 해당하는 주식을 대통령령이 정하는 바에 의하여 보유한 자는 상법 제366조에서 규정하는 주주의 권리를 행사할 수 있다.

이와 같은 소수주주의 주주총회소집청구권에 관한 법률 조항들이 만들어진 연혁과 그 입법 취지를 살펴보면, 증권거래법 제191조의13 제5항은 1997년 1월 13일 증권거래법이 개정되면서 같은 법 제191조의13 제2항으로 신설된 것인데(2001. 3. 28. 개정법에서 5항으로 됨) 위 조항은, 당시 상법상의 소수주주의 주주총회소집청구요건인 주식보유비율 5%를 완화시켜 주권상장법인(1998. 2. 24. 개정으로 협회등록법인도 포함됨)의 경우에는 3%(그 후 1997. 3. 22. 신설된 시행령 제84조의20 제1항에 따라 최근 사업연도 말 자본금이 1천억 원 이상인 법인의 경우에는 1.5%) 이상의 주식을 보유하고 있으면 주주총회의 소집을 청구할 수 있도록 하고, 시행령 제84조의20 제2항의 신설을 통해 그 주식보유비율요건을 계산할 때 합산할 주식의 보유방법에 관하여도 주식을 소유한 경우뿐만 아니라 주주권 행사에 관한 위임장을 취득한 경우 등까지로 확대함으로써 소수주주의 주주총회소집청구요건을 완화한 규정으로서, **그 입법 취지는 상장기업의 경우 주식보유비율 5% 이상이라는 그 당시 상법상의 주식보유요건을 갖추지 못한 주주에게도 증권거래**

법에서 정한 주식보유요건을 갖추면 주주총회소집청구를 할 수 있도록 함으로써 기업경영의 투명성을 제고하고 소수주주의 권익을 보호하려는 데 있다.

(해설)

A: Y사의 주주회사, Y사에 임시총회소집 청구함, Y: 임시주주총회 개최회사(피고), X: Y회사의 다른 주주회사(원고)

A회사는 Y회사(피고)가 발행한 주식총수의 3% 이상을 보유하고 있었는데, 상법 제366조(3% 이상 주식보유자의 주주총회 소집요구권)에 근거해 Y회사(피고)를 상대로 임시주주총회 소집을 청구하였다가 Y(피고)회사가 이에 응하지 않자 법원의 허가를 얻어 총회를 소집하였습니다. 그런데 이 당시 A회사가 Y회사 주식을 보유한 기간은 구 증권거래법 제191조의13 제5항에 규정한 6개월 보유기간을 충족하지 못하였습니다. 이에 대해 다른 주주인 X회사(원고)가 위 임시주주총회는 구 증권거래법 제191조의13 제5항에 위반하여 취소되어야 한다면서 Y회사(피고)를 상대로 임시주주총회결의 취소소송을 제기하였습니다.

대법원은 구 증권거래법의 변천과정을 설명하면서 동 법이 소수주주의 총회소집요구권을 점차적으로 보장하는 방향으로 개정되어 왔다고 판시하면서, 구 증권거래법 191조의13 제5항이 소수주주의 총회소집요구 시 6개월의 보유 기간을 규정했다고 하더라도 구 증권거래법의 변천취지를 볼 때 그것이 3% 이상의 지분 요건만을 규정한 상법 제366조의 규정을 배제하는 것은 아니라고 하여 X회사(원고)가 패소하였습니다.

D. 소수주주의 회계장부 열람등사권

대법원 2001. 10. 26. 선고 99다58051 판결[장부등열람및등사가처분]

상법 제466조 제1항에서 정하고 있는 소수주주의 열람·등사청구의 대상이 되는 "회계의 장부 및 서류"에는 소수주주가 열람·등사를 구하는 이유와 실질적으로 관련이 있는 회계장부와 그 근거자료가 되는 회계서류를 가리키는 것으로서, 그것이 회계서류인 경우에는 그 작성명의인이 반드시 열람·등사제공의무를 부담하는 회사로 국한되어야 하거나, 원본에 국한되는 것은 아니며, 열람·등사제공의무를 부담하는 회사의 출자 또는 투자로 성립한 자회사의 회계장부라 할지라도 그것이 모자관계에 있는 모회사에 보관되어 있고, 또한 모회사의 회계 상황을 파악하기 위한 근거자료로써 실질적으로 필요한 경우에는 모회사의 회계서류로 모회사 소수주주의 열람·등사청구의 대상이 될 수 있다.

(해설)

X: Y회사의 소수주주(신청인), Y: 주식발행회사(피신청인), A: Y사의 자회사

X(신청인)는 Y회사(피신청인)가 발행한 주식 중 약간의 지분을 가지고 있는 소수주주인데, Y회사(피신청인)가 주식매수, 자회사 합병, 해외투자, 감가상각방법의 변경, 사옥 및 제2 공장 신축, 법인세 불성실신고, 상호신용금고 주식의 매수계약 등 중요거래를 하자 이에 대한 자료의 열람 및 등사를 요청하였으나 Y회사(피신청인)가 이를 거부하여 동 회사를 상대로 장부 등 열람 및 등사 가처분을 법원에 신청하였습니다. 당시 X(신청인)가 열람등사를 요청한 자료 중에는 Y회사(피신청인)의 자회사(A)의 회계장부도 포함되어 있었습니다.

대법원은 자회사(A)의 장부라고 하더라도 모회사(피신청인)에 보관되어 있고, 그것이 모회사의 회계 상황을 파악하는 데 필요한 근거자료가 되는 경우에는 열람등사의 대상이 된다고 판시하여 X(신청인)가 승소하였습니다.

법령

A. 반대주주의 주식매수청구권

제360조의3(주식교환계약서의 작성과 주주총회의 승인 및 주식교환 대가가 모회사 주식인 경우의 특칙)

① **주식교환**을 하고자 하는 회사는 주식교환계약서를 작성하여 주주총회의 승인을 얻어야 한다.

제360조의5(반대주주의 주식매수청구권)

① 제360조의3제1항의 규정에 의한 승인사항에 관하여 이사회의 결의가 있는 때에 그 결의에 반대하는 주주(의결권이 없거나 제한되는 주주를 포함한다. 이하 이 조에서 같다)는 주주총회전에 회사에 대하여 서면으로 그 결의에 반대하는 의사를 통지한 경우에는 그 총회의 결의일부터 20일 이내에 주식의 종류와 수를 기재한 서면으로 회사에 대하여 자기가 소유하고 있는 주식의 매수를 청구할 수 있다.

제360조의22(주식교환 규정의 준용)

제360조의5, 제360조의11 및 제360조의12의 규정은 주식이전의 경우에 이를 준용한다.

제374조(영업양도, 양수, 임대등)

① 회사가 다음 각 호의 어느 하나에 해당하는 행위를 할 때에는 제434조에 따른 결의가 있어야 한다.

  1. 영업의 전부 또는 중요한 일부의 양도
  2. 영업 전부의 임대 또는 경영위임, 타인과 영업의 손익 전부를 같이 하는 계약, 그 밖에 이에 준하는 계약의 체결·변경 또는 해약
  3. 회사의 영업에 중대한 영향을 미치는 다른 회사의 영업 전부 또는 일부의 양수

제374조의2(반대주주의 주식매수청구권)

① 제374조에 따른 결의사항에 반대하는 주주(의결권이 없거나 제한

되는 주주를 포함한다. 이하 이 조에서 같다)는 주주총회 전에 회사에 대하여 서면으로 그 결의에 반대하는 의사를 통지한 경우에는 그 총회의 결의일로부터 20일 이내에 주식의 종류와 수를 기재한 서면으로 회사에 대하여 자기가 소유하고 있는 주식의 매수를 청구할 수 있다.

② 제1항의 청구를 받으면 해당 회사는 같은 항의 매수 청구 기간(이하 이 조에서 "매수청구기간"이라 한다)이 종료하는 날부터 2개월 이내에 그 주식을 매수하여야 한다.

③ 제2항의 규정에 의한 주식의 매수가액은 주주와 회사 간의 협의에 의하여 결정한다.

④ 매수청구기간이 종료하는 날부터 30일 이내에 제3항의 규정에 의한 협의가 이루어지지 아니한 경우에는 회사 또는 주식의 매수를 청구한 주주는 법원에 대하여 매수가액의 결정을 청구할 수 있다.

⑤ 법원이 제4항의 규정에 의하여 주식의 매수가액을 결정하는 경우에는 회사의 재산상태 그 밖의 사정을 참작하여 공정한 가액으로 이를 산정하여야 한다.

제522조의3(합병반대주주의 주식매수청구권)

① 제522조제1항에 따른 결의사항에 관하여 이사회의 결의가 있는 때에 그 결의에 반대하는 주주(의결권이 없거나 제한되는 주주를 포함한다. 이하 이 조에서 같다)는 주주총회 전에 회사에 대하여 서면으로 그 결의에 반대하는 의사를 통지한 경우에는 그 총회의 결의일부터 20일 이내에 주식의 종류와 수를 기재한 서면으로 회사에 대하여 자기가 소유하고 있는 주식의 매수를 청구할 수 있다.

제530조의11(준용규정)

① 분할 또는 분할합병의 경우에는 제234조, 제237조부터 제240조까지, 제329조의2, 제440조부터 제443조까지, 제526조, 제527조, 제527조의6, 제528조 및 제529조를 준용한다.

② 제374조제2항, 제439조제3항, **제522조의3**, 제527조의2, 제527조의3 및 제527조의5의 규정은 분할합병의 경우에 이를 준용한다.

B. 특정안건 지분율 완화

제363조의2(주주제안권)

① 의결권 없는 주식을 제외한 발행주식총수의 100분의 3 이상에 해당하는 주식을 가진 주주는 이사에게 주주총회일(정기주주총회의 경우 직전 연도의 정기주주총회일에 해당하는 그 해의 해당일. 이하 이 조에서 같다)의 6주 전에 서면 또는 전자문서로 일정한 사항을 주주총회의 목적사항으로 할 것을 제안(이하 "株主提案"이라 한다)할 수 있다.

제366조(소수주주에 의한 소집청구)

① 발행주식총수의 100분의 3 이상에 해당하는 주식을 가진 주주는 회의의 목적사항과 소집의 이유를 적은 서면 또는 전자문서를 이사회에 제출하여 임시총회의 소집을 청구할 수 있다.

제385조(해임)

① 이사는 언제든지 제434조의 규정에 의한 주주총회의 결의로 이를 해임할 수 있다. 그러나 이사의 임기를 정한 경우에 정당한 이유 없이 그 임기만료 전에 이를 해임한 때에는 그 이사는 회사에 대하여 해임으로 인한 손해의 배상을 청구할 수 있다.

② 이사가 그 직무에 관하여 부정행위 또는 법령이나 정관에 위반한 중대한 사실이 있음에도 불구하고 주주총회에서 그 해임을 부결한 때에는 **발행주식의 총수의 100분의 3 이상에 해당하는 주식을 가진 주주는** 총회의 결의가 있은 날부터 1월내에 그 이사의 해임을 법원에 청구할 수 있다.

제403조(주주의 대표소송)

① **발행주식의 총수의 100분의 1 이상에 해당하는 주식을 가진 주주는** 회사에 대하여 이사의 책임을 추궁할 소의 제기를 청구할 수 있다.

② 제1항의 청구는 그 이유를 기재한 서면으로 하여야 한다.

③ 회사가 전항의 청구를 받은 날로부터 30일내에 소를 제기하지 아니한 때에는 제1항의 주주는 즉시 회사를 위하여 소를 제기할 수 있다.

④ 제3항의 기간의 경과로 인하여 회사에 회복할 수 없는 손해가 생길 염려가 있는 경우에는 전항의 규정에 불구하고 제1항의 주주는 즉시 소를 제기할 수 있다.

⑤ 제3항과 제4항의 소를 제기한 주주의 보유주식이 제소 후 발행주식 총수의 100분의 1 미만으로 감소한 경우(發行株式을 보유하지 아니하게 된 경우를 제외한다)에도 제소의 효력에는 영향이 없다.

제466조(주주의 회계장부열람권)

① **발행주식의 총수의 100분의 3 이상에 해당하는 주식을 가진 주주**는 이유를 붙인 서면으로 회계의 장부와 서류의 열람 또는 등사를 청구할 수 있다.

② 회사는 제1항의 주주의 청구가 부당함을 증명하지 아니하면 이를 거부하지 못한다.

제467조(회사의 업무, 재산상태의 검사)

① 회사의 업무집행에 관하여 부정행위 또는 법령이나 정관에 위반한 중대한 사실이 있음을 의심할 사유가 있는 때에는 **발행주식의 총수의 100분의 3 이상에 해당하는 주식을 가진 주주**는 회사의 업무와 재산상태를 조사하게 하기 위하여 법원에 검사인의 선임을 청구할 수 있다.

제542조의6(소수주주권)

① 6개월 전부터 계속하여 상장회사 발행주식총수의 1천분의 15 이상에 해당하는 주식을 보유한 자는 제366조(제542조에서 준용하는 경우를 포함한다) 및 제467조에 따른 주주의 권리를 행사할 수 있다.

② 6개월 전부터 계속하여 상장회사의 의결권 없는 주식을 제외한 발행주식총수의 1천분의 10(대통령령으로 정하는 상장회사의 경우에는 1천분의 5) 이상에 해당하는 주식을 보유한 자는 제363조의2(제542조에서 준용하는 경우를 포함한다)에 따른 주주의 권리를 행사할 수 있다.

③ 6개월 전부터 계속하여 상장회사 발행주식총수의 1만분의 50(대통령령으로 정하는 상장회사의 경우에는 1만분의 25) 이상에 해당하

는 주식을 보유한 자는 제385조(제415조에서 준용하는 경우를 포함한다) 및 제539조에 따른 주주의 권리를 행사할 수 있다.

④ 6개월 전부터 계속하여 상장회사 발행주식총수의 1만분의 10(대통령령으로 정하는 상장회사의 경우에는 1만분의 5) 이상에 해당하는 주식을 보유한 자는 제466조(제542조에서 준용하는 경우를 포함한다)에 따른 주주의 권리를 행사할 수 있다.

⑤ 6개월 전부터 계속하여 상장회사 발행주식총수의 10만분의 50(대통령령으로 정하는 상장회사의 경우에는 10만분의 25) 이상에 해당하는 주식을 보유한 자는 제402조(제408조의9 및 제542조에서 준용하는 경우를 포함한다)에 따른 주주의 권리를 행사할 수 있다.

⑥ 6개월 전부터 계속하여 상장회사 발행주식총수의 1만분의 1 이상에 해당하는 주식을 보유한 자는 제403조(제324조, 제408조의9, 제415조, 제424조의2, 제467조의2 및 제542조에서 준용하는 경우를 포함한다)에 따른 주주의 권리를 행사할 수 있다.

⑦ 상장회사는 정관에서 제1항부터 제6항까지 규정된 것보다 단기의 주식 보유기간을 정하거나 낮은 주식 보유비율을 정할 수 있다.

⑧ 제1항부터 제6항까지 및 제542조의7제2항에서 "주식을 보유한 자"란 주식을 소유한 자, 주주권 행사에 관한 위임을 받은 자, 2명 이상 주주의 주주권을 공동으로 행사하는 자를 말한다.

C. 지배주주와 소수주주의 주식매도청구권

제4관 지배주주에 의한 소수주식의 전부 취득

제360조의24(지배주주의 매도청구권)

① 회사의 발행주식총수의 100분의 95 이상을 자기의 계산으로 보유하고 있는 주주(이하 이 관에서 "지배주주"라 한다)는 회사의 경영상 목적을 달성하기 위하여 필요한 경우에는 회사의 다른 주주(이하 이 관에서 "소수주주"라 한다)에게 그 보유하는 주식의 매도를 청구할 수 있다.

② 제1항의 보유주식의 수를 산정할 때에는 모회사와 자회사가 보유한 주식을 합산한다. 이 경우 회사가 아닌 주주가 발행주식총수의 100분의 50을 초과하는 주식을 가진 회사가 보유하는 주식도 그 주주가 보유하는 주식과 합산한다.

⑥ 제1항의 매도청구를 받은 소수주주는 매도청구를 받은 날부터 2개월 내에 지배주주에게 그 주식을 매도하여야 한다.

⑦ 제6항의 경우 그 매매가액은 매도청구를 받은 소수주주와 매도를 청구한 지배주주 간의 협의로 결정한다.

⑧ 제1항의 매도청구를 받은 날부터 30일 내에 제7항의 매매가액에 대한 협의가 이루어지지 아니한 경우에는 매도청구를 받은 소수주주 또는 매도청구를 한 지배주주는 법원에 매매가액의 결정을 청구할 수 있다.

⑨ 법원이 제8항에 따라 주식의 매매가액을 결정하는 경우에는 회사의 재산상태와 그 밖의 사정을 고려하여 공정한 가액으로 산정하여야 한다.

제360조의25(소수주주의 매수청구권)

① 지배주주가 있는 회사의 소수주주는 언제든지 지배주주에게 그 보유주식의 매수를 청구할 수 있다.

② 제1항의 매수청구를 받은 지배주주는 매수를 청구한 날을 기준으로 2개월 내에 매수를 청구한 주주로부터 그 주식을 매수하여야 한다.

③ 제2항의 경우 그 매매가액은 매수를 청구한 주주와 매수청구를 받은 지배주주 간의 협의로 결정한다.

④ 제2항의 매수청구를 받은 날부터 30일 내에 제3항의 매매가액에 대한 협의가 이루어지지 아니한 경우에는 매수청구를 받은 지배주주 또는 매수청구를 한 소수주주는 법원에 대하여 매매가액의 결정을 청구할 수 있다.

⑤ 법원이 제4항에 따라 주식의 매매가액을 결정하는 경우에는 회사의 재산 상태와 그 밖의 사정을 고려하여 공정한 가액으로 산정하여야 한다.

D. 지배주주의 의결권 제한

제409조(선임)

① 감사는 주주총회에서 선임한다.

② 의결권 없는 주식을 제외한 발행주식의 총수의 100분의 3을 초과하는 수의 주식을 가진 주주는 그 초과하는 주식에 관하여 제1항의 감사의 선임에 있어서는 의결권을 행사하지 못한다.

알기 쉬운 기업법 이야기 기업 산책

③회사는 정관으로 제2항의 비율보다 낮은 비율을 정할 수 있다.

제542조의12(**감사위원회의 구성 등**)

① 제542조의11제1항의 상장회사의 경우 제393조의2에도 불구하고 감사위원회위원을 선임하거나 해임하는 권한은 주주총회에 있다.

② 제542조의11제1항의 상장회사는 주주총회에서 이사를 선임한 후 선임된 이사 중에서 감사위원회위원을 선임하여야 한다.

③ **최대주주, 최대주주의 특수관계인, 그 밖에 대통령령으로 정하는 자가 소유하는 상장회사의 의결권 있는 주식의 합계가 그 회사의 의결권 없는 주식을 제외한 발행주식총수의 100분의 3을 초과하는 경우 그 주주는 그 초과하는 주식에 관하여 감사 또는 사외이사가 아닌 감사위원회위원을 선임하거나 해임할 때에는 의결권을 행사하지 못한다.** 다만, 정관에서 이보다 낮은 주식 보유비율을 정할 수 있다.

④ **대통령령으로 정하는 상장회사의 의결권 없는 주식을 제외한 발행주식총수의 100분의 3을 초과하는 수의 주식을 가진 주주는 그 초과하는 주식에 관하여 사외이사인 감사위원회위원을 선임할 때에 의결권을 행사하지 못한다.** 다만, 정관에서 이보다 낮은 주식 보유비율을 정할 수 있다.

E. 집중투표

제542조의7(**집중투표에 관한 특례**)

① 상장회사에 대하여 제382조의2에 따라 집중투표의 방법으로 이사를 선임할 것을 청구하는 경우 주주총회일(정기주주총회의 경우에는 직전 연도의 정기주주총회일에 해당하는 그 해의 해당일. 이하 제542조의8제5항에서 같다)의 6주 전까지 서면 또는 전자문서로 회사에 청구하여야 한다.

② 자산 규모 등을 고려하여 대통령령으로 정하는 상장회사의 의결권 없는 주식을 제외한 발행주식총수의 100분의 1 이상에 해당하는 주식을 보유한 자는 제382조의2에 따라 집중투표의 방법으로 이사를 선임할 것을 청구할 수 있다.

③ 제2항의 상장회사가 정관으로 집중투표를 배제하거나 그 배제된 정관을 변경하려는 경우에는 의결권 없는 주식을 제외한 발행주식총수의 100분의 3을 초과하는 수의 주식을 가진 주주는 그 초과하는 주식에 관하여 의결권을 행사하지 못한다. 다만, 정관에서 이보다 낮은 주식 보유비율을 정할 수 있다.

④ 제2항의 상장회사가 주주총회의 목적사항으로 제3항에 따른 집중투표 배제에 관한 정관 변경에 관한 의안을 상정하려는 경우에는 그 밖의 사항의 정관 변경에 관한 의안과 별도로 상정하여 의결하여야 한다.

17장

기업을 어떻게 다시 일으켜 세울까?

– 자율협약, 워크아웃, 회생

〔2018년 9월 12일〕 영남일보(출처: http://www.yeongnam.com)

호반, 회생기업 리솜리조트 최종인수
제천포레스트 호텔동 신축 재개
기존사업장 리모델링 시설 투자

호반은 지난달 31일 열린 관계인집회를 통해 회생기업 리솜리조트를 최종 인수했다고 11일 밝혔다. 공개매각 절차를 통해 지난 3월 인수예정자로 선정된 호반(옛 호반건설주택)은 이날 채권자 4분의 3 이상의 높은 동의율(78.5%)로 회생계획을 통과시켰다. 이에 호반은 2천500억 원의 인수대금 중 1천 50억 원으로 금융 채무를 변제하고, 시설투자금 1천450억 원을 투입해 안면도·덕산·제천 등 기존 사업장의 리모델링을 포함한 시설투자를 진행할 계획이다.

1. 기업에게도 수명이 있습니다

자연인에게 수명이 있듯이 사회적, 경제적 조직체인 기업에도 수명이 있습니다. 기업이 수명을 다하면 기업은 해산되고 청산절차를 거쳐 소멸됩니다.

그렇다면 기업은 언제 수명을 다했다고 볼 수 있을까?

기업이 그 존립목적을 다 이루면 더 이상 존재할 이유가 없으므로 수명을 다하여 해산·청산될 것입니다. 한편, 여기서는 재산적인 측면에서만 살펴보기로 합시다.

기업은 부채와 자본으로 조달된 자금으로 기업에 필요한 자산을 구입하여 기업활동을 합니다. 기업에 종자돈(자본)을 제공한 출자자(투자자)인 경우 기업이 청산되면 후순위로 잔여재산분배청구권을 가집니다. 따라서 기업은 청산절차로 가기 전까지는 출자자에 대해 상환부담을 지지 않습니다.

하지만 기업에 자금을 대여한 채권자에 대하여는 기업이 청산되기 전이라도 변제기가 돌아오면 반드시 상환해야 할 의무를 부담하게 됩니다. 따라서 만약 기업이 보유한 자산을 정리해도 기업의 부채를 채권자에게 상환할 능력이 되지 못한다면, 재산적인 측면에서 기업의 수명을 다하였다고 볼 수 있습니다.

한편, 어느 특정 시점에만 채무상환 능력이 없는, 다시 말해 상환 무능력이 일시적인 현상일 수 있는 기업도 있습니다. 이런 기업은 약간의 자금지원과 구조조정을 거치면 다시 상환능력을 회복할 수 있는 경우가 많습니다.

이렇게 기업이 일시적으로 재산상 파탄 상태에 빠져 있는 경우에는, 회생·재건의 여지가 있다면 기업을 다시 일으켜 세워서 생산주체로서의 역할을 잘 감당할 수 있도록 도와주는 것이 국민경제의 발전에 도움이 될 것입니다.

한편, 기업의 채무상환 능력에 문제가 발생하면 채무자인 기업뿐만 아니라 기업에 자금을 대여한 채권자들 또한 기업 구조조정 방법을 고민합니다.

기업 구조조정을 하는 절차와 방법은 법원 개입의 여부에 따라 크게 달라집니다.

채무자인 기업이나 채권자가 법원에 기업정리절차(회생, 파산)를 신청하면, 법원이 중립적인 입장에서 강제적으로 법에 정한 절차에 따라 모든 채권자에 효력이 미치는 기업정리절차를 진행합니다. 이는 객관성과 공정성을 확보할 수는 있으나, 기업이나 채권자 입장에서 보면 기업구조조정을 위한 자금지원을 받기 어렵고 운신과 선택의 폭이 그만큼 줄어들 수밖에 없습니다.

따라서 법원이 개입하기 전에 다수의 채권자들이 채무자와 협의하에 기업 재산 상태를 조사하여 채무를 감면하고 자금을 지원하는 등, 기업의 재무구조를 개선하여 채무상환능력을 제고시킬 수 있는 방법을 강구하는 절차가 필요합니다. 이 단계에서는 채권자와 채무자 간의 자발적인 협의과정이 매우 중요합니다.

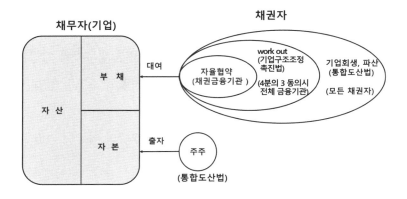

2. 법원 개입 전에 자율적으로 기업을 다시 일으켜 세우기

(1) 채권금융기관에 의한 자율협약단계

　기업의 채무상환 능력에 문제가 발생하면, 채권자 중에서 금융기관 채권자들이 채권금융기관 협의체를 구성하여 기업과 자율적인 재무구조개선 협약을 체결해 기업 구조조정을 실시합니다.

　금융기관이 아닌 일반 채권자들은 개별성과 독립성이 강해 협의가 잘 이루어지기 어렵고, 금융기관에 비하여 채권액이 비교적 소규모인 경우가 많으므로 금융기관끼리 협의체를 구성해 기업구조조정을 주도합니다. 특히, 채권금융기관 협의체에서도 기업에 자금을 제공한 액수가 가장 큰 금융기관이 주채권은행이 되어 이런 절차를 주관합니다.

　기업은 채권금융기관 협의체와의 기업재무개선 자율협약 내용에 따라 기업의 불필요한 자산이나 수익성이 없는 자산을 매각하여 부족한 현금을 확보하기도 하고, 인적 조직을 정리하여 인건비를 감축하는 등 비용적인 면의 구조조정을 실시하기도 합니다. 자금이 필요하면 자금지원도 실시합니다.

비록 이런 절차가 채무자인 기업과 채권금융기관 협의체와의 자율적인 협약에 따르기는 하지만, 기업 경영자의 입장에서는 외부에 의한 경영간섭을 체감할 수밖에 없습니다. 즉, 상대적으로 채무상환의무를 부담하는 기업이 채권자와의 관계에서 약자의 지위에 있을 수밖에 없습니다.

기업과 채권금융기관 협의체와의 자율적인 기업재무구조 개선약정이 성공적으로 완료되면 다행이지만, 그렇지 않은 경우에는 기업구조조정촉진법에서 정하는 'work out(기업개선약정)'단계로 진행하는 것이 통상적입니다.

물론, 채권자들은 이런 자율적인 구조조정 단계를 거치지 않고, 언제든지 법원에 회생이나 파산절차를 신청할 수 있습니다.

보통 기업 신용평가등급이 C등급이면 'work out'으로 진행하고, D등급 이하이면 법원 회생이나 파산을 신청합니다.

(2) work out단계(기업구조조정촉진법상의 기업개선약정)

'work out'은 사전적으로 "군살을 제거하다"의 뜻을 가지고 있습니다. 자연인이 군살을 제거하여 체력을 강화하듯이, 기업도 불필요한 자산을 정리하고 비용을 감축하는 등, 군살을 제거해 채무상환능력을 증대시킵니다.

기업의 군살 제거를 위해, 기업부실에 책임이 있는 '기존 주주'에 대해서는 자본잠식에 빠진 주식의 가치를 감소시키는 감자를 실시하여 그들의 권리를 감축시킵니다. '채권자'에 대해서는 변제기에 변제를 받는 채권을 주식으로 전환시켜(출자전환) 변제 대신 기업에 이익이 있을 때만 배당을 받도록 하여 후순위상환청구권만을 인정하는 등, 주주와 채권자에게 고통 분담을 요구합니다.

'work out'도 법원이 개입하기 전 단계이지만, 이전의 채권금융기관협의체에 의한 자율적인 재무구조개선협약과는 다른 점이 있습니다. 'work out'은 기업구조조정촉진법의 적용을 받아 그 법이 정한 절차에 따라야 합니다.

기업구조조정촉진법은 2001년 말에 법의 유효 기간이 정해진 한시법으로 제정되어 유효 기간이 만료되면 폐지된 후, 필요에 따라 다시 연장을 계속했습니다. 그렇게 2018년 6월 말까지 시행된 후 폐지되었습니다.

동법의 가장 큰 특징은, 기업개선약정안이 마련되어 이에 대해 채권금융기관들의 4분의 3이 동의하면 나머지 채권금융기관들도 이를 따라야 할 강제성이 있다는 점입니다. 즉, 법원의 개입이 없음에도 불구하고, 동법에 의해 강제성이 부여됩니다.

물론, 이런 'work out'에 반대하는 채권금융기관은 찬성하는 채권금융기관측을 상대로 자신의 채권을 매수할 것을 청구할 수 있는 매수청구권을 가지며(매수청구권은 행사되면 상대방의 동의여부와 무관하게 자동으로 채권의 매매가 이루어지는 형성권임), 이런 매수청구권이 행사되면 찬성 측에서는 그 채권을 매수할 의무를 부담합니다.
그러나 일반 상거래채권자들은 애초에 동법의 적용대상이 아니므로, 이런 구속에서 자유롭기에 개별적으로 자신이 원하는 시기에 기업을 상대로 변제를 요구할 권리가 있습니다.

위에서 설명한 대로 'work out'은 기업구조조정촉진법에서 규정하는 특정사항으로, 강제성이 있기는 하지만 기본적으로는 채무자와 채권자 간의 자율적인 협의에 의해 기업의 구조조정을 실시합니다. 따라서 판례도 'work out'을 당사자가 상호 양보하여 체결하는 '화해계약과 유사한 계약'의 일종으로 보고 있습니다. 'work out'을 통해 주채무가 감면되면, 보증채무도 동시에 그만큼 감면되는 보증채무의 부종성이 원칙대로 적용됩니다.

그러나 당사자 간의 자율적인 사적자치에 의해 이루어지는 'work out'과 달리, 법원이 개입하여 이루어지는 회생이나 파산절차는 당사자 간의 사적자치가 아닙니다. 이는 법원이 강제적으로 주채무만 감면시키는 것으로, 주채무자가 아닌 보증채무자까지는 이런 감면의 효력이 미치지 않아 보증채무의 부종성이 적용되지 않습니다.

즉, 보증인은 주채무 감면과는 무관하게, 감면되기 이전의 원래 주채무 전액에 대해 그대로 이행의무를 부담합니다.

기업구조개선을 촉진하기 위해 제정된 기업구조조정촉진법이 현재는 일몰되어 폐지 상태이지만, 위와 같은 여러 가지 장점과 특징이 있기 때문에 우리나라 경제상황이 신속한 기업구조조정의 필요성이 매우 절실한 단계가 되면 언제든지 다시 부활할 가능성이 있습니다.

(현재 기업구조조정촉진법을 관장하는 금융위원회는 동법 폐지로 인해 work out 대상인 신용위험평가 C등급 기업이 법원의 법정관리로 갈 위기에 빠져 있다는 이유로, 임시방편으로 금융기관들이 참여하는 '기업구조조정 운영협약'을 운영하고 있습니다.)

3. 법원이 개입하여 기업을 다시 일으켜 세우기(기업회생절차)

기업의 채무상환능력을 제고하기 위한 재무개선작업을 채무자인 기업과 채권자가 자율적으로 하기 어려운 지경에 이르면, 불가피하게 제3자인 법원이 개입할 수밖에 없습니다.

법원은 채무자회생 및 파산에 관한 법률(통합도산법이라고 약칭함)이 정하는 절차에 따라 강제적으로 기업구조조정절차인 기업회생절차를 진행합니다. 법원은 채무자, 채권자가 아닌 제3자이기 때문에 객관성, 공정성이 담보되는 장점이 있고, 모든 채권자에 대해 일괄적으로 강제할 수 있는 힘이 있습니다.

기업회생절차는 채무자인 기업이나 채권자 어느 쪽이나 신청할 수 있습니다. 앞에서 설명한 자율적인 협약단계나 'work out'단계에서도, 기업과 채권자의 신청에 의해 언제든지 기업회생절차로 진행할 수 있습니다. 심지어 파산절차가 진행 중인 경우에도 그보다 회생절차가 더 적합하다면 회생절차를 신청할 수 있습니다.

기업파산절차는 기업의 채무상환능력이 없다고 판단될 때 기업의 잔존재산만으로 기업채무를 상환하는 것으로, 동 절차가 종료되면 기업은 청산되어 소멸됩니다.

하지만 기업회생절차는 기업의 채무상환불능을 일시적인 것으로 보고 기업을 계속 유지하여 존속시키는 경우의 채무상환능력(기업의 존속가치)이 기업을 당장 청산시킬 경우의 채무상환능력(청산가치)보다 더 크다고 인정될 경우에 가능한 구조조정방법입니다.

(1) 회생절차 개시신청과 회생절차 개시결정

채무자인 기업이나 채권자가 기업회생절차를 신청하면(기업회생이 이루어지면 기업채무는 동결되는 장점이 있으므로 보통은 채무자인 기업 쪽에서 신청하는 경우가 많습니다), 법원(회생법원)은 기업회생 요건에 맞는지 판단하여 회생절차 개시여부를 결정합니다. 회생요건이 충족되지 않는다고 판단되면 법원은 당연히 회생신청을 기각합니다.

보통 기업이 법원에 회생절차개시신청을 할 때, 채권자의 개별적인 채권행사를 막기 위해 법원은 직권 또는 이해관계인의 신청에 의해 '포괄적인 중지명령'을 내립니다. 법원의 '포괄적 중지명령'이 내려지면 그때까지 진행되던 기업에 대한 채권자의 강제집행절차, 소송절차, 행정절차 등이 모두 중지되며, 이전에 파산절차가 진행 중이었다고 하더라도 그 또한 중지됩니다.

한편, 법원의 결정 없이도 회생절차개시신청을 하면 자동으로 중지효과가 있게 하는 '자동중지명령(automatic stay)'이라는 방법도 있습니다. 하지만 채무자인 기업이 자동중지명령을 악용할 목적으로 기업회생신청을 남용할 우려가 있으므로 아직 우리나라에 도입은 되지 않고 있습니다.

또한 채권자뿐만 아니라 채무자인 기업이 재산을 함부로 처분하는 것을 막기 위해, 회생법원은 직권 또는 이해관계인의 신청에 따라 채무자인 기업을 대상으로 재산처분금지, 변제금지, 차입금지 등의 보전처분을 내립니다.

이렇게 법원에 의해 회생절차 개시결정이 이루어지면, 기업재산에 대한 처분권이나 업무수행권은 법원이 선임한 회생관리인에게 이전되므로 기존 경영진은 경영권을 행사할 수 없습니다(물론, 법원이 기존경영진을 회생관리인으로 선임할 수도 있는데, 이를 'Debtor In Possession'이라고 함).

기업파산의 경우에 기업은 파산선고에 의해 청산되어 소멸할 예정이므로 파산기업과는 별도로 파산재단을 구성합니다. 이렇게 기업재산은 파산재단으로 귀속시켜 파산관재인이 관리합니다.

하지만 기업회생의 경우, 채무자인 기업이 계속 존속하면서 법적인 채무의 주체로서 채무를 계속 이행해야 하므로, 기업 자체와 별도인 기업회생재단이 구성되지 않습니다(다만, 기업이 아닌 개인회생의 경우에는 법인파산재단과 같이 개인회생재단을 구성하여 개인의 재산을 별도 관리합니다).

기업은 회생개시결정이 이루어지고 난 후에 본격적인 구조조정이 시작되며 마지막으로 법원에 의해 회생계획안 최종인가가 이루어지기 전까지 진행됩니다.

(2) 회생채권 등의 확정과 관계인 집회단계

기업 회생절차의 이해관계인은 당연히 기업에 대한 채권자입니다. 채권자는 담보권을 가진 채권자(회생담보권자)와 무담보 채권자(회생채권자)로 나뉩니다. 회생채권자 중에는 근로자의 임금채권처럼 우선변제를 받는 우선변제채권자들도 있습니다(공익채권). 출자자(주주)도 후순위상환청구권을 가지고 있으므로 이해관계인입니다.

 채권자들이 신고한 회생채권의 목록작성과 조사확정단계가 마치면 회생채권자, 회생담보권자, 출자자등으로 이루어진 관계인 집회가 열리며, 관계인집회에서 회생계획안이 심리되어 의결됩니다.
 의결 시에는 각 이해관계인별로 가결요건이 다릅니다. 통합도산법 규정에 따르면, 회생채권자 3분의 2, 회생담보권자 4분의 3, 주주, 지분권자 2분의 1이 동의하면 회생계획안이 가결되며, 만약 기업이 채무초과 상태라면 주주, 지분권자는 변제 받을 가능성이 없으므로 의결권에서 배제가 됩니다.

 이와 같이 회생계획안은 회생채권의 조사확정이 이루지고 관계인 집회가 열리면, 그 집회에서 심리의결 되는 것이 원칙입니다. 이런 단계 이전에 회생계획안을 사전에 제출하여 회생절차를 신속하게 종결하고자 하는 것이 'P-plan(Pre-packaged plan)'입니다.

 'P-plan(사전회생계획제도)'은 기업회생절차의 신속을 기하기 위해 2016년 통합도산법에서 신규로 도입한 것으로, 부채의 2분의 1 이상을 차지하고 있는 채권자나 그의 동의를 받은 채무자인 기업이 회생계획안을 미리 마련해 기업회생절차개시 신청단계에서 법원에 제출하는 것입니다.

'P-plan'을 이용하면 관계인집회가 이루어지기 전에 미리 법원에 회생계획안을 제출하고, 이에 대한 채권자의 동의도 미리 받아 놓게 됩니다. 따라서 실제 관계인집회가 열릴 때 회생계획안에 대한 가결이 훨씬 쉬워집니다.

'P-plan'은 채권금융기관들이 기업의 'work out'을 진행하다가 법원의 회사정리절차로 전환할 경우, 'work out'단계에서 작성한 기업구조조정계획안을 회생절차의 회생계획안으로 활용할 수 있으니 그만큼 시간과 노력이 절감되는 효과를 볼 수 있다는 점에서 착안된 제도입니다.

(3) 회생계획안 인가와 회생절차 종료단계

기업회생절차의 이해관계인은 당연히 기업에 대한 채권자입니다. 회생계획안이 이해관계인 등에 의해 가결되고 법원의 인가를 받으면, 이후 채무자인 기업은 회생계획안에 따라 채무를 상환하게 됩니다. 이렇게 법원의 회생계획인가결정으로 회생절차가 종료됩니다.

만약 회생계획안이 이해관계인의 가결요건을 통과하지 못하거나 법원의 인가결정을 받지 못하면 회생절차는 정상적으로 종료되지 못하고 폐지되며, 결국 채권자들이 개별적으로 권리를 행사하거나 기업이나 채권자의 신청에 의해 파산절차로 진행하게 됩니다.

4. 맺음말

기업의 재산 상태에 문제가 발생하면 기업의 수명을 계속 연장할 것인지가 쟁점이 됩니다.

기업의 채무상환능력에 문제가 일시적으로 발생하면 채권자와 채무자인 기업 간의 자율적인 협약이나 기업구조조정촉진법상의 'work out' 절차를 통해 재무구조를 개선하고 구조조정을 실시합니다. 이것마저도 어려운 경우에는 어쩔 수 없이 법원이 개입하여 강제적으로 모든 채권자에게 효력이 미치는 회생절차를 진행하게 됩니다.

그러나 기업회생절차가 제대로 진행되지 못해 회생계획안이 가결되지 못하거나 법원의 인가를 받지 못하는 경우, 회생절차는 폐지되고 결국은 파산절차로 진행되어 기업은 청산되고 수명이 다할 것입니다.

기업이 국민경제에서 생산주체로서의 중요한 역할을 담당하고 있다는 점을 생각하면, 기업이 재무적 어려움을 잘 극복하여 정상적인 활동을 재개할 수 있도록 '재건형' 기업구조조정 방안이 잘 마련되어야 할 것입니다.

A. 재무구조개선약정(자율협약)의 내용

대법원 2001. 10. 10. 자 2001무29 결정[효력정지]

사업여건의 악화 및 막대한 부채비율로 인하여 외부자금의 신규차입이 사실상 중단된 상황에서 285억 원 규모의 과징금을 납부하기 위하여 무리하게 외부자금을 신규차입하게 되면, 주거래은행과의 재무구조개선약정을 지키지 못하게 되어 사업자가 중대한 경영상의 위기를 맞게 될 것으로 보이는 경우, 그 과징금납부명령의 처분으로 인한 손해는 효력정지 내지 집행정지의 적극적 요건인 '회복하기 어려운 손해'에 해당한다고 한 사례.

신청인은 2000. 6. 9. 주거래은행인 주식회사 한빛은행과 사이에 신청인의 부채비율을 2000년 말까지 806.6%로 감축하기로 하는 내용의 재무구조개선약정을 체결하고, 부채비율을 목표치 내로 감축하지 못할 경우에는 주거래은행으로부터 신규여신의 중단, 만기도래 여신의 회수, 수출입관련 외국환업무의 중단, 기업개선작업 또는 회사정리절차의 개시 등의 순으로 이어지는 일련의 제재조치를 받기로 약정한 사실 (중략) 신청인의 사업여건이나 자금사정은 더욱 악화될 것으로 보이고, 그렇게 될 경우 신청인은 주거래은행과의 재무구조개선약정을 지키기가 더욱 어려워져, 급기야는 회사의 존립 자체가 위태롭게 될 정도의 중대한 경영상의 위기를 맞게 될 우려가 있음을 쉽사리 짐작할 수 있다.

(해설)

X: 과징금을 부과받은 회사(신청인), Y: 공정거래위원회(피신청인)

X회사(신청인)는 군납 유류회사인데 입찰담합행위로 인해 공정거래법상 부당한 공동행위 금지의무를 위반했다는 이유로 Y공정거래위원회(피신청인)로부터 285억 원의 과징금납부명령을 받았습니다. 이에 X(신청인)회사는 Y공정거래위원회(피신청인)의 과징금납부명령에 대하여 취소소송을 제기함과 동시에 행정소송법상 가구제 수단으로서 동 납부명령에 대해 주위적으로 효력정지, 예비적으로 집행정지를 법원에 신청하였습니다.

대법원은 X회사(신청인)가 당시에 주거래은행과 재무구조개선약정을 체결하는 등 중대한 경영상의 위기상황에 처해 있는 등의 사정을 들어서, 효력정지 또는 집행정지의 요건인 '회복하기 어려운 손해', '긴급한 필요'가 인정된다고 판시하여 X회사(신청인)가 승소하였습니다.

B. 기업개선작업(work out)의 의미

대법원 2007. 4. 27. 선고 2004다41996 판결[회사채원리금청구]

금융기관들 사이에 채무자인 기업에 부실징후가 발생할 경우, **법원이 관여하는 법정 회생절차에 들어가는 대신 주채권은행 주도하에 기업개선작업에 착수하여** 당해 기업에 대한 채권금융기관들로 구성된 협의회를 소집하여 채권액 기준 3/4 이상의 채권을 보유한 채권금융기관의 찬성으로 채권재조정 등을 내용으로 하는 기업개선작업안을 의결하고, 나아가 주채권은행이 협의회 소속 다른 채권금융기관들의 대리인 겸 본인으로서 당해 기업과 위와 같이 확정된 의결 내용을 이행하기 위한 기업개선작업약정을 체결하는 방식의 일종의 사적 정리에 관한 사전합의가 이루어진 상태에서, 채무자인 특정 기업에 대하여 부실징후가 발생하여, **주채권은행이 사전 합의된 바에 따라 관련된 채권금융기관들의 협의회를 소집하여 기업개선작업안을 의결하고 이어 주채권은행과 당해 기업 사이에 그 의결 사항의 이행을 위한 기업개선작업약정이 체결되었다면**, 이는 위와 같은 사전합의에 따른 것이어서 달리 무효로 볼 만한 특별한 사정이 없는 한, **그 약정에 따른 채권재조정 등 권리변경의 효력은 채권금융기관협의회의 구성원으로서 결의에 참여하여 기업개선작업안에 반대한 채권금융기관에도 당연히 미친다.**

사적 정리절차에 따른 기업개선작업약정은 민법상 화해계약에 유사한 성질을 갖는 것이어서 채권금융기관들이 양보한 권리는 기업개선작업약정의 효력이 발생한 시점에 소멸하고 당해 기업 등은 그에 갈음하여 그 약정에 따른 새로운 권리를 취득하게 되는 것이므로, 보통채권금융기관들이 기업개선작업의 성공을 기대하면서 양보를 하기 마런이라고 하더라도 채권금융기관들과 당해 기업 사이에 기업개선작업의 중단이 기존 양보한 권리에 미치는 효과에 관하여 달리 특별한 합의를 하였던 경우를 제외하고는 기업개선작업이 중단되었다는 사정만으로 채권금융기관들이 종전에 양보한 권리가 당연히 되살아난다고 할 수는 없고, 이처럼 양보한 권리가 되살아나지 아니하여 채권금융기관들이 그만큼 손해를 보게 되어 채권금융기관협의회의 구성원이 아닌 다른 채권자들과의 사이에 불균형이 발생한다고 하더라도, **이는 법원이 관여하는 법정정리절차 대신 사적 정리절차를 선택할 때에 이미 감수하기로 한 위험이 현실화된 것에 불과하여 결론을 달리할 만한 사정이 되지 못한다.**

(해설)

X: 자동차 제조회사(원고), Y: 증권회사(피고), A: X사의 계열사

자동차 제조회사인 X회사(원고)는 증권회사인 Y회사(피고)가 발행한 사모사채 100억 원을 인수하여 보유하고 있었습니다. 한편, Y회사(피고)는 X회사(원고)의 계열사인 A회사에게 단기자금(콜론)을 대출하였는데, 그 대출에 대하여 X회사(원고)가 연대보증을 하였습니다. 그런데 얼마 후 A회사에 부도가 발생하여 회사정리절차에 들어가는 바람에 A회사는 위 단기대출금을 변제하지 못하게 되었고, 그 결과 연대보증을 한 X회사(원고)가 연대보증채무를 이행할 상황이 되었습니다.
그런데 X회사(원고)마저도 자금사정으로 인해 기업구조개선작업

(work out) 절차에 들어가 채권금융기관협의회와 기업구조개선약정을 체결하게 되었고, 이 당시 Y회사(피고)는 X회사(원고)에 대하여 연대 보증이행채권(A회사의 콜론대출금에 대한 연대보증관련)을 가진 채 권자로서 이 채권금융기관협의회에 포함되었습니다.

채권금융기관협의회에서는 X회사(원고)가 11개의 계열사를 위해 제공한 연대보증채무를 모두 소멸시키기로 하는 결의를 하였고, 여기에 A회사를 위한 연대보증채무도 포함되었습니다. 채권금융기관협의회의 결의 당시에 채권자인 Y회사(피고)는 이 결의에 반대하였으나 결국 채 권금융기관들 4분의 3 이상의 찬성으로 가결되었습니다. 이후, 기업구조개선약정은 X회사(원고)의 노조의 반대로 제대로 이행되지 않고 중단되어 효력이 상실되었습니다.

그러자 Y회사(피고)는 기업구조개선약정으로 소멸된 연대보증이행채권이 다시 살아난 것으로 보고 연대보증이행채권과 X회사(원고)의 Y회사(피고)에 대한 사모사채원리금반환채권을 서로 상계한다며 상계통보를 X회사(원고)에게 보냈습니다. X회사(원고)는 이러한 상계통보가 효력이 없다면서 Y회사(피고)를 상대로 사모사채원리금반환청구의 소를 제기하였습니다.

대법원은 기업구조개선약정은 쌍방의 양보에 의해 성립되는 민법상화해유사계약이라고 보면서, 4분의 3 이상의 찬성이 있으면 이에 반대하는 채권자도 그에 구속이 되며, 또한 당사자 간의 별도 합의가 없는 이상 화해로 인해 소멸된 채권이 기업구조개선약정의 중단으로 인해 다시 부활될 수는 없다고 판시하였습니다.

따라서 Y회사(피고)의 X회사(원고)채권이 다시 부활한 것을 전제로 한 상계통보는 효력이 없게 되어 X회사(원고)가 승소하였습니다.

C. 기업회생절차 개시와 상장폐지 규정의 효력

대법원 2007. 11. 15. 선고 2007다1753 판결[상장폐지결정무효확인]

회사정리절차의 개시신청을 하였다는 이유만으로 그 기업의 구체적인 재무 상태나 회생가능성 등을 전혀 심사하지 아니한 채 곧바로 상장폐지결정을 하도록 한 구 유가증권상장규정(2003. 1. 1. 시행)의 상장폐지규정은, 그 규정으로 달성하려는 '부실기업의 조기퇴출과 이를 통한 주식시장의 거래안정 및 투자자 보호'라는 목적과 위 조항에 따라 상장폐지 될 경우 그 상장법인과 기존 주주들이 상실할 이익을 비교할 때 비례의 원칙에 현저히 어긋나고, 또한 구 기업구조조정 촉진법에 따른 공동관리절차를 선택한 기업에 비하여 차별하는 것에 합리적인 근거를 발견할 수 없어 형평의 원칙에도 어긋나 정의관념에 반한다. 아울러 위 상장폐지규정은 회사정리절차를 선택할 경우에 과도한 불이익을 가하여 구 회사정리법(2005. 3. 31. 법률 제7428호 채무자 회생 및 파산에 관한 법률 부칙 제2조로 폐지)에 기한 회생의 기회를 현저하게 제한하고 회사정리절차를 통하여 조기에 부실을 종료할 기회를 박탈함으로써 사실상 구 회사정리법상 보장된 회사정리절차를 밟을 권리를 현저히 제약하는 것이어서, 부실이 심화되기 전에 조기에 회사를 정상화하도록 하려는 구 회사정리법의 입법 목적과 취지에 반한다. 따라서 위 상장폐지규정은 무효이다.

더욱이 2006. 4. 1. 시행된 "채무자 회생 및 파산에 관한 법률"에서는 기존의 경영자를 관리인으로 임명하는 제도, 채권자협의회의 권한을 강화하고 그 실질적인 역할 수행을 위하여 비용을 당해 기업이 부담하게 하는 제도, 그리고 회생계획의 인가 이전이라도 법원의 허가를 얻어 영업 또는 사업의 중요한 일부를 양도할 수 있도록 하는 등 인수·합병의 활성화를 위한 제도 등이 신설되어 회사정리법과 비교할 때 재정적으로 위기에 처한 채무자의 절차 진입을 조기에 유도하여 자원의 효율적 배분을 도모함과 동시에 회생절차를 활성화하고 또한 회생절차의 조기종결을 도모하는 방향으로 기업회생절차가 대폭 개편되었으므로, "채무자 회생 및 파산에 관한 법률"이 적용되는 지금의 상황에서 보자면 이 사건 상장폐지규정은 더더욱 부당하고 균형을 잃은 것이라 하지 않을 수 없을 뿐만 아니라, 회생절차의 사회적 효용을 중시하여 회생절차 중에 있다는 점을 이유로 하는 차별적 취급을 금지하는 "채무자 회생 및 파산에 관한 법률" 제32조의2에 정면으로 어긋나는 것이기도 하다). 따라서 이 사건 상장폐지규정은 위법한 조항으로서 무효라고 할 것이므로 같은 취지의 원심 판단은 정당하고, 거기에 상고이유의 주장과 같은 상장폐지절차와 기촉법상 공동관리절차의 의미, 비례의 원칙 및 형평의 원칙에 관한 법리오해 등의 위법이 없다.

(해설)

X: 상장회사(원고), Y: 한국증권선물거래소(피고)

X회사(원고)는 Y한국증권선물거래소(피고)에 상장된 기업인데 경영난으로 인해 법원에 회사정리절차의 개시신청을 하였습니다. 그러자 Y한국증권거래소(피고)는 구 유가증권상장규정에 의해 X회사(원고)에 대해 상장폐지결정을 하였습니다. 이에 X회사(원고)는 Y한국증권거래소(피고)를 상대로 상장폐지결정 무효확인소송을 제기하였습니다.
대법원은 기업의 신속한 구조조정이나 신속한 재건 목적을 위해 제정된 구 회사정리법이나 신설된 채무자회생법의 취지상 기업의 구체적인 재무사정이나 회생가능성을 고려하지 않은 채 회사정리절차 개시신청만으로 무조건 상장폐지결정을 하도록 규정된 유가증권상장규정은 비례원칙이나 형평원칙에 위배되어 무효라고 판시하여 X회사(원고)가 승소하였습니다.

D. 파산절차의 의미

대법원 2017. 12. 5. 자 2017마5687 결정[파산선고]

파산절차는 기본적으로 채무자 재산의 환가와 배당을 통하여 채권자의 권리를 공평하게 실현하는 것을 목적으로 하는 절차이다. 채무자에게 파산원인이 있는 경우에 채권자는 파산절차를 통하여 자신의 권리를 실현하는 것이 원칙이다. 이에 따라 채무자 회생 및 파산에 관한 법률(이하 "채무자회생법"이라 한다)은 제294조 제1항에서 채권자 또는 채무자가 파산신청을 할 수 있다고 정하고, 제305조부터 제307조까지 파산원인을 정하고 있다. 파산신청을 채무자에게만 맡겨 둔다면 파산원인이 있는데도 채무자가 파산을 신청하지 않아 파산절차에 따른 채권자의 잠재적 이익이 상실될 수 있다. 그리하여 채권자 스스로 적당한 시점에서 파산절차를 개시할 수 있도록 채권자도 파산신청을 할 수 있다는 명시적 규정을 둔 것이다.

그러나 파산절차의 남용은 파산신청 기각사유이다(채무자회생법 제309조 제2항). 파산절차의 남용은 권리남용금지 원칙의 일종으로서, 파산신청이 "파산절차의 남용"에 해당하는지는 파산절차로 말미암아 채권자와 채무자를 비롯한 이해관계인에게 생기는 이익과 불이익 등 여러 사정을 종합적으로 고려하여 판단하여야 한다. 가령 채권자가 파산절차를 통하여 배당받을 가능성이 전혀 없거나 배당액이 극히 미미할 것이 예상되는 상황에서 부당한 이익을 얻기 위하여 채무자에 대한 위협의 수단으로 파산신청을 하는 경우에는 채권자가 파산절차를 남용한 것에 해당한다. 이처럼 파산절차에 따른 정당한 이익이 없는데도 파산신청을 하는 것은 파산제도의 목적이나 기능을 벗어난 것으로 파산절차를 남용한 것이다.

이때 채권자에게 파산절차에 따른 정당한 이익이 있는지를 판단하는 데에는 파산신청을 한 채권자가 보유하고 있는 채권의 성질과 액수, 전체 채권자들 중에서 파산신청을 한 채권자가 차지하는 비중, 채무자의 재산상황 등을 고려하되, 채무자에 대하여 파산절차가 개시되면 파산관재인에 의한 부인권 행사, 채무자의 이사 등에 대한 책임추궁 등을 통하여 파산재단이 증가할 수 있다는 사정도 감안하여야 한다. 이와 함께 채권자가 파산신청을 통해 궁극적으로 달성하고자 하는 목적 역시 중요한 고려 요소가 될 수 있다.

(해설)

X: Y조합의 조합원(신청인), Y: 토지구획정리사업 조합(피신청인), A: 파산선고를 받은 토건회사

X(신청인)는 토지구획정리사업을 하는 Y조합(피신청인)의 조합원이며, 농지보전부담금 대납과 관련하여 Y조합(피신청인)을 상대로 부당이득반환채권을 가지고 있었습니다. 한편, Y조합(피신청인)은 A토건회사에 대하여 채권을 가지고 있었는데, A토건회사가 경영난으로 파산선고를 받았습니다. A토건회사가 파산 상태에 빠지자 Y조합(피신청인)도 그 영향을 받아 동시에 경영위기에 빠지게 되었습니다. 이에 Y조합에 대한 채권자인 X(신청인)가 채무자인 Y조합(피신청인)에 대하여 법원에 파산신청을 하였습니다. 1심, 2심 법원은 채권자인 X(신청인)의 파산신청이 채권회수만을 목적으로 하는 것으로서 권리남용이라고 결정하였고, 이에 X(신청인)가 대법원에 재항고하였습니다.

대법원은 채무자인 Y조합(피신청인)의 재산상태를 파악하여 파산절차가 개시될 경우 채권자인 X(신청인)에게 배당할 수 있는 재산이 있는지 등의 여부(특히 X의 부당이득반환채권이 Y조합의 재단채권으로 인정된 상황)를 정확히 심리하지 않고 채권자의 파산신청을 파산남용이라고 기각하는 것은 부당하다고 보아 원심결정을 파기하고 사건을 다시 원심으로 환송하여 X(신청인)가 승소하였습니다.

법령

기업구조조정 촉진법[시행 2016.3.18.] [법률 제14075호, 2016.3.18., 제정]

제1조(목적)

이 법은 부실징후기업의 기업개선이 신속하고 원활하게 추진될 수 있도록 필요한 사항을 규정함으로써 상시적 기업구조조정을 촉진하고 금융시장의 안정과 국민경제의 발전에 이바지하는 것을 목적으로 한다.

제11조(공동관리절차의 개시)

① 금융채권자는 제9조제1항에 따른 소집의 통보를 받은 날부터 3개월의 범위에서 대통령령으로 정하는 기간에 개최되는 제1차 협의회에서 다음 각 호의 사항을 의결할 수 있다.

　　1. 공동관리절차에 참여할 금융채권자의 구성

　　2. 공동관리절차의 개시

3. 부실징후기업에 대한 채권행사유예 여부 및 유예기간의 결정

4. 그 밖에 공동관리절차의 개시를 위하여 필요한 사항

③ 제1항제1호의 의결에 따라 공동관리절차에 참여하지 아니하는 금융채권자(이하 "적용배제 금융채권자"라 한다)에 대하여는 이 법에 따른 공동관리절차가 적용되지 아니한다.

④ 제1항제1호에 따른 금융채권자의 구성에 관한 의결은 제24조제2항에도 불구하고 제1차 협의회의 소집을 통보받은 금융채권자의 총 금융채권액 중 4분의 3 이상의 금융채권액을 보유한 금융채권자의 찬성으로 한다.

⑤ 공동관리절차가 개시된 뒤에도 해당 기업 또는 금융채권자는 「채무자 회생 및 파산에 관한 법률」에 따른 회생절차 또는 파산절차를 신청할 수 있다. 이 경우 해당 기업에 대하여 회생절차의 개시결정 또는 파산선고가 있으면 공동관리절차는 중단된 것으로 본다.

제24조(협의회의 의결방법)

② 협의회는 이 법 또는 협의회의 의결에 다른 정함이 있는 경우를 제외하고 협의회 총 금융채권액 중 4분의 3 이상의 금융채권액을 보유한 금융채권자의 찬성으로 의결한다. 다만, 단일 금융채권자가 보유한 금융채권액이 협의회 총 금융채권액의 4분의 3 이상인 경우에는 해당 금융채권자를 포함하여 협의회를 구성하는 총 금융채권자 수의 5분의 2 이상의 찬성으로 의결한다.

제27조(반대채권자의 채권매수청구권)

① 다음 각 호의 어느 하나에 해당하는 사항에 대하여 협의회의 의결이 있는 경우 그 의결에 반대한 금융채권자(이하 "반대채권자"라 한다)는 협의회의 의결일부터 7일 이내(이하 "매수청구기간"이라 한다)에 주채권은행에 대하여 채권의 종류와 수를 기재한 서면으로 자기의 금융채권(공동관리절차에서 출자전환된 주식을 포함한다) 전부를 매수하도록 청구할 수 있다. 이 경우 채권의 매수를 청구할 수 있는 금융채권자는 협의회의 의결일까지 반대의 의사를 서면으로 표시한 자에 한정하며, 매수청구기간에 채권을 매수하도록 청구하지 아니한 자는 해당 협의회의 의결에 찬성한 것으로 본다.

② 찬성채권자는 제1항에 따른 매수청구기간이 종료하는 날부터 6개월 이내에 연대하여 해당 채권을 매수하여야 한다. 다만, 반대채권매매의 당사자가 조정위원회에 조정을 신청하거나 법원에 이의를 제기한 경우에는 그러하지 아니하다.

채무자 회생 및 파산에 관한 법률(약칭: 채무자회생법)

제45조(회생채권 또는 회생담보권에 기한 강제집행등의 포괄적 금지명령)

① 법원은 회생절차개시의 신청이 있는 경우 제44조제1항의 규정에 의한 중지명령에 의하여 회생절차의 목적을 충분히 달성하지 못할 우려가 있다고 인정할 만한 특별한 사정이 있는 때에는 **이해관계인의 신청**

에 의하거나 직권으로 회생절차개시의 신청에 대한 결정이 있을 때까지 모든 회생채권자 및 회생담보권자에 대하여 회생채권 또는 회생담보권에 기한 강제집행등의 금지를 명할 수 있다.

② 제1항의 규정에 의한 금지명령(이하 "포괄적 금지명령"이라 한다)을 할 수 있는 경우는 채무자의 주요한 재산에 관하여 다음 각 호의 처분 또는 명령이 이미 행하여 졌거나 포괄적 금지명령과 동시에 다음 각 호의 처분 또는 명령을 행하는 경우에 한한다.

    1. 제43조제1항의 규정에 의한 보전처분

    2. 제43조제3항의 규정에 의한 보전관리명령

③ 포괄적 금지명령이 있는 때에는 채무자의 재산에 대하여 이미 행하여진 회생채권 또는 회생담보권에 기한 강제집행등은 중지된다.

④ 법원은 포괄적 금지명령을 변경하거나 취소할 수 있다.

제223조(회생계획안의 사전제출)

① 채무자의 부채의 2분의 1이상에 해당하는 채권을 가진 채권자 또는 이러한 채권자의 동의를 얻은 채무자는 회생절차개시의 신청이 있던 때부터 회생절차개시 전까지 회생계획안을 작성하여 법원에 제출할 수 있다.

② 법원은 제1항의 규정에 의하여 제출된 회생계획안(제228조 또는 제229조제2항의 규정에 의하여 회생계획안을 수정한 때에는 그 수정된 회생계획안을 말한다. 이하 이 조에서 "사전계획안"이라 한다)을 법원에 비치하여 이해관계인에게 열람하게 하여야 한다.

③ 사전계획안을 제출한 채권자 외의 채권자는 회생계획안의 결의를

위한 관계인집회의 기일 전날 또는 제240조제2항에 따라 법원이 정하는 기간 초일의 전날까지 그 사전계획안에 동의한다는 의사를 서면으로 법원에 표시할 수 있다.

④ 사전계획안을 제출하는 자는 회생절차개시 전까지 회생채권자·회생담보권자·주주·지분권자의 목록(제147조제2항 각 호의 내용을 포함하여야 한다), 제92조제1항 각 호에 규정된 사항을 기재한 서면 및 그 밖에 대법원규칙으로 정하는 서면을 법원에 제출하여야 한다.

⑥ 사전계획안이 제출된 때에는 관리인은 법원의 허가를 받아 회생계획안을 제출하지 아니하거나 제출한 회생계획안을 철회할 수 있다.

⑦ 사전계획안을 제출하거나 그 사전계획안에 동의한다는 의사를 표시한 채권자는 결의를 위한 관계인집회에서 그 사전계획안을 가결하는 때에 동의한 것으로 본다. 다만, 사전계획안의 내용이 그 채권자에게 불리하게 수정되거나, 현저한 사정변경이 있거나 그 밖에 중대한 사유가 있는 때에는 결의를 위한 관계인집회의 기일 전날까지 법원의 허가를 받아 동의를 철회할 수 있다.

제237조(가결의 요건)

관계인집회에서는 다음 각 호의 구분에 의하여 회생계획안을 가결한다.

　1. 회생채권자의 조

　의결권을 행사할 수 있는 회생채권자의 의결권의 총액의 3분의 2이상에 해당하는 의결권을 가진 자의 동의가 있을 것

　2. 회생담보권자의 조

　　가. 제220조의 규정에 의한 회생계획안에 관하여는 의결권을 행사

할 수 있는 회생담보권자의 의결권의 총액의 4분의 3이상에 해
당하는 의결권을 가진 자의 동의가 있을 것

　나. 제222조의 규정에 의한 회생계획안에 관하여는 의결권을 행사
할 수 있는 회생담보권자의 의결권의 총액의 5분의 4이상에 해
당하는 의결권을 가진 자의 동의가 있을 것

3. 주주·지분권자의 조

회생계획안의 가결을 위한 관계인집회에서 의결권을 행사하는 주
주·지분권자의 의결권의 총수의 2분의 1이상에 해당하는 의결권을
가진 자의 동의가 있을 것

382조(파산재단)

① 채무자가 파산선고 당시에 가진 모든 재산은 파산재단에 속한다.

② 채무자가 파산선고 전에 생긴 원인으로 장래에 행사할 청구권은 파
산재단에 속한다.

에필로그

지금까지 자본주의 경제의 핵심주체인 기업에 대하여 저자가 생각하기에 중요한 테마들을 선정하여 설명하였습니다. 특히 법률전문가 아닌 독자가 기업 전반에 대해 법의 시각에서 이해할 수 있도록 나름대로 노력을 했습니다. 시중에는 대학의 전공 교수님이 기업법 또는 회사법이라는 제목으로 기업에 관한 전문 교과서를 저술한 것이 많이 있습니다. 그럼에도 법률 전문가가 아닌 일반 독자가 그 어려운 기업법 관련 교과서를 쉽게 볼 수 없는 현실을 감안하여, 그중에서 꼭 알아야할 내용이나 경제계에서 종종 이슈가 되고 있는 사항들을 선정하여 이책의 주된 테마로 삼았습니다. 그러면서도 독자들이 기업의 시작부터 끝까지 마치 '기업의 일생'을 보는 것처럼 이 책을 통해 기업 전체를 조망할 수 있는 계기가 되기를 목표로 하였습니다. 책의 제목도 많은 고민 끝에 독자들에게 부담감이 느껴지지 않도록 하자는 취지에서 '기업산책'이라고 정하였습니다.

하지만 기업에 관한 내용이 워낙 전문성이 강하고, 특히 저자가 선택한 주제들이 기업법에서는 상당한 분석과 연구가 필요한 영역이기 때문에, 독자들에게 단순한 '산책'이 아니라 힘든 '등정'이 되게 하지 않았나 하는 염려를 합니다. 저자가 이 책을 저술하면서 가장 힘든 부분은 난해한 기업 관련 주제들을 일반인이 잘 이해할 수 있는 쉬운 내용으로 대체하는 것이었습니다. 변호사와 같은 법률전문가가 아닌 일반인의 입장에서 최대한 쉽게 풀이하여 저술한다고 했는데 생각만큼 쉽지 않았습니다. 독자 여러분들의 너그러운 양해를 바랍니다.

독자들이 자본주의 경제를 더 잘 이해할 수 있는 데 도움이 되고자 하는 취지에서 '자본주의 꽃'으로 불리는 금융증권에 대하여 원고를 완성 중에 있습니다(가칭 '금융증권 산책'). 『기업 산책』과 앞으로 출간될 『금융증권 산책』이라는 두 권의 책이 법의 시각에서 자본주의 경제를 온전히 이해하는 데 독자들에게 많은 도움이 되기를 바랍니다.